会計研究者として活躍する女性たち

輝ける未来へ向けて

北村敬子［編著］

中央経済社

執筆者一覧 (五十音順)

北村敬子（中央大学）————————はじめに，第Ⅰ章，第Ⅶ章
石川恵子（日本大学）————————第Ⅵ章第4節(3)
井原理代（高松大学）————————第Ⅳ章
小津稚加子（九州大学）———————第Ⅵ章第1節 第2節 第4節(1) 第5節
木村麻子（関西大学）————————第Ⅴ章
阪　智香（関西学院大学）——————第Ⅲ章，第Ⅵ章第4節(2)
佐々木郁子（東北学院大学）—————第Ⅵ章第3節
澤登千恵（大阪産業大学）——————第Ⅳ章，第Ⅵ章第4節(5)
田中優希（法政大学）————————第Ⅴ章，第Ⅵ章第2節 第4節(4)
津村怜花（尾道市立大学）——————第Ⅳ章
西村三保子（明治学院大学）—————第Ⅴ章
西村優子（青山学院大学）——————第Ⅱ章第1節 第2節
挽　文子（一橋大学）————————第Ⅴ章，第Ⅵ章第1節 第5節
兵頭和花子（兵庫県立大学）—————第Ⅳ章
堀江優子（明星大学）————————第Ⅱ章第3節 第4節
丸岡恵梨子（流通経済大学）—————第Ⅱ章第3節 第4節

はじめに

　本書の目的は，主に日本の女性会計研究者はどのような現状にあり，どのような課題を抱えているのかを，特に研究面を中心に検討・分析することにある。場合によっては第Ⅲ章や第Ⅳ章にあるように，必要に応じてその分析が研究面を超えて行われているところもあるが，それはあくまでも研究面での特徴を明らかにするために触れているものであって，研究面以外の領域を主たる課題にしようとするものではない。それ故にこそ，われわれの研究成果が，わが国の女性会計研究者の研究の現状や特質を明らかにできたものと考える。本研究成果が，女性会計研究者の今後の活躍に貢献するとともに日本の会計学研究の発展に寄与することになるなら，この上なく嬉しい限りである。

　また，本書における女性会計研究者は，日本会計研究学会に入会している女性に限られている。入会者に限定してしまうと，企業内部や公的な団体において研究を行っている研究者が漏れてしまうのであるが，学会に入っていない研究者を把握する術をもたないわれわれにとっては，ひとつの範囲として日本会計研究学会入会者を対象とする以外になかったというのが現実である。したがって，学会入会者であれば，院生も留学生も女性会計研究者に含めてカウントされている。しかしご存じのように，日本会計研究学会の名簿には，男性・女性の区別がない。昨年の学会誌には，2016年3月31日現在において，全体で1,837名の会員が存在することが明らかにされているが，この中から女性を選び出すことは並大抵の苦労ではない。それでも271名の女性をピックアップすることができた。女性研究者比率は14.75%である。しかしこの数字が正確かと問われれば，はなはだ心許ない。姓名から判断したため，多少はここに入っていない女性がいるかもしれない。しかしできる範囲で女性研究者を把握したつもりである。

　「日本会計研究学会50年史」によると，はじめて女性会計研究者が学会に登場したのは，1962年に上野・太田賞を受賞された能勢信子先生（入会は，1953年）である。それ以後，「日本会計研究学会60年史―その後の10年―」では，状況が変わり，女性会計研究者の活躍が取り上げられている。そして，近年，

日本会計研究学会の会員の中で女性の占める割合は，急激に増加しているように思われる。それにもかかわらず，女性会計研究者の現状については正確に把握されていない。その人数，職位や常勤・非常勤の別，さらには専門分野や研究テーマ等について必ずしも知られていない。女性研究者の予備軍ともいえる大学院博士課程の在籍者についてはなおさらである。

また，女性会計研究者がはじめて学会誌に登場してから半世紀，その数が増えているとはいうものの，特別委員会やスタディ・グループに参加している女性研究者は，ごく少数に限られている。しかもその数少ない研究者が，いくつもの委員会やスタディ・グループのメンバーとなって活躍しているのが現状である。その意味で，まだまだ女性会計研究者たちの活躍は限定的であり，広く認識されていないように思われる。

そのような中で本書は，日本会計研究学会のスタディ・グループとして2015年度に立ち上げが承認された「わが国における女性会計学者の現状と課題」（2015-2016年度）の研究成果を基礎としている。この研究成果は，2016年9月に，日本会計研究学会スタディ・グループ最終報告書「わが国における女性会計学者の現状と課題」として公表された。本書は，このスタディ・グループ最終報告書（以下，本書において『最終報告書』と略称する）を1年かけて精緻化し，より一層女性会計研究者の近年における活躍状況を明らかにするために筆を加えた。さらにほとんどの章において，最終報告書とは異なった切り口で，分析を進めた。時間をかけただけのことはあって，よりわかりやすく，シンプルな形にまとめることができたと思っている。

なお，この研究に関しては，2015-17年の科研費基盤研究B（「日本の女性会計研究者の現状と課題に関する理論的・実証的研究―歴史を踏まえて―」（課題番号15H03399））の支援を受けている。本書は，この科研費研究の成果を書物の形にまとめたものである。

本書の執筆者は，女性会計研究者16名より成る。その専門領域も，財務会計，管理会計，監査，環境会計，公会計，それに会計史と幅広く，横断的であり，またその研究スタイルも，理論研究，実証研究，事例研究，歴史研究と多様かつ網羅的である。それぞれが，自らの得意とする研究領域を，それぞれの研究方法を駆使して，積極的に女性会計研究者の研究成果に取り組んだ。この共同

研究があったからこそ本書の出版を成し得たのであり，まさに本書は，これら16人の女性会計研究者の努力の結晶である。その意味においては，現在研究者として活躍なさっておられる方はもちろんのこと，研究者を目指している大学院生や学部生に読んでいただきたい書物である。

　本書の出版にあたっては，スタディ・グループとしての設置を認めていただいた当時の日本会計研究学会会長の伊藤邦雄先生，本研究の研究方法の確定にあたり，ご助言をいただいた先生方，インタビュー調査にご協力をいただいた先生方に心よりお礼を申し上げるとともに，日本会計研究学会の事務局を務めていただいていた森山書店の菅田直文社長のご尽力に感謝を申し上げたい。インタビュー調査にご協力いただいた先生方のお名前については，章ごとに明記している。

　さらに，実際にパソコンを操作して，統計処理をしていただいた岡田龍哉先生（高松大学経営学部専任講師）と古賀裕也先生（東北学院大学経営学部専任講師），ならびに最終報告書の作成にあたり形式の統一や校正に参加していただいた浅石梨沙さん（一橋大学大学院商学研究科博士後期課程2年）に，深く感謝申し上げる次第である。

　最後に，本書の出版にあたり，快くご承諾をいただいた中央経済社の山本継会長ならびに編集を担当してくださった福谷早苗氏に心より御礼申し上げる。

2017年9月

中央大学名誉教授
北村　敬子

日本会計研究学会スタディ・グループ最終報告書
「わが国における女性会計学者の現状と課題」については，
下記URLをご確認ください。
http://www.jaa-net.jp/study2014a/research.html

目　次

《はじめに》

第Ⅰ章　研究目的と研究方法 ―――― 1
第1節　序　　論／1
第2節　本書の目的／2
第3節　研究スタイルと研究調査手法／4

第Ⅱ章　わが国の女性会計研究者の近年の活躍 ―― 9
第1節　序　　論／9
第2節　わが国の女性研究者の現状／11
　(1)　研究者の専門性ならびに社会的活動・11
　(2)　女性研究者の専門分野と女性研究者数・13
　(3)　組織（大学等，企業，非営利組織）の政策・方針，戦略策定の意思決定，ならびにガバナンスへの参画状況・17
第3節　日本会計研究学会における女性会計研究者の活躍状況／22
　(1)　日本会計研究学会における女性会計研究者の現状・22
　(2)　日本経済学会との比較調査・28
　(3)　社会貢献の視点からみた日本会計研究学会における女性研究者の現状・29
第4節　総　　括／32

第Ⅲ章　海外の会計学会と女性会計研究者 ── 37

第1節　序　　論／37

第2節　米州における女性会計研究者／38

　(1)　アメリカ・38

　(2)　ブラジル・40

第3節　欧州（旧共産圏を含む）における
　　　　女性会計研究者／42

　(1)　イギリス・42

　(2)　ポーランド・43

　(3)　ルーマニア・45

第4節　アジアにおける女性会計研究者／46

　(1)　韓　　国・46

　(2)　台　　湾・48

　(3)　中　　国・50

　(4)　インドネシア・51

　(5)　タ　イ・53

　(6)　スリランカ・54

　(7)　バングラデシュ・55

　(8)　ウズベキスタン・56

第5節　その他の地域における女性会計研究者／57

　(1)　トルコ・57

　(2)　オーストラリア・58

　(3)　南アフリカ・59

第6節　総　　括／63

第Ⅳ章　先駆の女性会計研究者を辿る ─── 67

第1節　序　　論／67

第2節　能勢信子先生の業績と足跡／70

(1)　経　　歴・70

(2)　研究業績・80

(3)　インタビュー調査結果―日本会計研究学会初の女性会員である能勢信子先生の影響―・92

第3節　眞野ユリ子先生の業績と足跡／99

(1)　経　　歴・99

(2)　研究業績・106

第4節　山浦瑛子先生の業績と足跡／108

(1)　経　　歴・108

(2)　研究業績・118

第5節　中川美佐子先生の業績と足跡／121

(1)　経　　歴・121

(2)　研究業績・128

第6節　総　　括／134

第Ⅴ章　データにみる女性会計研究者の魅力 ─── 143

第1節　序　　論／143

(1)　はじめに・143

(2)　問題の所在と本章の目的・144

第2節　アンケート調査の概要／148

第3節　研究者になるまでの道のり／150

(1)　研究者・教育者になるまでのフロー・150

(2)　研究者になる動機・155

第4節　会計研究者になってからの道のり／156
(1) 魅力的な働き方とは・156
(2) 仕事の自由度，裁量の大きさ・157
(3) 働きがい・163
(4) 収入面・166
(5) 安定性からみた会計研究者・167
(6) 校務の責任・169
(7) 男女共同参画・170
(8) 専門性の高さ・170
(9) 職業としての会計研究者・174

第5節　女性会計研究者の活躍／175
(1) アンケート調査結果に見る女性会計研究者の活躍・175
(2) インタビュー：専門性を活かした会計研究者の
社会貢献・183

第6節　総　括／190

第Ⅵ章　代表論文からみた女性会計研究者の特色―203

第1節　序　論／203
(1) はじめに・203
(2) 調査対象・204
(3) 研究領域と研究方法・208

第2節　財務会計領域／215
(1) 研究テーマについて・216
(2) 研究方法と研究テーマの組み合わせ・217
(3) 研究内容と論文発表年度・222
(4) 小　括・225

第3節　管理会計領域／227
　(1) 研究テーマについて・228
　(2) 研究方法と研究テーマの組み合わせ・229
　(3) 研究内容と論文発行年度・231
　(4) 小　　括・233

第4節　監査領域，環境会計領域，公会計領域，税務会計領域，会計史領域／234
　(1) 監査領域・235
　(2) 環境会計領域・238
　(3) 公会計領域・241
　(4) 税務会計領域・243
　(5) 会計史領域・244

第5節　総　　括／250

第Ⅶ章　女性会計研究者の輝ける未来に向けて──255

第1節　序　　論／255

第2節　女性会計研究者が置かれている状況／256
　(1) 女性研究者の人数・256
　(2) わが国女性研究者の足跡から学ぶこと・257
　(3) 実証的研究の成果・258
　(4) 理論的研究にみる特色・259

第3節　将来に向けての課題／259
　(1) 個人情報保護とアンケート調査・259
　(2) 2回にわたるアンケート調査からわかったこと・260
　(3) 研究職のすばらしさ・260
　(4) 女性研究者の活躍を望む・261

研究目的と研究方法

第1節 序　論

　わが国で女性会計研究者がはじめて学会誌に登場してから半世紀，その数が増えているとはいうものの，学会の各種委員会やスタディ・グループに参加している女性研究者は，ごく少数に限られている。しかもその少数の女性研究者たちがあちらこちらの委員会等で活躍しているのが現状であり，その活躍は限定的であり，広く認識されていないように思われる。

　国内外を問わず，女性の会計研究者の研究に関する先行研究を見つけることはできない。しかし，専門職である会計士の女性を研究対象とした代表的な先行研究としては，以下の3点をあげることができる。

① Educational Foundation of the Collage of the University of Houstonの経済的支援を得て行われたShari Wescott & Robert Seiler［1986］の研究Woman in the Accounting Profession（日本公認会計士協会近畿会女性会計士委員会訳『アメリカ女性会計士のあゆみ』1991年）

② 日本公認会計士協会近畿会女性会計士委員会『翔け日本の女性会計士の歩み』2003年

③ 日本公認会計士協会近畿会女性会計士委員会『女性会計士20人　人生の中間決算書』2011年

　このうちわれわれの研究が参考としたのは，①である。そこでは，文献研究とインタビュー調査に基づき，米国の女性公認会計士が社会的に評価されるよ

うになる前から現在に至るまでの軌跡を多様な視点から分析している。現状に至る過程には多くの困難があり，それを克服してきた一方，男女にかかわらず会計専門家として共通の課題が新たに生じてきた点を明らかにすることは，今後の女性会計士のみならず男性会計士にも役立つと指摘している。この指摘から，未だ先行研究のない女性の会計研究者を対象とする本研究は，今後の女性研究者のみならず，会計学研究の発展にとっても寄与できるものと考える。

第2節　本書の目的

　わが国における女性研究者の割合は，2016年3月末現在，13万8,400人であり，研究者全体（89万7,100人）に占める女性比率は，15.3％と過去最多である（内閣府男女共同参画局［2017］詳しくは，第Ⅱ章14頁参照）。しかし，過去最多とはいうものの，わが国の女性研究者数の割合は，欧米先進諸国に比べて（英米では30％を超えており，独仏も25％超である）まだまだ低い状況にある。

　しかも，われわれの属する日本会計研究学会における女性会計研究者の割合は，以下のように満足できる大きさにはない。しかし，1953年にはじめて女性会計研究者が生まれたという点に鑑みれば，格段の進歩である。特に1979年に22名だった女性研究者が2014年には270名に増大しているのを見ると，この間に，全体としては470名しか増えていないのに，その約半分以上が女性の数の増大であることは実に興味深い。

　そのような中で，2014年度の日本会計研究学会の学会賞と太田・黒澤賞，日本原価計算研究学会の学会賞，日本管理会計学会の学会賞にはいずれも女性が入っている。ということは，女性会計研究者の数の増大もさることながら，質的向上にも焦点を当てなければならない。ちなみに，これまでの日本会計研究学会における女性の受賞者は，学会賞6人，太田・黒澤賞受賞者6人，それに学術奨励賞受賞者1人であり，この人数からは，女性会計研究者の活躍はまだまだである。しかし，2008年度（平成20年度）以降は，女性の活躍も計8人と，増えつつある（第Ⅱ章27頁，図表Ⅱ-8参照）。

　本研究の目的は，歴史的に見て，また国内外の会計学会あるいは日本の他の学会（具体的には日本経済学会）との比較において，日本の女性会計研究者は

どのような現状にあり，どのような課題を抱えているのかを，特に研究面を中心に検討・分析することにある。場合によっては必要に応じて，その分析が研究面を超えて行われているところもあるが，それはあくまでも研究面での特徴を明らかにするために触れているものであって，研究面以外の領域を明確にしようとするものではない。このことがわれわれの研究の限界であるが，それ故にこそ，われわれの研究成果が，わが国の女性会計研究者の研究の現状や特質を明らかにできたものと考える。本研究成果が，女性会計研究者の今後の活躍に貢献するとともに日本の会計学研究の発展に寄与することになるなら，この上なく嬉しい限りである。

　本研究の目的は，具体的には，以下の諸点を明らかにすることにある。
① 日本の女性会計研究者の会計研究を網羅的・体系的に分析することにより，その特徴
② 日本の女性会計研究者の業績をデータ化するとともに，将来につなげるための現状の長所と短所
③ 日本の草分け的な女性会計研究者の会計研究を歴史的に検討することによりその活躍の軌跡
④ 社会貢献や価値観などについて女性会計研究者の現状を明らかにすること

　現在，わが国の成長戦略の中核に，女性の活躍推進を位置づける政策が強力に推し進められ，具体策として，企業に対して女性役員・管理職登用の目標設定等を促している。こうした流れの中で，大学に対しても，わが国における女性研究者の割合が欧米の先進諸国と比べ未だ低い状況にあることに鑑み，「女性研究者研究活動支援事業」が開始されている。それは，多様な視点や発想を取り入れ，女性研究者の登用ならびにその能力を最大限に発揮できる取組を大学などに普及させて，研究活動を活性化し，組織としての想像力を発揮させようとするものである。われわれの研究も，そうした潮流の中にある。しかし，われわれの研究は，それを中心とするものではなく，またそれで終わるものではない。われわれの目的は，あくまでも女性研究者の研究方法や研究内容を分析した上で，その社会貢献や価値観等，女性会計研究者に関する現状を明らかにし，もってそこから浮き彫りになるであろう女性研究者をめぐる課題を追求

していくことである。

第3節　研究スタイルと研究調査手法

本書はまず，第Ⅱ章において，わが国の女性研究者の現状を取り上げ，その中で日本会計研究学会に所属する女性会計研究者の人数やその学会または社会における活躍の状況を明らかにする。さらに第Ⅲ章において，海外の女性会計研究者の現状をインタビュー調査によって明らかにし，第Ⅱ章で取り上げたわが国の女性会計研究者との比較を可能にする。この2つの章が，第Ⅳ章以降の分析の基礎となる。

本研究は，図に示したように，歴史研究，実証的研究，理論的研究の3つの研究スタイルと，文献研究，アンケート調査（質問票調査），それにインタビュー調査という3つの具体的な研究調査手法より成る。第Ⅱ章と第Ⅲ章は，研究スタイルとしては実証的研究と理論的研究の2つからなり，研究調査手法としては，文献研究とインタビュー調査を用いている。

次に，第Ⅳ章は，歴史研究ともいうべきもので，これまでのわが国の女性会計研究者の中から，特定の4要件に該当する4人の研究者を抽出し，これら4人を研究対象として，その人の経歴や研究業績を文献によって明らかにした上で，女性会計研究者としての苦労や職場や家庭での様子を，その方を取り巻く

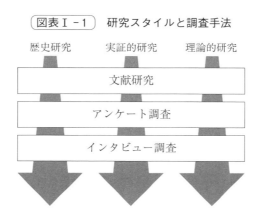

図表Ⅰ-1　研究スタイルと調査手法

人たちとのインタビュー調査によって浮き彫りにしようとしたものである。4人の方は，故能勢信子先生，故眞野ユリ子先生，故山浦瑛子先生ならびに中川美佐子先生である。この調査研究により，女性会計研究者としての道を切り開いてくださった先生方の社会活動や研究業績の偉大さがわかるとともに，この時代には厳然として存在していたと思われる眼に見えぬ障壁（ガラスの天井）をも窺い知ることができる。

　次に，主に実証的研究を行った第Ⅴ章では，まず先行研究をレビューし，それらを参考にして，2回のアンケート調査を実施した。まず第1回目は，日本会計研究学会の女性会計研究者に対するもので，第2回目は，日本会計研究学会の全会員に対して，男女比較を目的に主に研究面を中心に調査したものである。この第1回目のアンケート調査における質問項目の確定に多大な時間を費やすこととなり，その際に，これまでの研究方法に関する以下の先行研究を参考にした。

① 日本会計研究学会課題研究委員会「日本の財務会計研究の棚卸し：国際的な研究動向の変化の中で」（中間報告書・最終報告書）2009年と2010年。なお，後に『財務会計研究の回顧と展望』として中央経済社（2013年）より出版されている。

② 日本会計研究学会特別委員会「監査論における現代的課題に関する多面的な研究方法についての検討」（中間報告書・最終報告書）2012年と2013年

③ 平松一夫監訳『会計学の研究方法』中央経済社 2015年

　いずれも輝かしい研究成果なのであるが，①は財務会計論，②は監査論に限定されており，すべての会計領域を取り扱っているのは③である。われわれが対象とする研究領域も，会計学全般であるため，当初③を中心として質問項目を作成し，パイロットテストを実施したところ，この質問項目では回答しにくいという財務会計論の研究者から提示された意見により，最終的には，その他の先行研究をも参考にして，以下の8つの研究方法を確定した。

　1．分析的研究　　2．実証研究　　3．実験研究　　4．記述的研究
　5．規範的研究　　6．歴史研究　　7．事例研究　　8．その他

これらの研究成果については，第Ⅴ章に譲ることにする。
　最後の第Ⅵ章は，われわれ研究員がすべて参加して行った理論的研究であり，この研究のために膨大な時間を要することとなった。この理論的研究は，実証的研究による第1回目のアンケート調査のセクションⅡの研究面に関する回答をもとに，女性会計研究者の研究方法の傾向を分析したものである。具体的には，回答してもらった設問Ⅱ-5の代表的書籍や論文（全体で224篇）をすべて読んだ上で，研究方法の8つの大分類（研究方法）ならびに中分類（研究分野）を行い，さらに必要な場合には小分類（キーワード）をも行って，各個人の業績の特徴を明らかにしようとした。ここで強調しておきたいことは，われわれの理論的研究の基となる個々人の業績は，われわれがピックアップしたものではなく，あくまでもアンケート結果において回答者各人が自らの代表的業績と認めたものである。本来であれば，女性会計研究者271人の主な業績をわれわれが取り上げてそれらを分析・検討した方が良いのかもしれないが，その作業にはわれわれメンバーの主観と恣意性が介入する恐れがあること，さらに女性研究者自身に自らの代表的論文として掲げてもらった方が業績として質の高いものが集まると思われたために，上述した方法によることとした。
　各領域で活躍する女性達が，研究業績をいずれの発行媒体を利用して公表しているのか，研究方法としてはいずれの方法を利用している者が多いのか等，関心のある結果が明らかにされている。
　以上のように，各章は連続しているが，関心のある所だけを読んでも，充分に理解し得る書物である。

【参考文献】
内閣府男女共同参画局［2017］『男女共同参画白書』
日本会計研究学会［1954］『昭和28年度　日本会計研究学会会報』日本会計研究学会
日本会計研究学会［1964］『昭和38年度　日本会計研究学会会報』日本会計研究学会
日本会計研究学会［1974］『昭和48年度　日本会計研究学会会報』日本会計研究学会
日本会計研究学会［1980］『昭和54年度　日本会計研究学会会報』日本会計研究学会
日本会計研究学会［2014］『平成25年度　日本会計研究学会会報』日本会計研究学会
日本会計研究学会課題研究委員会［2009-2010］「日本の財務会計研究の棚卸し：国際

的な研究動向の変化の中で（中間報告書・最終報告書）」
日本公認会計士協会近畿会女性会計士委員会［2003］『翔け日本の女性会計士のあゆみ』
日本公認会計士協会近畿会女性会計士委員会［2011］『女性会計士20人　人生の中間決算書』
日本会計研究学会特別委員会［2012-2013］「監査論における現代的課題に関する多面的な研究方法についての検討（中間報告書・最終報告書）」
平松一夫監訳［2015］『会計学の研究方法』中央経済社
Shari Wescott & Robert Seiler. 1986. *Woman in the Accounting, Profession*Educational Foundation of the Collage of the University of Houston（邦訳書：日本公認会計士協会近畿会女性会計士委員会訳［1991］『アメリカ女性会計士のあゆみ』）

（北村敬子）

第Ⅱ章 わが国の女性会計研究者の近年の活躍

第1節 序論

　本章では，わが国の女性会計研究者の現状を明らかにするため，まず，第2節で，女性研究者が研究している専門分野，ならびに社会的活動に焦点をあて，『科学技術研究調査報告』ならびに『男女共同参画白書』などのデータに基づいて，その現状を明らかにする。次に，女性会計研究者の近年の活躍の状況を，『日本会計研究学会会報』ならびに，『會計』などのデータから捉えて，第3節で明らかにする。

　2000年以降，少子化の進行と高齢化に伴って人口の減少が急速に進み，日本の社会と経済に大きな影響を及ぼしている。これらの状況に鑑みると，大学等，企業，ならびに非営利組織においても，性別，年齢，国籍，人種，価値観，ならびに専門的能力などの多様な人材を受け入れ，その活用を図ることが不可欠な状況となっている。多様性を積極的に受け入れる一環として女性の社会・経済活動への参画を図ることが必要とされる。

　1999年5月に，こうした状況を視野に入れて，男女共同参画基本法が制定され，さらに，2010年の内閣府男女共同参画局「第3次男女共同参画基本計画」では，2020年までに社会のあらゆる分野において，指導的地位に女性が占める割合を少なくとも30％程度とするという目標に向けた取り組みを推進してきた（内閣府男女共同参画局［2011］）。この指導的地位である「特に専門性の高い職業に従事しているもの」として，(a) 議会議員，(b) 法人・団体等におけ

る課長相当職以上の者，(c) 専門的・技術的な職業のうち，特に専門性が高い職業に従事しているもの，を具体的に例示し，研究者を，公認会計士，弁護士，医師等と共に挙げている（内閣府男女共同参画局［2011］）。

　研究者は，「大学（短期大学を除く。）の課程を修了した者（又はこれと同等以上の専門的知識を有する者）で，特定の研究テーマをもって研究を行っている者」である（総務省統計局［2016a］67頁）。研究者は各自の特定の研究領域とトピックスについて研究を行い，専門分野の研究を行っている。研究者の研究対象とする専門分野は，人文科学，社会科学，理学，工学，農学，医学・歯学，ならびに薬学・看護学等があるが（総務省統計局［2016a］調査票），女性会計研究者は，社会科学の一領域であり会計学を専門に研究している。会計学は，組織の過去，現在あるいは将来の経済活動を，貨幣額などの尺度を用いて計数的に測定し，組織の利害関係者の意思決定に有用な情報を提供するシステムを研究対象とする学問と考えられる。会計学の研究をめぐる状況は，少子高齢化等による国内経済・社会環境の変化，また組織の経済活動，情報，人材，あるいは資金など，あらゆる面のグローバル化が進行する中，情報処理技術の進化に伴う財務情報，ならびに非財務情報の伝達と利用の高度化等にともなって，それらに対応した研究枠組みや研究方法の模索・開発などと，目まぐるしく変化している（日本会計研究学会［2016］5頁）。こうした会計学研究をめぐる状況に対応して，女性会計研究者も，各自の研究テーマの研究を推し進めるために，国内ならびに海外の研究学会に所属している。

　国内の会計学の研究およびその普及を目的とする学会としては，日本会計研究学会をはじめとして，会計学領域の専門化，ならびに研究視点の多様性に伴い，会計理論学会，国際会計研究学会，国際公会計学会，税務会計研究学会，中小企業会計学会，日本会計史学会，日本管理会計学会，日本経営会計学会，日本経営分析学会，日本原価計算研究学会，日本会計教育学会，日本監査研究学会，日本社会関連会計学会，日本組織会計学会，日本ディスクロージャー研究学会，日本簿記学会等の数多くの学会が存在する。これらの学会の中で，最も所属会員数の多い日本会計研究学会に所属している女性会計研究者の近年の活躍状況を，第3節で『日本会計研究学会会報』ならびに，『會計』などのデータに基づいて抽出し，明らかにする。

なお，海外の会計研究学会の女性会計研究者の現状は，第Ⅲ章で取り上げている。

第2節　わが国の女性研究者の現状

(1) 研究者の専門性ならびに社会的活動

わが国における急速な少子高齢化，ならびに社会・経済活動のグローバル化によって，大学等や企業，あるいは非営利組織のいかんにかかわらず，性別，年齢，国籍，人種，価値観，専門的能力などのダイバーシティの観点から，女性研究者の活用を図ることが不可欠である。

研究者とは，大学（短期大学を除く。）の課程を修了した者又はこれと同等以上の専門的知識を有する者で，特定の研究テーマをもって研究を行っている者をいい，企業，非営利組織・公的機関，あるいは大学等の組織で，研究を行っている。ここで，「研究」とは，事物・機能・現象などについて新しい知識を得るために，又は，既存の知識の新しい活用の道を開くために行われる創造的な努力及び探求をいう（総務省統計局［2016a］65頁）。企業および非営利組織・公的組織の場合には，製品および生産・製造工程などに関する開発や技術的改善を図るために行われる活動も研究業務と考えられる。

研究活動には，「研究者が自らの発想で独自にかつ責任をもって行うもの」，「重点的に取り組む分野や目標を定めてプロジェクトとして行われるもの」，「具体的な製品開発に結びつけるためのもの」など，様々な形態があるが，研究活動の基本は，研究者の自由な発想に基づいて行われる「学術研究」にある（文部科学省・日本学術振興会［2016］3頁）。

文部科学省・日本学術振興会によると，学術研究は，次のような特性をもっている（同3頁）。

① 人間，社会，自然の中に潜む真理を探究することを目標にした知的な営みで，自らの発想で自由にかつ責任を持って，原理や知見を徹底的に追究する。

② 学術研究を通して，人類の福祉すなわち安定した生活や社会環境を基盤

とした尊厳ある幸福や繁栄を支える知を蓄積し，文化的基盤を形成するものであり，それを基底に更に科学を進歩させ技術を開発するために不可欠と考えられる。

したがって，研究者は，その研究領域の種類や性質に関わらず，専門的な領域の研究による専門性を高めるとともに，理性的な認識を育て，社会や経済を含めた様々な物事に対する公正かつ正当な判断力をもたらす上で重要な役割を担っている（同3頁）。研究者は，特定領域の創造的活動と専門分野の新しい知識の発見と深化などの独自の研究活動を進めるとともに，同時に，社会が抱える問題解決に向けた指針を提示し，現在の社会の構成メンバーの幸福と福祉の増進に直接的・間接的に貢献し，現在あるいは将来の世代が各自の幅広い福祉を追求する能力を引き出すことに貢献することが期待される。

研究者に対する現代的要請としては，挑戦性，総合性，融合性，国際性があげられ（同3頁），研究者は，こうした課題を果たすことが要請される。

(a) 挑戦性：研究者の知を基盤にして独創的な探求力により新たな知の開拓に挑戦すること。
(b) 総合性：学術研究の多様性を重視し，伝統的に体系化された学問分野の専門知識を前提としつつも，細分化された知を俯瞰し総合的な観点から捉えること。
(c) 融合性：異分野の研究者や国内外の様々な関係者との連携・協働によって，新たな学問領域を生み出すこと。
(d) 国際性：自然科学のみならず人文科学・社会科学を含め分野を問わず，世界の学術コミュニティにおける議論や検証を通じて研究を相対化することにより，世界に通用する卓越性を獲得し，新しい研究枠組みを提唱して，世界に貢献すること。

以上のように研究者は，独自の研究領域について研究を行い，専門性を追究すると共に，社会からの要請に応えるため，社会が抱える問題解決に向けた指針の提示，あるいは組織の構成メンバーの安定した生活や社会環境を基盤とした尊厳ある幸福や繁栄に貢献する，いわゆる社会的活動への積極的参画が期待されている。

女性研究者の研究の専門性に関する現状については，以下，(2)女性研究者の専門分野と女性研究者数で明らかにする。さらに，女性研究者が社会から要請される社会的活動の参画の状況については，(3)組織の政策・方針・戦略策定への意思決定，ならびにガバナンスへの参画状況で明らかにする。

(2) 女性研究者の専門分野と女性研究者数

① 女性研究者数の増加

わが国の研究者数は，2016年3月末では，約84万7,100人（実数ではなく，換算値。対前年比2.3％減）と3年ぶりに減少したが，女性研究者数は13万8,400人（2006年では10万9,000人，女性比率12.4％）で，研究者全体に占める女性比率は15.3％（2015年14.7％）と過去最多であり，1990年以降，人数，比率ともに，緩やかな上昇傾向にある。

ところが，海外の国と比較すると，依然として著しく低い割合である（内閣府男女共同参画局［2017a］Ⅰ-5-7図）。たとえば，女性研究者比率が最も高い国はアイスランド45.6％，以下，ポルトガル，エストニア，スロバキアのいずれの国も40％を超え，英国37.4％，米国34.3％，ドイツ27.9％，フランス26.1％，韓国の女性研究者比率18.9％である。

女性研究者比率が40％台と高い比率となっているEUメンバー国とその関連国等での，女性研究者比率の高い要因として，①研究者の給与が低い，②給与の低い公的機関・大学等の組織に所属する研究者の割合が高い，③男性的な分野（たとえば，防衛）と比較して，生物学，保健などの女性的な分野が占める比率が高い，④女性の就業率が高い，⑤男性研究者の頭脳流出，国際移住が生じている可能性がある，⑥職業威信が低く男性にとって研究職の魅力が乏しい，などが指摘されている（加藤・茶山［2012］55-57頁）。

女性研究者比率が低い要因としては，もともと，女性の就業率が低い，男女間賃金格差が大きいこと，等がその要因として指摘されている。また，世界の主要国では，大学院博士課程の女子学生割合が高ければ，研究者に占める女性比率も高いという関係が示されている（加藤・茶山［2012］54-68頁）。わが国の大学院博士課程の女性比率31.0％（2016年）が，海外の主要国よりも低いことによるとの指摘もある。わが国研究者を対象とした調査結果では（男女共同

参画学協会連絡会［2013］45-46頁），わが国の女性研究者比率が少ない理由として，家庭と仕事との両立が困難，育児期間後の復帰が困難，職場環境などを指摘している。

② 所属組織別の女性研究者比率

女性研究者が就業している組織は，企業，非営利団体・公的機関，あるいは大学等である。

2016年の所属組織別の女性研究者数と女性研究者比率は，大学等が8万4,622人（26.3％），非営利団体・公的機関7,516人（17.8％），企業4万6,282人（8.6％）と，いずれの組織でも，女性研究者の人数及び比率ともに，過去最多を更新した（総務省［2017］図2）。この所属組織別女性研究者数によると，大学等約61.1％，企業33.5％，非営利団体・公的機関5.4％と，大学等に所属する女性研究者が6割以上を占め，圧倒的に多い。男性研究者の6割以上が企業に所属しているのとは対照的である。大学等の女性研究者比率は26.3％と他の組織よりも高いが，英，仏，独，韓と比較すると，いずれの組織でも低い率となっている（図表Ⅱ-1参照）。

図表Ⅱ-1　英，仏，独，韓，日の所属組織別の女性研究者比率

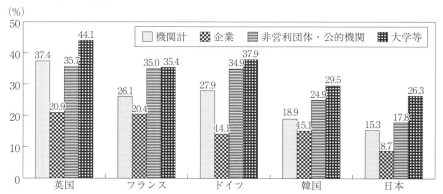

(備考) 1. 総務省「科学技術研究調査」（平成28年），OECD "Research and Development Statistics" より作成。
2. 日本の値は2016（平成28）年3月31日現在の値。韓国は2015（平成27）年の値，ドイツは2013（平成25）年の値，その他は2014（平成26）年の値。
出所：内閣府男女共同参画局［2017a］Ⅰ-5-8図を転載

③ 専門分野別の女性研究者数

専門分野別女性研究者をみると、所属する組織別に、その専門分野は大きく異なっている。

(a) 大学等に所属する専門分野別女性研究者数

大学等で就業している女性研究本務者78,081人について、その専門分野別の女性研究者の人数と比率（括弧内％）をみると、次のように研究対象の専門領域で、大きく異なっている（総務省統計局［2016a］第15表）。なお、本務者は、大学等の教員、大学院博士課程の在籍者、医局員、その他の研究員からなる。

人文科学1万523人（35.9％），社会科学8,222人（24.7％），理学4,460人（14.2％），工学4,428人（10.2％），農学2,554人（21.2％），医学・歯学2万2,688人（26.5％），薬学・看護学等1万2,869人（51.8％），その他（心理学，家政，教育，芸術その他）1万2,337人（41.2％）。

大学等で女性研究者比率が最多の専門分野は、薬学・看護学等で50％を超え、人文が30％台である。女性研究者比率が低いのは、工学は10.2％で最も少なく、次いで、理学は14.2％と少ない。

社会科学の女性研究者比率は24.7％であるが、女性研究者全体に占める社会科学分野の女性研究者構成割合は、10.5％である。さらに、社会科学分野の細目別の女性研究者の人数と比率（括弧内％）をみると、以下のような差がみられる（総務省統計局［2016a］第15表）。

- (a) 法学・政治 　　　　1,821人（21.3％）
- (b) 商学・経済 　　　　2,389人（16.6％）
- (c) 社会学 　　　　　　2,780人（39.8％）
- (d) その他の社会科学　1,232人（36.2％）

なお、社会科学部門の(a)から(d)までの専門領域の細目は、『科学技術研究調査報告』では、次のように例示されている（総務省統計局［2016b］12頁）。

- (a) 法学・政治：法学，政治学，行政学など。
- (b) 商学・経済：商学，経済学，経営学，会計学，流通学，金融学，産業学，経営工学，経営情報学，経済情報学，経営システム学など。
- (c) 社会学：社会学，新聞学，広報学，社会福祉学，介護福祉学，観光学など。

(d)　その他の社会科学：国際関係学，政策科学など。

　上記の専門分野の細目では，会計学は社会科学分野の商学・経済学系に属し，大学等では，商学・経済学系の女性研究者構成割合は3.05％を占め，少数である。

(b)　企業に所属する専門分野別女性研究者数

　企業の女性研究者4万6,282人の専門分野別人数（括弧内％は女性研究者比率）をみると，機械，電気，建設等の「工学」が1万8,722人（5.0％）と最も多く，次いで，数学，物理学，情報科学，化学，生物学等の「理学」が1万6,992人（13.3％）と，「工学」と「理学」ともに，比較可能な平成24年以降過去最多である。次いで，薬学他4,602人（34.0％），農学4,013人（27.1％），人文・社会科学1,699人（24.8％），医学・歯学254人（29.2％）であり（総務省統計局［2016a］第3表），人文・社会科学以外のいずれの専門分野も，女性研究者比率は過去最高を更新した。企業では，人文・社会科学を専門分野とする女性研究者の構成割合は3.7％を占め，少数である。

(c)　非営利組織・公的機関に所属する専門分野別女性研究者数

　非営利組織・公的機関の女性研究者7,516人の専門分野別人数（括弧内％は女性研究者比率）をみると（総務省統計局［2016a］第14表），農学1,954人（17.6％）が最多で，次いで，理学1,513人（15.6％），工学1,078人（7.7％），医学・歯学959人（30.0％），薬学他879人（44.0％），社会科学343人（23.0％），人文科学180人（26.4％）である。社会科学と人文科学の女性研究者数は前年より若干減少したが，他の分野では，女性研究者の人数および比率ともに若干上昇している。社会科学を専門分野とする女性研究者構成割合は，4.6％を占め，少数である。

　以上のように，女性研究者の専門性を把握するため，その専門分野をみてきたが，女性研究者が就業する組織によって，専門分野別に，女性比率の違いがみられた。女性研究者の約6割が就業している大学等では，薬学・看護学等分野の女性研究者比率は50％を超え，最も高く，次いで人文科学分野35.9％，社会科学分野24.7％である。社会科学分野のうち，会計学に限定したデータ入手ができなかったが，商学・経済学系を専門とする女性研究者比率は16.6％と，比較的低い水準である。女性研究者の約3割が就業している企業では，女性研

究者比率が高い専門分野として，工学，次いで理学で，人文・社会科学以外の分野の女性研究者比率は，過去最高を更新した。非営利組織・公的組織では，女性研究者比率が高い専門分野は，農学17.6％，次いで，理学15.6％と，人文・社会科学以外のいずれの分野でも，女性研究者比率は過去最高を更新している。

(3) 組織（大学等，企業，非営利組織）の政策・方針，戦略策定の意思決定，ならびにガバナンスへの参画状況

(1)で述べたように，研究者は各自の専門分野の研究テーマについての原理や知見を追究することを通じて，社会や経済を含めた様々な物事に対する理性的な認識を育て，公正かつ正当な判断力をもたらす上で重要な役割を担うことが社会から期待されており，これらの期待に応えるべく，組織（大学等，企業，非営利組織）の政策・方針，戦略策定の意思決定，ならびにガバナンスに参画している。

さらに，大学等，非営利組織の方針決定に携わる学長・副学長等，政策・方針決定に関わる公的組織の各種委員会や，企業の目標設定や戦略策定に関わる役員等には，性別，国籍，年齢，専門的能力，価値観等の多様性が求められ，その一環として女性研究者の参画が求められている。

なお，本項では，女性研究者に限定したデータが入手できない場合が多いので，女性の人数や女性比率を示している。

① 大学の学長，副学長の女性人数と女性の割合

わが国の大学学長の女性人数と女性比率は，2016年82人（10.6％），副学長は164人（10.9％）ある。短期大学の学長の女性の人数および比率は，2016年46人（21.9％），副学長40人（34.5％）である（文部科学省［2016］表16，表27）。図表Ⅱ-2によって，国立大学の学長の女性比率が3％台と極めて低く，公立，私立大学では10％台と，かなりの差が生じていることを示す。

なお，米国の大学学長に占める女性比率は26％で，日本の大学学長の女性比率より著しく高い（文部科学省［2014］97頁）。

図表Ⅱ-2　大学の学長，副学長の人数と女性比率（2016年）

	学長			副学長		
	男性	女性	女性比率	男性	女性	女性比率
国立	83人	3人	3.5%	387人	42人	9.8%
公立	75人	13人	14.8%	98人	19人	16.2%
私立	512人	66人	11.4%	734人	103人	12.3%
全体	670人	82人	10.9%	1219人	164人	11.9%

出所：文部科学省［2017］表16に基づいて作成

② 国ならびに公的組織の政策・方針決定ならびにガバナンスへの参画状況

国や公的機関の政策・方針決定ならびにガバナンスへの女性の参画状況の推移は次のとおりである（図表Ⅱ-3）。

図表Ⅱ-3　国・都道府県・市町村等審議会における女性委員比率と女性委員数の推移

	2012年	2013年	2014年	2015年	2016年
国の審議会等委員	32.9%	34.2%	35.4%	36.7%	37.1%(　　671人)
国の審議会等専門委員等	19.4%	20.1%	22.4%	24.8%	27.7%(　2,294人)
都道府県審議会委員	28.8%	29.5%	30.3%	30.6%	31.2%(　12,013人)
市区町村審議会委員	23.9%	24.3%	25.2%	25.6%	26.0%(158,205人)

出所：内閣府男女共同参画局［2017c］より作成
（注）　括弧内は女性委員数

国の審議会等委員は，2016年に女性比率37.1％で，4年連続最高値を更新し，都道府県審議会委員も女性比率31.2％と内閣府男女共同参画局の2020年目標値30％をすでに超えている。

専門委員等は，審議会委員とは別に，専門又は特別の事項を調査審議するため必要があるとき，専門委員，特別委員または臨時委員の名称で置くことができるもので，当該専門または特別の事項の調査・審議が終了したときには解任される委員であるが，その女性比率も27.7％と，引き続き上昇している（図表Ⅱ-3）。

③　企業の経営計画と戦略の策定への参画，コーポレート・ガバナンスへの参画状況

　少子高齢化，それに伴う経済構造の変化，ならびに経済がグローバル化していく中で，企業の目標設定ならびに戦略の立案・実行等の戦略的意思決定，ならびにコーポレート・ガバナンスへの女性の参画によって，多様な価値観や能力が企業経営に反映されると期待されている。多様な価値観や能力を受容する組織ではイノベーションが促進され，企業競争力や社会的評価が向上し，企業価値の向上にも繋がり，企業の業績にも大きく影響するとの認識が見られる（高村［2016］3-4頁）。

　(a)帝国データバンクによると，「株式会社」「有限会社」の2016年5月時点の女性社長は8万6,795人で女性比率は7.69％を占め，10年前（2007年）と比較すると人数は40％増加し，女性比率は1.5％上昇している。年商規模別では，年商「5,000万円未満」の女性社長比率が10.62％と最高である。年商が大きくなると女性社長比率は低下し，「100億円以上」では1.36％にとどまる（帝国データバンク［2017］1-5頁）。女性社長比率が高い上位業種としては，子育て，介護，美容，あるいは教育といった生活に密着した分野で女性社長比率が高く，なかでも「保育所」は44.70％と突出している。就任経緯別に女性社長をみると，「創業者」が41.5％と最多である。このうち，2016年以降に新たに創業または就任した新任女性社長をみると，「同族継承」が33.9％である。

　(b)上場企業の女性の役員は2016年5月現在1,388人で，女性比率3.4％（2015年1,142人，同比率2.8％）で，女性役員数は過去4年間で，2012年630人から2016年1,388人へと2倍以上に増加しているが（東京証券取引所［2017］37頁，内閣府男女共同参画局［2017b］），女性比率は依然として低水準である。なお，役員等とは，取締役，監査役，執行役，指名委員会等設置会社の代表執行役及び執行役である。

　図表Ⅱ-4のノルウェー，フランス，英国，ドイツ等の女性役員比率は18.2％から38.7％と高いが，それらの国々では，クオータ制を導入している。クオータ制を導入していない米国でも，2015年女性役員比率17.9％で，わが国と比べると高い比率となっている（図表Ⅱ-4参照）。

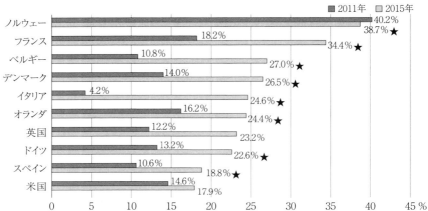

図表Ⅱ-4　諸外国の女性役員比率

(出典) EU加盟国：European Women on Boards, Gender Diversity on European Boards, 2016, P20を
　　　もとに，内閣府にて作成。
　　　米国：2020 Women on Boards Gender Diversity Index of Fortune 1000 Companies
(注) ★は上場企業役員にクオータ割等を導入している国（2015）
出所：内閣府男女共同参画局［2017b］図表　諸外国の女性役員割合より転載

　東証上場会社3,507社中，女性役員を登用していると記載している企業は，7.8％に相当する274社である。JPX日経400構成会社では，19.5％に相当する78社が女性役員を登用している（東京証券取引所［2017］38頁）。

　(c)2015年5月施行の改正会社法，2015年のコーポレート・ガバナンス・コードの適用開始など一連の制度改革を背景に，経営者の任免あるいは監視の役割を果たすと期待されているのが社外取締役と社外監査役である。上場企業では東証上場会社のうち95.8％が2016年では社外取締役を選任し，80％に近い企業が2人以上の社外取締役を選任している。東証上場会社3,507社において選任された社外取締役の総計は7,247人で，独立社外取締役（独立役員として届け出られた取締役）の占める比率は84.7％（6,141人）である。独立社外取締役の属性は，「他の会社の出身者」3,644人（59.3％），弁護士986人（16.1％），公認会計士575人（9.4％），税理士151人（2.5％），研究者469人（7.6％），その他316人（5.1％）と（東京証券取引所［2017］80頁），研究者は全体の7.6％を占める。

　東証上場会社の監査役会設置会社2,800社において選任された社外監査役総

計6,800人のうち，独立役員として届け出られた監査役の総計は4,808人（70.7％）である。東証上場会社のうち監査役会設置会社では，「他の会社の出身者」51.6％，弁護士19.8％，公認会計士15.4％，税理士6.9％，研究者2.3％と（東京証券取引所［2017］80頁），研究者が全体の2.3％を占めている。社外取締役と社外監査役として，女性研究者も選任されているが，今後も参画が求められる状況にある。

(d)独立行政法人・認可法人等の女性役員は，2016年161人で，女性比率13.1％である。2015年の10.5％から増加し，女性役員数は2012年の49名から過去4年間で3倍以上に急増している（内閣府男女共同参画局［2017d］1頁）。

以上のように(3)では，女性研究者が社会から要請される，いわゆる社会的活動を，大学等，企業，あるいは非営利組織における，政策・方針，戦略策定の意思決定，ならびにガバナンスへの参画と捉え，検討してきた。女性研究者に限定したデータは入手出来なかったため，組織の政策・方針，戦略策定への意思決定，ならびにガバナンスへ参画している女性の人数や比率を把握している。その結果，国や地方公共団体の審議会等委員ならびに専門委員等の女性比率は30％台と，女性の参画が著しい。ところが，大学等（大学と短期大学）の学長・副学長は，その女性比率は，国立，公立，あるいは私立の別によってかなりの差がみられるが，3％から10％台と低い数値を示している。

企業での政策・方針，戦略策定の意思決定，ならびにガバナンスへの女性の参画は，会社法の改正とコーポレート・ガバナンス・コードの適用によって，2015年以降高まっているが，上場企業の女性役員比率3.4％ときわめて低い水準である。独立行政法人・認可法人等の女性役員比率は10％台と急速な増加を示した。いずれにしても，大学等，企業，あるいは非営利組織における，政策・方針，戦略策定への意思決定，ならびにガバナンスへの女性の参画状況は依然として低い水準にあると言える。

第 3 節　日本会計研究学会における女性会計研究者の活躍状況

　前節までのわが国の女性研究者の現状を踏まえたうえで，日本会計研究学会における女性会計研究者の活躍状況を明らかにする。なお，調査に際しては，文献調査および日本経済学会の大会への参加，日本経済学会会員への聞き取り調査等を行った。

　日本会計研究学会は1937年（昭和12年）に「会計学の研究およびその普及のため，会計学の研究にたずさわる者の連絡および懇親をはかることを目的」（日本会計研究学会会則第 2 条）に設立された。最初の女性会員は能勢信子先生（神戸大学）で1953年に入会された。1953年の会員総数は420人であった。その後，少しずつ女性会員数は増加し，特に，1999年以降，女性の学会への入会者数が増えていった。

　2017年 3 月末日における会員総数は1,799人，うち女性会員数は約267人であり，女性会員比率は14.84％となっている（2017年度会報より）。現在の女性会員比率は，同年のわが国全体の女性研究者比率15.3％（第Ⅱ章 2 節参照）と比べてやや少ない比率になっている。

　日本会計研究学会に所属する女性会計研究者を対象として，以下，⑴では，日本会計研究学会における女性会計研究者の研究状況を明らかにする。次に，⑵で日本会計研究学会を対象に行った調査項目について，日本経済学会との比較分析を行う。さらに，⑶においては日本会計研究学会における女性会計研究者の社会貢献の現状を明らかにする。

⑴　日本会計研究学会における女性会計研究者の現状

　日本会計研究学会における女性会計研究者の現状を明らかにするために，まずは研究の視点から検討していく。とくに，女性会計研究者の研究成果の傾向を，①統一論題報告者数と座長経験数等，②自由論題報告者数と『會計』，『会計プログレス』掲載論文数，③学会賞等の受賞状況・役員の状況について調査した。調査方法は，『日本会計研究学会会報』（以下，会報とする）および『會

計』閲覧用DVD-ROM等に基づいた調査を行った。

① 統一論題等報告者数と座長経験数

　日本会計研究学会の全国大会における，女性会計研究者の統一論題報告者数は図表Ⅱ-5のようになっている。1950年の第9回大会から1991年の第51回大会までの間には，統一論題報告および座長のいずれも女性会計研究者が務めたことはなかった。女性会計研究者が初めて統一論題報告を行ったのは，1992年の第51回大会（於：札幌学院大学）であり，北村敬子先生（中央大学）で，論題『会計環境の変化と財務報告の課題』である。2001年以降，統一論題報告を務める女性研究者が徐々に増えてきている。

　また，女性研究者が初めて統一論題の座長を務めたのは2005年の第64回大会（於：関西大学・第1会場）の辻山栄子先生（早稲田大学）で，統一テーマ『会計における基礎概念の整合性と情報レリバンス』である。その後は，女性会計研究者による座長はいない。

図表Ⅱ-5　統一論題報告者数・座長数

西暦	大会	女性報告者	女性座長	西暦	大会	女性報告者	女性座長
1992年	第51回	1	0	2005年	第64回	1	1
1993年	第52回	0	0	2006年	第65回	0	0
1994年	第53回	0	0	2007年	第66回	1	0
1995年	第54回	0	0	2008年	第67回	2	0
1996年	第55回	0	0	2009年	第68回	0	0
1997年	第56回	0	0	2010年	第69回	3	0
1998年	第57回	0	0	2011年	第70回	0	0
1999年	第58回	0	0	2012年	第71回	0	0
2000年	第59回	0	0	2013年	第72回	1	0
2001年	第60回	3	0	2014年	第73回	3	0
2002年	第61回	1	0	2015年	第74回	1	0
2003年	第62回	0	0	2016年	第75回	1	0
2004年	第63回	0	0	2017年	第76回	2	0

出所：『日本会計研究学会会報』（昭和25年度〜平成28年度）および日本会計研究学会第76回大会プログラムより作成

　さらに，日本会計研究学会における特別委員会[1]やスタディ・グループ[2]，課題研究委員会[3]といった共同研究にも近年，女性会計研究者の参加が徐々に

増えてきている。特別委員会の委員長を女性会計研究者が務めたのは，2009年の北村敬子先生の「公正価値測定の意義とその限界」である。同じくスタディ・グループの委員長を務めたのは2014年の北村敬子先生の「わが国における女性会計学者の現状と課題」である。また，課題研究委員会の委員長を女性研究者が務めたのは2012年の小林麻理先生の「公共経営の変容と会計学の機能」である。特別委員会やスタディ・グループ，課題研究委員会の委員としては，近年ほとんどの共同研究に女性会計研究者が参加し，活躍している。ただし，それはごく少数の女性会計研究者たちが，いくつかの委員会等で活躍しているのが現状である。

② 自由論題報告者数と『會計』，『会計プログレス』掲載論文数

　日本会計研究学会の全国大会における自由論題報告は，学会員にとって研究成果の報告の場となっている。女性会計研究者が初めて全国大会の自由論題報告を行ったのは1961年の第20回大会（於：神戸大学）における能勢信子先生（神戸大学）であり，論題「社会会計と企業会計の「同型性」について」であった。同大会の自由論題の総報告数は16報告である。

　図表Ⅱ-6は，全国大会における自由論題報告数の合計と女性会計研究者による報告者数，および女性会計研究者による報告を分野別に分類[4]したものである。1961年以降，しばらく女性会計研究者による自由論題報告がなく，1978年の第37回大会（於：早稲田大学）から徐々に報告数が増えている。とくに，2000年以降は，全体数に占める女性会計研究者の報告数の割合が高くなってきており，2009年には全体数96報告，うち女性会計研究者が27報告を占めている。その割合は28.13％であり，女性会員比率よりも高く，近年，女性会計研究者

1　日本会計研究学会から研究助成金を受け，特定課題につき共同で研究に従事する特別委員会であり，その委員長は理事会が会員のうちから選任する（日本会計研究学会特別委員会規則）。
2　日本会計研究学会への申請に基づき，研究助成金を受けて特定課題につき共同で研究に従事するグループ（日本会計研究学会スタディ・グループ規則）。
3　2020年に株式会社TKCからの研究援助資金を受けて，特定の研究課題の研究を遂行するために設置された委員会である（日本会計研究学会第61回大会記）。
4　この分類はアンケート調査における研究領域の分類と同じものである。

が積極的な研究報告を行っていることがわかる。そして自由論題の報告分野は，財務会計の分野が圧倒的に多いが，近年その割合が少しずつ下がっており，幅広い分野での活躍がうかがえる。

図表Ⅱ-6　女性による自由論題報告数と報告分野

年	自由論題報告合計	女性研究者による報告数	内訳							
			財務会計	管理会計	監査	環境会計	公会計	税務会計	会計史	その他
1961	16	1 (6.25%)	1	0	0	0	0	0	0	0
…										0
1978	40	2 (5.00%)	2	0	0	0	0	0	0	0
1979	32	1 (3.13%)	1	0	0	0	0	0	0	0
1980	37	1 (2.70%)	1	0	0	0	0	0	0	0
1981	32	2 (6.25%)	1	1	0	0	0	0	0	0
1982	39	2 (5.13%)	1	1	0	0	0	0	0	0
1983	47	1 (2.13%)	1	0	0	0	0	0	0	0
1984	36	1 (2.78%)	1	0	0	0	0	0	0	0
1985	30	0 (0.00%)	0	0	0	0	0	0	0	0
1986	34	1 (2.94%)	1	0	0	0	0	0	0	0
1987	30	0 (0.00%)	0	0	0	0	0	0	0	0
1988	50	1 (2.00%)	1	0	0	0	0	0	0	0
1989	37	1 (2.70%)	1	0	0	0	0	0	0	0
1990	49	3 (6.12%)	3	0	0	0	0	0	0	0
1991	52	5 (9.62%)	3	2	0	0	0	0	0	0
1992	48	0 (0.00%)	0	0	0	0	0	0	0	0
1993	46	1 (2.17%)	1	0	0	0	0	0	0	0
1994	50	2 (4.00%)	1	0	1	0	0	0	0	0
1995	64	2 (3.13%)	1	0	0	0	1	0	0	0
1996	58	5 (8.62%)	2	3	0	0	0	0	0	0
1997	52	2 (3.85%)	2	0	0	0	0	0	0	0
1998	76	6 (7.89%)	6	0	0	0	0	0	0	0
1999	59	5 (8.47%)	2	2	1	0	0	0	0	0
2000	59	7 (11.86%)	4	1	0	2	0	0	0	0
2001	80	8 (10.00%)	6	1	1	0	0	0	0	0
2002	74	10 (13.51%)	7	0	0	0	1	1	0	0
2003	97	15 (15.46%)	5	5	2	2	1	0	0	0
2004	97	14 (14.43%)	12	1	0	1	0	0	0	0
2005	112	22 (19.64%)	14	2	1	3	1	0	0	1
2006	112	16 (14.29%)	12	2	0	1	0	1	0	0
2007	96	16 (16.67%)	14	0	0	1	1	0	0	0
2008	134	24 (17.91%)	19	1	0	1	1	1	1	0
2009	96	27 (28.13%)	17	4	1	2	1	0	1	1
2010	106	11 (10.38%)	7	2	1	1	0	0	0	0
2011	105	21 (20.00%)	13	2	2	2	0	0	1	0
2012	105	23 (21.90%)	16	2	2	2	0	0	1	0
2013	105	21 (20.00%)	12	5	1	2	0	0	0	1
2014	109	18 (16.51%)	10	1	3	0	3	0	1	0
2015	103	19 (18.45%)	10	1	2	1	2	2	0	1
2016	107	21 (19.63%)	12	3	2	2	2	0	0	0
2017	113	16 (14.16%)	10	2	1	0	3	0	0	0

出所：『日本会計研究学会会報』（昭和25年度～平成28年度）および日本会計研究学会第76回大会プログラムより作成

また，日本会計研究学会と関連する研究成果公表の場として，『會計』と，学会誌である『会計プログレス』がある。女性会計研究者の論文が初めて『會計』に掲載されたのは，1961年の第80巻第5号であり，能勢信子先生の「社会会計と企業会計の同型性に関する考察」である。女性研究者の掲載論文数も，自由論題報告者数と同様に2000年前後から急激に増加してきている。図表Ⅱ-7は自由論題報告数と『會計』，『会計プログレス』論文掲載数の推移を示したグラフである。

図表Ⅱ-7　自由論題報告数と『會計』，『会計プログレス』論文掲載数の推移

出所：『日本会計研究学会会報』（昭和25年度〜平成28年度）および日本会計研究学会第76回大会プログラム，『會計』閲覧用DVD-ROM（2000年まで），データベースCiNii（2001年〜2017年7月末まで），『会計プログレス』（2017年）より作成

③　学会賞等の受賞状況・役員の状況

　日本会計研究学会には，大会および部会で発表された会計学に関する論文に対して授与される「学会賞」，会計学に関する著書に対して授与される「太田・黒澤賞」[5]，若手研究者支援として，大会および部会で院生会員によって発表された会計学に関する論文に対して授与される「学術奨励賞」がある。

5　前身は上野・太田賞（〜1962年度）である。その後，太田賞（1963〜1995年度）に改称された後，太田・黒澤賞（1996年度〜）となっている。

女性で初めて賞を授与されたのは，能勢信子先生であり，1962年度の第21回大会で「上野・太田賞」を受賞された。その後，2015年度までに，12名の女性研究者が学会賞等を受賞している。女性会計研究者の研究成果発表が増えるにともない，受賞数も増えていることがわかる。以下の図表Ⅱ-8は学会賞等を受賞した女性会計研究者の一覧である。

図表Ⅱ-8　女性会計研究者の学会賞等の受賞一覧

年度	受賞者	種別	受賞著書・論文
1962年度	能勢信子	上野・太田賞	社会会計論
1984年度	嶺輝子	学会賞	基準書第13号発表前のリース会計に関するビッグ・エイトの見解
1992年度	辻山栄子	太田賞	所得概念と会計測定
1993年度	北村敬子	学会賞	会計環境の変化と財務報告の課題
1998年度	岡田依里	太田・黒澤賞	日本の会計と会計環境
2008年度	髙田知実	学会賞	経営者の裁量行動と継続企業の前提に関する追記の開示
2010年度	山内暁	太田・黒澤賞	暖簾の会計
2010年度	若林公美	太田・黒澤賞	包括利益の実証分析
2011年度	阪智香（共著）	学会賞	CO_2排出量の株価説明力と情報開示の影響
2012年度	高橋由香里	学術奨励賞	負ののれんの償却期間の決定要因
2014年度	諸藤裕美	太田・黒澤賞	自律的組織の管理会計―原価企画の進化―
2014年度	宮本京子	学会賞	監査リスク・アプローチに対するイノベーティブ・チャレンジ
2015年度	挽文子	学会賞	管理会計の多様化と普遍性

出所：『日本会計研究学会会報』（昭和25年度～平成28年度）および日本会計研究学会第76回大会より作成

現在，日本会計研究学会には，会長，理事，評議員，監事，幹事，学会賞および太田・黒澤賞審査委員，会計プログレス編集委員，国際交流委員の役員がある。

現在まで女性会計研究者が会長を務めたことはないものの，理事については2003年度以降，評議員については1994年度以降，女性研究者の参画が窺える。また，学会賞審査委員は2006年度以降，国際交流委員は2012年度に設置されてから連続して，女性会計研究者の参画がうかがえる。

(2) 日本経済学会との比較調査

　日本学術会議によるヒアリング調査では，学会の一般会員における女性会員比率として，社会科学分野の学会のうち日本経済学会だけの調査結果が示されており，2013年の時点で会員数約3,400人（会員数による学会の規模は，日本会計研究学会の約1.8倍である。）のうち女性は386人で，女性会員比率は11.4%である[6]。日本経済学会がヒアリング調査の対象となった理由は，特に男女共同参画への姿勢が積極的と認められると判断されたからである[7]。文系（人文・社会科学系）学協会では，男女共同参画，あるいは女性支援を目的とする個別委員会を設けているところはほとんど存在しない。今回のヒアリング対象となった日本経済学会には「若手・女性研究者支援ワーキング・グループ」があるが，それは文系学会としては稀有な例だとされている[8]。

　そこで，このような独自の若手・女性研究者支援の取り組みを行っている日本経済学会と，先に調査した日本会計学会における女性研究者の①統一論題報告者数と座長経験数，②自由論題報告者数と『會計』，『会計プログレス』掲載論文数，③学会賞等の受賞状況，役員等の状況について，日本経済学会のそれに対応するものと比較調査を行った。

　調査方法は，日本経済学会HPより入手可能なデータおよび，日本経済学会［2010］『日本経済学会75年史－回顧と展望』を参考にした。また，日本経済学会の2015年秋季大会に調査参加してインタビュー調査を行い，日本経済学会の会員にヒアリングを行った。

　①統一論題報告者数と座長経験数については，いずれの学会でもまだ少ないことがわかった。②自由論題報告者数と『會計』，『会計プログレス』掲載論文

6　日本経済学会においては，日本学術会議のヒアリング調査の時点（2013年）でのみ，女性会員数の調査を行い，その前後において継続的な調査を行っていない。そのため，日本経済学会の最新の女性会員数のデータは入手できなかった。

7　日本学術会議協力研究団体1,924団体に対するアンケート調査において，570団体から有効な回答が得られ，そのうち，役員等の選考に当たって何等かのポジティブ・アクションを行ったと回答したものが111団体あった。そのうち，特に男女共同参画への姿勢が積極的と認められる団体13学協会がヒアリング調査の対象となった。

8　『報告　学術分野にける男女共同参画促進のための課題と推進策』6頁。

数については，女性初の自由論題報告が日本会計研究学会で1961年，日本経済学会で1960年でありほぼ同時期である。また近年の女性の自由論題報告数はいずれの学会も約20%となっており，両学会の女性割合に比して女性が積極的な研究報告を行っていることがわかる。③学会賞等の受賞状況については，女性の受賞者数総計でみると，日本会計研究学会が13名，日本経済学会が1名であり，女性会計研究者の活躍が目立つ。また，役員等の状況については，女性が役員等を務めるようになったのは日本会計研究学会が1994年から，日本経済学会が1990年からであるが，日本経済学会では会員に占める女性の割合をカウントしていないので不明だが，役員の割合としてはここ2～3年でその数が急増している[9]。

(3) 社会貢献の視点からみた日本会計研究学会における女性研究者の現状

研究者の活躍の場は，学会活動だけにとどまらない。女性会計研究者の現状をより深く理解するためには，学会活動以外での社会活動もみる必要がある。本項では，社会貢献の視点から日本会計研究学会における女性会計研究者の現状を明らかにする。ここでの社会貢献は，学会活動以外で自らの専門的知識を生かした活動を対象とする。具体的には，企業会計審議会・財務会計基準機構における委員数，公認会計士試験における試験委員数について，日本会計研究学会に所属する女性会計研究者の現状を調査する[10]。

① 企業会計審議会における委員数と女性研究者

金融庁における企業会計審議会は，「企業会計の基準および監査基準の設定，原価計算の統一その他企業会計制度の整備改善について調査審議し，その結果を内閣総理大臣，金融庁長官または関係各行政機関に対して報告し，または建議する」（審議会総覧［2014］85頁）役割を担っている。委員は，主に企業の

9　日本経済学会についての調査の詳細は，日本会計学会スタディ・グループ最終報告書［2016］『わが国における女性会計学者の現状と課題』を参照されたい（以下，『最終報告書』とする）。

10　調査の詳細は，『最終報告書』を参照されたい。

実務家や公認会計士，大学教員等から構成されている。

　企業会計審議会の委員に，日本会計研究学会に所属する女性会計研究者が含まれる年度は，資料[11]によれば，1994年（委員総数21名中女性委員数3名，うち同学会所属女性会計研究者1名，1996年（同様に，23名，4名，1名），1998年（23名，3名，1名），2002年（19名3名，2名），2012年（18名，7名，2名），2014年（17名，6名，2名），2015年（16名，6名，3名），2017年（15名，6名，3名）である。日本会計研究学会に所属する女性会計研究者の活躍の場が広がっている。

② 　財務会計基準機構における委員数と女性研究者

　2001年7月に設立された公益財団法人財務会計基準機構は，「一般に公正妥当と認められる会計基準の調査研究・開発，国際的な会計基準の開発への貢献並びにディスクロージャー及び会計に関する諸制度の調査研究を行い，もって我が国における会計・ディスクロージャーの諸制度の健全な発展と資本市場の健全性の確保に寄与することを目的」（財務会計基準機構ホームページより）としている。

　この目的のために，財務会計基準機構は，理事，評議員会における評議員，テーマ協議会における委員，基準諮問会議における委員，企業会計基準委員会における委員を置いている。このうちテーマ協議会は2007年に，アドバイザリー制度と統合して基準諮問会議に改組されている。財務会計基準機構の理事・評議員・委員も，企業会計審議会と同様，企業の実務家や公認会計士，大学教員等によって構成されている。

　理事，評議員会における評議員，テーマ協議会における委員，基準諮問会議における委員，企業会計基準委員会における委員に女性理事，女性評議員，女性委員が含まれる場合（年度によっては，女性理事，女性評議員，女性委員が含まれていない年もある），その数は1名から3名程度であり，日本会計研究学会に所属する女性会計研究者である場合もあるが，そうでない非会員の場合もある[12]。

---

11 『審議会総覧』および金融庁ホームページによる。

直近の2017年（4月30日現在）を見てみると，理事総数19名中女性理事2名，2名とも日本会計研究学会に所属する女性会計研究者，評議員総数11名中女性評議員0名，基準諮問会議における委員総数19名中女性委員2名，2名とも同学会非会員となっている[13]。また，2017年（4月30日現在）の企業会計基準委員会の委員総数は14名であり，女性委員は0名となっている。今後の女性のさらなる参画を期待したい[14]。

③　公認会計士試験における委員数と女性研究者

　内閣府男女共同参画局は「女性の政策・方針決定過程への参画状況の推移」を調査している。直近の調査によれば，近年の公認会計士試験における女性合格者の割合は，2012年18.5％，2013年19.0％，2014年17.2％，2015年19.7％，2016年21.3％であった（内閣府男女共同参画局［2017c］）。また，同調査によれば，公認会計士に占める女性公認会計士の割合は，2012年14.2％，2013年14.3％，2014年14.4％，2015年14.4％，2016年14.6％である（内閣府男女共同参画局［2017c］）。2016年7月には，日本公認会計協会の会長に初の女性として関根愛子氏が就任した。

　公認会計士試験制度は，1992年（平成4年）の公認会計士法改正により，第2次試験への短答式試験の導入，第2次試験論文式試験への選択科目の導入がなされ，1995年（平成7年）より実施されている（古田［2016］2頁）[15]。さらに，2003年（平成15年）の公認会計士法改正により，2006年度（平成18年）から新試験制度に移行した。また，2010年度（平成22年）の試験から，短答式試験が年2回となった。

　公認会計士試験における試験委員は，主に大学教員および公認会計士から構成されている。2006年度以降の財務会計論，管理会計論，監査論，租税法の各科目における女性試験委員数は0名から3名程度で推移している[16]。例えば，

12　財務会計基準機構編［2003-2016］『季刊 会計基準』による。
13　財務会計基準機構編［2017］『季刊 会計基準』による。
14　同上
15　公認会計士試験制度の詳細は，古田［2016］を参照されたい。
16　公認会計士・監査審査会ホームページより。

直近の2017年度を見てみると，財務会計論：試験委員数15名，うち女性委員1名（日本会計研究学会非会員），管理会計論：同様に11名中，うち2名（そのうち1名は同学会所属女性会計研究者），監査論：10名中，うち1名（同学会非会員），租税法：10名中，2名（同学会非会員）となっている[17]。

第4節　総　括

　本章では，関連する資料に基づいて，日本の女性会計研究者の近年の活躍の状況を検討してきた。

　第2節の分析によって，以下のことが明らかとなった。

　①わが国では，少子高齢化とグローバル化を背景として，ダイバーシティの観点から女性研究者の活用を図ることが不可欠な状況になっている。こうした状況の下で，研究者全体に占める女性研究者の比率は15.3％と穏やかに上昇傾向にあり，大学等の女性研究者比率は26.3％となった。ところが，諸外国と比較すると著しく低い。その比率の低さは，ワーク・ライフ・バランスの困難さ，育児期間後の復帰が困難，職場環境などが原因となっているようである。

　②研究者は，専門領域の研究による専門性を特性とするが，それと共に，社会的活動への貢献を要請されている。女性研究者が研究対象とする専門分野は，人文科学，社会科学，自然科学等，様々である。資料の制約から，会計学を専門とする女性研究者の人数や比率を明らかにできなかった。大学等では，社会科学分野を専門とする女性研究者比率は25％弱，商学・経済学系の女性研究者比率は約17％弱であるが，企業や非営利組織・公的機関に所属している社会科学の女性研究者数は，大学等よりもかなり少ないと推測される。

　③女性研究者が社会から要請されるいわゆる社会的活動を，第2節では，組織の政策・方針，戦略策定の意思決定，ならびにガバナンスへの参画として捉えている。利用し得た資料の特質から，女性研究者に限定せず，参画する女性の人数や比率を検討した。大学等（大学と短期大学）の学長・副学長の女性比率は，国立，公立，私立の別に差が見られるものの，全体として約10％と低い

　17　同上。

水準を示している。国や地方公共団体の審議会等委員ならびに専門委員等の女性比率は30％台と高く増加し続けている。企業の女性役員比率は，事業規模と業種によってばらつきがみられるが，上場企業では依然として低い水準である。独立行政法人・認可法人等の女性役員数は急増している。

　第3節では，日本会計研究学会における女性会計研究者の現状を明らかにするため，とくに，女性研究者の研究成果の傾向を，(1)統一論題報告者数と座長経験数等，(2)自由論題報告者数と『會計』，『会計プログレス』掲載論文数，(3)学会賞等の受賞状況，役員の状況について調査した。日本会計研究学会においては，2000年以降，女性研究者の積極的な活躍が増えてきていることがわかった。

　そして，日本会計研究学会を対象に行った調査項目について，日本経済学会との比較分析を行った。日本会計研究学会の約1.8倍の会員数であり，女性・若手研究者支援について独自の取り組みを行っている日本経済学会においても，日本会計研究学会における活躍と今のところ大差がないことがわかった。全体として，女性研究者が活躍する余地はまだまだあるといえるだろう。ただし，日本会計研究学会と日本経済学会とでは，現状が異なるため，比較しにくい点もあった。

　さらに女性会計研究者の活躍の場は，学会活動だけにとどまらないことから，企業会計審議会における委員数・財務会計基準機構における委員数・公認会計士試験における委員数などをもとに，女性会計研究者の社会貢献活動にも着目した。今後，女性会計研究者の社会貢献活動へのますますの参画が期待される。

【参考文献】

加藤真紀，茶山秀一［2012］『日本の大学教員の女性比率に関する分析』文部科学省科学技術政策研究所 第1調査研究グループ調査資料-209

行政管理庁編　［1973］［1975］［1979］［1983］［1984］［1986］［1988］［1990］［1992］［1994］［1996］［1998］［2002］［2004］［2006］［2008］［2010］［2012］［2014］『審議会総覧』

金融庁ホームページ（http://www.fsa.go.jp/singi/singi_kigyou/top.html）

公益財団法人 財務会計基準機構ホームページ（https://www.asb.or.jp/asb/asb_j/

fasf/apercu/）
公認会計士・監査審査会ホームページ（http://www.fsa.go.jp/cpaaob/kouninkaikeishi-shiken/）
国立情報学研究所 CiNii Articles（http://ci.nii.ac.jp/）
財務会計基準機構編［2003-2017］『季刊 会計基準』
総務省［2017］「統計トピックスNo.100　過去最多を更新し続ける我が国の女性研究者」
総務省統計局［2016a］『科学技術研究調査報告』
総務省統計局［2016b］『科学技術研究調査報告　調査票記入上の注意』
高村静［2016］「企業における多様な人材の活用：女性人材・外国人材に着目して」RIETI　Discussion Paper Series 16-J-047.
谷口真美［2014］RIETI Discussion Paper Series 14-j-042『組織成果につながる多様性の取り組みと風土』RIETI
男女共同参画学協会連絡会［2013］『第三回科学技術系専門職の男女共同参画実態調査』
帝国データバンク［2017］『全国女性社長分析』
東京証券取引所［2017］『東証上場会社コーポレート・ガバナンス白書2017』
東洋経済新報社［2016］『役員四季報』
内閣府男女共同参画局 男女共同参画推進連携会議［2011］『「2020年30%」の目標の実現に向けて』
内閣府男女共同参画局［2017a］『男女共同参画白書』
内閣府男女共同参画局［2017b］「女性役員情報サイト」（http://www.gender.go.jp/policy/mieruka/company/yakuin.html）
内閣府男女共同参画局［2017c］「政策・方針決定過程への女性の参画状況及び地方公共団体における男女共同参画に関する取組の推進状況について」（http://www.gender.go.jp/research/kenkyu/index.html）
内閣府男女共同参画局［2017d］「女性の政策・方針決定過程への参画状況の推移」（http://www.gender.go.jp/research/kenkyu/sankakujokyo/saishin.html）
日本会計研究学会［2017］『会計プログレス』第18号
日本会計研究学会［1950-2015］『日本会計研究学会会報』森山書店
日本会計研究学会［2016］『平成27年度日本会計研究学会会報』
日本会計研究学会［2017］『平成28年度日本会計研究学会会報』
日本会計研究学会ホームページ（http://www.jaa-net.jp/organizational.html）
日本学術会議［2014］『報告　学術分野における男女共同参画促進のための課題と推進策』
日本経済学会［2010］『日本経済学会75年史−回顧と展望』有斐閣
日本経済学会［1996-2015］『現代経済学の潮流』東洋経済新報社
日本経済学会ホームページ（http://www.jeaweb.org/jpn/index.html）

森山書店『會計』閲覧用DVD-ROM
文部科学省・日本学術振興会［2016］『科研費，新たな知の創造世界をリードする知的資産の形成と継承のために』
文部科学省［2014］『科学技術白書』
文部科学省［2017］『学校基本調査』
古田清和［2016］「公認会計士試験制度の変遷と甲南大学会計大学院10年の歩み」『甲南会計研究』1 -17頁
JER Wiley Online Library（http://onlinelibrary.wiley.com/journal/）
OECD［2016］Employment Outlook

（第1節，第2節：西村優子，第3節，第4節：堀江優子，丸岡恵梨子）

第III章 海外の会計学会と女性会計研究者

第1節 序　論

　本章では，海外における女性会計研究者の状況・課題等について取り上げる。まず，わが国研究者の海外での活躍の一部として，日本会計研究学会の国際交流協定に基づく派遣海外研究報告の状況をみると，2006年から交流が始まった韓国会計学会では，女性会計研究者が関わる報告は，21の研究報告中6報告（MERSのため直前に中止された2015年報告決定者を含めると23報告中8報告）であった。2009年から交流が始まった台湾会計学会では，女性会計研究者が関わる報告は，14の研究報告中6報告であった。日本会計研究学会の女性比率と比較して，多くの女性会計研究者が国際交流に貢献してきたことがわかる。

　第2節以降では，海外16カ国・地域における女性会計研究者の現状や諸課題について調査した結果を示す。調査対象は，本章執筆担当者が過去に国際学会等で各国参加者にヒアリングを行って得た情報に基づき，本テーマに関連してわが国への新たな知見や含意が得られる可能性のある国を中心に選定した。

第2節	米州	アメリカ，ブラジル
第3節	欧州（旧共産圏含む）	イギリス，ポーランド，ルーマニア
第4節	アジア	韓国，台湾，中国，インドネシア，タイ，スリランカ，バングラデシュ，ウズベキスタン
第5節	その他地域	トルコ，オーストラリア，南アフリカ

調査内容は，①各国の主要会計学会の女性比率等，②各国主要大学の女性会計研究者の比率等（原則，主要5大学を調査対象とする。ウェブページで専任会計教員・性別がある程度特定できる大学が対象），③女性会計研究者を取り巻く現状と課題（③はインタビュー実施が困難であった中国，タイ，ウズベキスタン，トルコを除く）である。調査方法は，①対象国の会計研究者に対するインタビュー調査，②対象国の会計研究者へのメールによる質問調査，③Web情報の調査（各国の主要学会・大学），の全てまたはいずれかである。

第6節では総括を述べる。最後に，コラムとして，女性会計研究者に関連する海外の学術研究のレビュー結果を取り上げる。

第2節　米州における女性会計研究者

(1) アメリカ

① アメリカの主要会計学会

主要会計学会は，アメリカ会計学会（AAA: American Accounting Association, http://aaahq.org/）である。歴代会長（President）（1917～2018年）は101人（うち女性は10人）である。初めての女性会長は1995年に第79代会長となったKatherine Schipper（1995～1996年），その後はMary S. Stone（2000～2001年），Jane F. Mutchler（2004～2005年），図表Ⅲ-1に示す7人の女性会長へと続く。2000年以降では18人中9人（50％）が女性会長である。Board of Directors（2010年以前はExecutive Committee）は11～12人中2～5人が女性，Councilは28～38人中10人以上（最近では約半数）が継続的に女性である。なお，日本会計研究学会からは，平松一夫先生（関西学院大学）が副会長（Vice President）（2009～2011年）を務めておられた。

第Ⅲ章　海外の会計学会と女性会計研究者　39

図表Ⅲ-1　アメリカ会計学会（AAA）の会長・役員

年	President	Board of Directors の人数（うち女性）	Councilの人数（うち女性）
2005–2006	Judy D. Rayburn（女性）	11人（5人）	38人（17人）
2006–2007	Shyam Sunder	11人（2人）	37人（10人）
2007–2008	Gary J. Previts	11人（2人）	36人（10人）
2008–2009	Susan Haka（女性）	11人（3人）	37人（15人）
2009–2010	Nancy Bagranoff（女性）	11人（3人）	38人（13人）
2010–2011	Kevin Stocks	11人（4人）	29人（12人）
2011–2012	Greg Waymire	11人（4人）	30人（11人）
2012–2013	Karen Pincus（女性）	11人（4人）	29人（14人）
2013–2014	Mary Barth（女性）	11人（4人）	28人（13人）
2014–2015	Christine Botosan（女性）	11人（4人）	28人（13人）
2015–2016	Bruce Behn	12人（4人）	28人（10人）
2016–2017	David Burgstahler	11人（4人）	28人（15人）
2017–2018	Anne L. Christensen（女性）	11人（4人）	29人（14人）

② アメリカの主要大学における女性会計研究者[1]

　図表Ⅲ-2は，主要5大学における専任会計教員数と博士学位取得国別人数（カッコ内はうち女性）を示す（以下，各国同様）（調査時期は2015年12月）。調査対象大学の女性会計教員比率は27％である。なお，アメリカには約2,500校の4年生大学が存在し，大学進学率は約65％である[2]。

図表Ⅲ-2　アメリカの主要大学における女性会計研究者

大学名	専任会計教員数（うち女性）	博士学位取得国別人数（うち女性）
Stanford University	15（6）人	アメリカ15（6）人
Harvard University	19（4）人	アメリカ18（4）人，オランダ1（0）人
University of Pennsylvania	17（3）人	アメリカ15（3）人，スイス1（0）人，ドイツ1（0）人
University of Texas Austin	22（4）人	アメリカ21（4）人，ドイツ1（0）人
University of Illinois -Urbana Champagne	31（11）人	アメリカ28（11）人，カナダ3（0）人
女性会計教員の比率	27％（28／104人）	―

---

[1] アメリカの主要大学の調査および女性会計研究者の現状と課題については，神戸大学の髙田知実先生にご協力いただいた。

③ アメリカにおける女性会計研究者の現状と課題
(a) 大学の就職市場

　通常，最初の採用はテニュア・トラックの立場であり，5年前後で業績評価が行われる。業績の判断規準は大学により様々だが，有名大学では最初の5年間で会計分野のトップ3ジャーナルに4本以上の論文掲載が求められるなど，ハードルは非常に高い。優秀な研究者であっても要件を満たすことは厳しく，最初の就職後5～6年で第2のジョブ・マーケットに出る人も少なくない。アメリカの就職・転職において，研究者の性別が影響するという状況はほとんどないようだが，家族の事情が考慮されることはある。たとえば，配偶者が大学の研究職の場合，両者を同じ大学で採用する配慮がなされることが多い。極端な場合には，非常に研究能力の高い研究者を採用するため，その配偶者も同時に採用することもある。家族構成などの個人的な情報も，ある程度の内容まで広く共有される傾向にあり，誰がいつジョブ・マーケットに出る可能性があるか，どの大学が獲得を目指しているのかという情報のやりとりも活発である。

(b) 男女共同参画

　アメリカの労働市場では，大学に限らず全般に，出産前の休暇および産休後の育児休暇を取得する女性が少なく，出産後数ヶ月で復職することが多い。会計研究者もその例外ではなく，出産直前まで勤務し，出産後数ヶ月で復職する。ただし，出産に伴う研究効率の低下に配慮する大学もあり，テニュア・クロック（最終的な業績判断までの期間）を1年程度止める措置をとる大学も多い。

(2) ブラジル[3]

① ブラジルの主要会計学会

　主要会計団体は，Brazilian Association of Accounting Academics（Anpcont）であり，これは実務家組織である。この組織の中に，大学に所属する研究者のみが会員となる組織が含まれ，その会員数は約200～300人，女性比率は10～

　2　各国の大学数（原則4年制）大学進学率の情報は，次の文献等を参照した。OECD［2015］Education at a Glance 2015. 外務省［2016］諸外国・地域の学校情報

　3　ブラジルの調査は，サンパウロ大学（University of São Paulo，ブラジル・サンパウロ）のFernando Dal-Ri Murcia先生にご協力いただいた。

20％（近年増加傾向），役員人数は5名（うち女性は1名）である。

② ブラジルの主要大学における女性会計研究者

図表Ⅲ-3に，主要5大学の状況を示す（調査時期は2015年12月）。調査対象大学の女性会計教員比率は31％である。なお，ブラジルには，国立・州立・私立，大学院を含めて約1,000の大学が存在し，大学進学率は約20％である。

博士学位取得については，サンパウロ大学（University of São Paulo）以外は，全員がブラジル（そのほぼ全員がサンパウロ大学）で取得している。これは，過去に，博士号を授与できる大学がサンパウロ大学に限られていたためである。現在では他大学でも博士号を授与できるようになったが，現在でも全体に占めるサンパウロ大学での博士号取得率は99％と，一極集中が続いている。

図表Ⅲ-3　ブラジルの主要大学における女性会計研究者

大学名	専任会計教員数（うち女性）	博士学位取得国別人数（うち女性）
University of São Paulo	40（9）人	ブラジル38（9）人，アメリカ2（2）人，イギリス2（0）名（2人は2学位取得）
Federal University of Santa Catarina	31（8）人	ブラジル31（8）人
Federal University of Minas Gerais	17（6）人	ブラジル17（6）人
University of Paulo at Riberão Preto	28（6）人	ブラジル28（6）人
Federal University of Fortaleza	30（16）人	ブラジル30（16）人
女性会計教員の比率	31％（45／146人）	－

③ ブラジルにおける女性会計研究者の現状と課題

(a) ブラジルの大学をめぐる状況

大学進学率は上昇傾向にある。国立・州立大学は授業料が無料だが，低所得家庭の学生の多くは結果的に私立大学に進学し，学費ローンの負担が大きい。これはブラジルが直面する社会的問題である。学生の入学選考ではマイノリティを優遇するクオータ制が存在するが，大学教員の雇用にはクオータ制は存在しない。

(b) 女性の社会進出と社会的サポートに対する課題

過去20年間で女性の社会進出が急速に進み，現在ではほとんどの女性が収入

を得るために働いている。一方で、保育所等の確保は難しく、多くの女性は、約4〜5ヶ月の産休の後、仕事に復帰している。以前は、大学教員の多くが家政婦を雇っていたが、人件費の高騰により難しくなっている。最近は家庭内の家事などを夫婦で同等に負担するようになっている。大学は就業形態が企業に比べて柔軟であり、国立・州立大学では雇用も保障されることから、教員の女性比率が上昇している。なお、学生の女性比率も上昇し、現在では約50％に達する。

第3節　欧州（旧共産圏を含む）における女性会計研究者

(1) イギリス[4]

① イギリスの主要会計学会

主要会計学会は、British Accounting and Finance Association（BAFA, http://bafa.ac.uk/）で、会員総数は約750名、女性の比率は約50％（増加傾向）である。学会会長（2016年5月〜）は、Lisa Jack（University of Portsmouth）（女性）で、学会役員に占める女性比率は、Executive Boardで約40％、Board of Trusteesで50％、Board of Trusteesで29％である。

② イギリスの主要大学における女性会計研究者

図表Ⅲ-4に、主要5大学の状況を示す（調査時期は2016年5月）。調査対象大学の女性会計教員比率は31％である。なお、イギリスにおける大学数は約150校であり、大学進学率は約60％である。

---

[4] イギリスの調査は、ブリストル大学（University of Bristol、イギリス・ブリストル）のHiroyuki Suzuki先生と、マンチェスター大学（University of Manchester、イギリス・マンチェスター）のJodie Moll先生にご協力いただいた。

図表Ⅲ-4　イギリスの主要大学における女性会計研究者

大学名	専任会計教員数 （うち女性）	博士学位取得国別人数 （うち女性）
London School of Economics（LSE）	16（4）人	多くの教員がLSEまたはイギリスの他大学
University of Manchester	26（9）人	イギリス17（7）人，その他4（3）人，等
University of Warwick	13（4）人	イギリス7（2）人，等
University of Edinburgh	13（6）人	イギリス5（3）人，その他1（1）人，等
London Business School	17（3）人	イギリス2（0）人，アメリカ10（2）人，その他2（1）人，等
女性会計教員の比率	31%（26／85人）	－

③　イギリスにおける女性会計研究者の現状と課題

　イギリスにおける女性会計研究者の課題として，ワーク・ライフ・バランスの確保（子育てとの両立など），過大な管理職（行政）の仕事負担，若手女性教員にとっての女性メンターの不足，大学上層部における女性の不在，給与格差などが挙げられる。

(2)　ポーランド[5]

①　ポーランドの主要会計学会

　主要会計学会は，Polish Accounting Association（SKwP: Stowarzyszenie Księgowych w Polsce，http://www.skwp.pl）である。会員総数は21,846人，女性比率は60〜70%である。会長は1907年の設立以降，全員男性である。役員の女性比率は20%（5人中1人）である。

②　ポーランドの主要大学における女性会計研究者

　図表Ⅲ-5に，主要5大学の状況を示す（調査時期は2015年12月）。調査対象大学の女性会計教員比率は55%と半数を超える。5大学の会計学科長に占める

5　ポーランドの調査は，クラクフ経済大学（Cracow University of Economics，ポーランド・クラクフ）のDanuta Krzywda先生（Katerda Rachunkowosci Finansowej）とKonrad Grabiński先生にご協力いただいた。

女性比率は36％（11学科中4学科）である。なお，ポーランドにおける大学数は約500校（2年制含む），大学進学率は約85％である。

図表Ⅲ-5　ポーランドの主要大学における女性会計研究者

大学名	専任会計教員数 （うち女性）	博士学位取得 国別人数
Warsaw School of Economics	23（18）人	全員ポーランド
University of Lodz	30（15）人	
Wroclaw University of Economics	43（20）人	
Cracow University of Economics	47（22）人	
University of Economics in Katowice	22（16）人	
女性会計教員の比率	55％（91／165人）	－

③　ポーランドにおける女性会計研究者の現状と課題
(a)　会計を取り巻く歴史的背景と女性

　50年前のマルクス経済時代には，会計方針は存在せず，監査は（会計人ではなく）財務省当局が行っていた。市場主義経済では「貨幣価値（金額）」の測定が重要であるのに対して，社会主義経済では「数量」が重視され，効率性も「数量」によって測定され，「お金」を扱う会計人は社会的に下位にみられていた。そのため，社会主義時代には職業会計人の給与は技術者に比べて低く，依然としてその影響は残っており，その影響もあってか女性比率が高い。会計専門家団体のNational Chamber of Statutory Auditors（https://kibr.org.pl/pl/krbr）では，会員数は7,039人，うち女性は4,534人である（女性比率64％）。会長は設立以降男性のみであるが，役員の女性比率は60％（5人中3人）である。

(b)　女性会計研究者の現状と課題

　大学教員は男女の給与格差はなく，女性比率はほぼ50％であるが，学部長等の重要役職は男性が多い。理由として，女性は家事・育児に時間を取られ昇進を希望しない，伝統的に，男性が家族のためにお金を稼ぎ経済的責任を負うと考えられており，女性は男性ほど昇進が期待されていない，という社会的要因が挙げられる。研究者としてのキャリアと家庭生活とのバランスも課題である。

　なお，女性に限らない問題として，ポーランドでは十分な資源（研究環境，デー

タベース等）が得られないことによる研究上の制約がある。限られた一部の研究者は，国際的なレベルの研究をするために，国際学会から研究資金を得て海外の学会等に参加し，海外の研究者の指導を得るなどの努力をしている。

(3) ルーマニア[6]

① ルーマニアの会計分野の学会事情

ルーマニアでは会計分野の主要学会は存在せず，有力大学が独自に学会を開催し，欧米から著名研究者を招き，英文学術研究ジャーナルを刊行するなどの活動を行っている。ブカレスト経済大学（Bucharest University of Economic Studies）主催の会計学会は，海外からも含め毎年約150人が参加する最大規模の学会である。この他に会計実務家の組織はあるが，研究者の参加は少ない。

② ルーマニアの主要大学における女性会計研究者

図表Ⅲ-6に，主要5大学の状況を示す（調査時期は2015年12月）。調査対象大学の女性会計教員比率は60％と半数を超える。なお，ルーマニアにおける大学数は約50校（国立大学は授業料無料），大学進学率は約80％である。

図表Ⅲ-6　ルーマニアの主要大学における女性会計研究者

大学名	専任会計教員数（うち女性）	博士学位取得国別人数
Bucharest University of Economic Studies	74 (46) 人	ほぼ全員ルーマニア
Babes Bolyai University Cluj Napoca	23 (12) 人	
West University of Timisoara	22 (14) 人	
A.I. Cuza Iasi	14 (7) 人	
University of Oradea	11 (8) 人	
女性会計教員の比率	60％ (87／144人)	－

6　ルーマニアの調査は，ブカレスト経済大学（Bucharest University of Economic Studies，ルーマニア・ブカレスト）のNadia Albu先生とCătălin Nicolae Albu先生にご協力頂いた。

③ ルーマニアにおける女性会計研究者の現状と課題

(a) 会計を取り巻く歴史的背景と女性比率

　ルーマニアにおいても，ポーランドと同じく旧共産主義政権下では，会計（お金を扱う）職業は下位にみられる傾向があったが，現在ではそのようなことはなく，アカウンタントの収入も低いとはいえない。ビジネス分野のトップ大学であるブカレスト経済大学では，会計学専攻学生（学部生・大学院生）は女性の方が多い。会計事務所でもアカウンタントの3分の2は女性である。

(b) 男女共同参画

　会計教員の半数以上は女性である。文系は女性，理系は男性という意識が残っており，理系の大学教員は男性比率が高い。ルーマニアでは，社会主義時代には子供の数が多かったが，現在は減少していることもあり，法律上の育児休暇は2年，配偶者も1ヶ月以上は育児休暇を取得することとなっている。育児休暇終了後は，祖父母に子供を預けたり，ベビーシッターを雇ったりする。

　なお，ポーランドと同様，ルーマニアでも十分な資源（研究環境，データベース等）が得られないことによる研究上の制約があり，限られた一部の研究者は，国際的なレベルの研究をするために，フルブライト奨学金等を得て海外の大学に滞在し，データや海外研究者の指導を得るなどの努力をしている。

第4節　アジアにおける女性会計研究者

(1)　韓国[7]

① 韓国の主要会計学会

　主要学会は，韓国会計学会（KAA: Korean Accounting Association, http://www.kaa-edu.or.kr/index.html）である。1973年に発足し，歴代会長（第1代～第35代）は全員男性である。第34代役員（任期2015年7月～2016年6月）は，役員は60人，うち女性は3人（女性比率5％）である。

---

[7] 韓国会計学会の役職については関西学院大学の杉本徳栄先生に，女性研究者の状況についてはKeimyung University（啓明大学，韓国・大邱）のJungmin Kim先生にご協力いただいた。

② 韓国の主要大学における女性会計研究者

図表Ⅲ-7に，主要5大学の状況を示す（調査時期は2015年7月）。調査対象大学の女性会計研究者比率は6％と低い。博士学位取得国はアメリカが最も多く，若い世代は韓国での学位取得が増加している。なお，韓国における大学数は約200校（産業大学・専門大学等を除く），大学進学率は約70％である。

図表Ⅲ-7 韓国の主要大学における女性会計研究者

大学名	専任会計教員数（うち女性）	博士学位取得国別人数（うち女性）
Seoul National University ソウル国立大学	10（0）人	アメリカ（0）9人，韓国1（0）人
Yonsei University 延世大学	9（0）人	アメリカ8（0）人，スペイン1（0）人
Korea University 高麗大学	15（1）人	アメリカ14（1）人，カナダ1（0）人
Sungkyunkwan University 成均館大学	9（0）人	アメリカ6（0）人，イギリス1（0）人，韓国2（0）人
Ewha Womans University 梨花女子大学	7（2）人	アメリカ5（1）人，韓国2（1）人
女性会計教員の比率	6％（3／50人）	－

③ 韓国における女性会計研究者の現状と課題

(a) 女性研究者数の動向と男女共同参画

以前は，会計教員はほとんど男性であったが，最近の約5年で韓国政府がST（学生・教員）比改善のために教員を大量採用した結果，女性教員が増加した。同等の業績ならば男性が採用される傾向もあったが，女性の方が業績が優れていれば女性が採用される。また，海外での博士号取得が評価される傾向にある。

現在，韓国政府は各大学の学生定員を減らそうとしており，今後は新規採用が難しい。若手は非常勤講師や任期制教員が多く，35歳頃に任期なしの就職をすることが一般的である。大学教員より財閥企業の方が高給だが，時間的拘束・転勤等がハードで，女性差別ではないが女性には難しいことが多い。大学教員は時間の拘束という点で他の職業より柔軟性が高く，社会的地位も高い。採用後は，仕事の負担は当然に男女平等である。女性教員は，家事や育児のために家政婦を雇うことも多い（週3日など）。ただし，時間的拘束に関しては，会議は委任状提出も可能であり，教授会で原則出席が求められる日本とは異なる。

(b) 研究業績評価

　研究業績評価はポイント制である。Sランクジャーナルは1篇300ポイント，韓国学術振興会が認める査読ジャーナルは100ポイントが与えられ，評価ポイントには，単行本（研究書）出版や受託研究なども含まれる。年間150〜300ポイント程度が求められ，どの大学でも最低限の研究業績の条件があり，雇用契約書にそれが記載されている（契約書上は条件に達しなければ解雇となる）。このような評価は，男女の公平な研究業績評価を促進すると考えられる。

(2) 台湾[8]

① 台湾の主要会計学会

　主要会計学会は，中華會計教育學會（TAA: Taiwan Accounting Association, http://www.taiwanaa.org.tw/taa/index.php/home）（通称，台湾会計学会）である。1995年に発足した。以前は入会金を支払えば会員となり，会員数は約600人であった。現在は年会費（annual fee）制となり，2016年時点の会員数は300人超である。現在の第11期役員（2015年〜2017年）は，会長（正式名称は理事長）は李書行，役員は16人（うち女性は6人）と5機関である。過去の第9期・10期会長は周玲臺（女性）である。第9期役員（2011年〜2013年）は21人（うち女性は6人），第10期役員（2013年〜2015年）は18人（うち女性は6人）と3機関である。日本や韓国と比較して，女性役員比率が高い。

② 台湾の主要大学における女性会計研究者

　図表Ⅲ-8に，主要5大学の状況を示す（調査時期は2016年3月）。調査対象大学の女性会計教員比率は47％である。博士学位取得国はアメリカが多い。若い世代は，女性比率が半数を超え，台湾での学位取得も増加している。なお，台湾における大学数は100校以上，大学進学率は80％以上である。

8　台湾の女性会計研究者の状況等については，台湾会計学会前会長で国立政治大学（台湾・台北）のLing-Tai Lynette Chou先生に，学会役職と主要大学の状況については，同大学のChien-Min Pan先生にご協力いただいた。

図表Ⅲ-8　台湾の主要大学における女性会計研究者

大学名	専任会計教員数 （うち女性）	博士学位取得国別人数 （うち女性）
National Taiwan University 国立台湾大学	25（12）人	アメリカ21（9）人,イギリス2（1）人,台湾1（1）人,日本1（1）人
National Chengchi University 国立政治大学	21（9）人	アメリカ16（7）人,イギリス1（1）人,台湾2（0）人,日本2（1）人
National Cheng Kung University 国立成功大学	16（3）人	アメリカ8（1）人,イギリス2（1）人,台湾6（2）人
National Chung Hsing University 国立中興大学	10（6）人	アメリカ1（0）人,イギリス2（2）人,台湾7（4）人
Tamkang University 淡江大学	19（13）人	イギリス3（1）人,台湾15（12）人,オーストラリア1（0）人
女性会計教員の比率	47%（43／91人）	－

③　台湾における女性会計研究者の現状と課題

(a)　女性比率の増加

　会計研究者の女性比率は高い。監査法人でも，上層部は男性が多いが，若手は女性の方が多い。教育レベルの高い家庭では，男性の家事・子育て参加率も高く，多くの女性はキャリアを継続している。とくに大学で働く女性会計研究者は，性別による違いはほとんどないと認識されている。

(b)　昇任や子育てに関する配慮

　台湾政府は少子化対策に力を入れており，大学の女性教員への配慮もある。たとえば，国立政治大学では，講師から准教授になるために一定の業績を6年以内に達成する必要があるが，台湾科学技術省は，子育て中の女性教員には期間を2年延長できるよう求めた。子育て中の男性教員も申請により延長できる。

　また，国立政治大学は，大学の近くに保育所・小学校・中学校・高校を有し，大学のスタッフは優先的に子供を入学させることができる。保育所の満足度も高い。保育所や学校は大学スタッフにとって重要な問題であり，他大学でも同様の取り組みがある。国立台北大学では，台湾政府の少子化対策に基づき，大学近くの公立高校を大学附属高校とし，スタッフが利用できるようにしている。

(3) 中国

① 中国の主要会計学会[9]

主要会計学会は，中国会計学会（Accounting Society of China, http://www.asc.net.cn/）である。4年ごとに開催される第1回理事会（1979年）から第8回理事会（2014年）に至るまで，名誉会長，会長，顧問，副会長，事務局長は全員男性である。常務理事は当初32人中1人が女性であったが，2014年には70人中6人が女性となっている（調査時期は2015年10月）。

② 中国の主要大学における女性会計研究者

図表Ⅲ-9に，主要5大学の状況を示す（調査時期は2015年11月）。調査対象大学の女性会計教員比率は37％である。韓国や台湾と比較して，自国（中国）での博士学位取得が多い。中国の女性研究者比率は日本より高いが，学会役員では女性は少ない。なお，中国における大学数は2,000校以上，大学進学率は約25％である。

図表Ⅲ-9　中国の主要大学における女性会計研究者

大学名	専任会計教員数 （うち女性）	博士学位取得国別人数 （うち女性）
Peking University 北京大学	17（6）人（1人不明）	アメリカ5（1）人，中国7（4）人，オーストラリア1（1）人，等
Tsinghua University 清華大学	18（9）人	アメリカ6（5）人，中国8（2）人，香港2（2）人
Fudan University 復旦大学	20（7）人	アメリカ3（0）人，イギリス2（1）人，フランス1（1）人，カナダ1（0）人，中国10（4）人，香港2（1）人
Zhejiang University 浙江大学	15人（2人）（1人不明）	アメリカ1（0）人，中国10（2）人，等
Wuhan University 武漢大学	23人（7人）（7人不明）	中国20（6）人，等
女性会計教員の比率	37％（31／84人）	－

9　中国会計学会の調査は，亜細亜大学の仲伯維（BW Zhong）先生にご協力いただいた。

第Ⅲ章 海外の会計学会と女性会計研究者　51

(4) インドネシア[10]

① インドネシアの主要会計学会

主要会計学会は，Ikatan Akuntan Indonesia-Kompartemen Akuntan Pendidik (IAI-KAPd, http://iaikapd.org) である。会員総数や女性会員比率は非公開だが，2014年～2016年期の役員は132名（うち女性は44名）である。

② インドネシアの主要大学における女性会計研究者

図表Ⅲ-10に，主要5大学の状況を示す（調査時期は2015年12月）。調査対象大学の女性会計教員比率は40％である。なお，インドネシアにおける大学数は約500校であり，大学進学率は約5％である。

図表Ⅲ-10　インドネシアの主要大学における女性会計研究者

大学名	専任会計教員数 （うち女性）	博士学位取得国別人数 （うち女性）
University of Indonesia	72（39）人	インドネシア12（8）人，アメリカ2（0）人，オーストラリア1（0）人，その他5（4）人
Gadjah Mada University	54（10）人	インドネシア5（0）人，アメリカ14（0）人，オーストラリア8（2）人，その他5（0）人
Padjajaran University	40（21）人	インドネシア13（8）人，その他1（0）名
Sebelas Maret University（Surakarta）	41（8）人	インドネシア8（3）人，オーストラリア4（1）人，等
Jenderal Soedirman University（Purwokerto）	54（26）人	インドネシア9（5）人，その他1（0）人
女性会計教員の比率	40％（104／261人）	―

③ インドネシアにおける女性会計研究者の現状と課題

(a) 研究環境，ワーク・ライフ・バランス，女性研究者

授業負担が多く，授業準備に時間が取られる上，学内行政の負担も多い。研究環境・リソースの問題もあり，国際的に高いレベルの研究成果を継続的に発

10　インドネシアの調査は，ガジャ・マダ大学（Gadjah Mada University，インドネシア・ジョグジャカルタ）の Singgih Wijayana 先生にご協力頂いた。

表するのは一部の研究者に限られる。都市部の地価高騰により郊外に住む教員が増え，通勤時間が延びる傾向にあることで，ワーク・ライフ・バランスがより難しくなっている。研究者は（企業勤務より）時間のフレキシビリティが高いこともあり，女性が増加している。女性の大学教員の多くは家政婦を雇っている。大学・学会・基準設定当局において重要な役職を務める女性研究者もいる。

(b) インドネシアの大学をめぐる状況（海外留学，研究環境等）

政府の奨学金によって，過去30年間に海外で学ぶ学生が増加したが，現在政府は海外留学プログラムの再評価を行っている。留学プログラムにより多くの便益が得られた一方で，（他国にも共通する）次の問題点が指摘されている。

留学学生の多くが本国に戻らず，インドネシアが便益を直接享受できない（長期的には，その人材が本国と強いつながりを維持することで，経験や知識の移転による便益を獲得できる可能性はある）。研究者の「頭脳流出」によって，国内研究者によるレベルの高いジャーナルへの研究論文出版が困難となり，教育などの観点からも問題である。海外留学から帰国した研究者にとっても，十分な研究環境やデータベース等がなく，能力を十分に発揮することができない。このようなことから，長期的に，国内大学が世界的競争に勝つことができない。

海外留学奨学金の選定にあたり性別による差別はないが，家庭がある女性は挑戦を控える傾向にある。インドネシアの文化では，主に家庭を経済的に支えるのは男性とみなされ，海外留学も男性が挑戦する傾向がある。海外留学奨学金は競争的奨学金のため，産業界等で高く評価され，より競争倍率が高くなり，極めて優秀な者にのみ機会が与えられる。国内大学は，その次の層の学生を受け入れることになる。また，海外留学には多額の費用を必要とし，結果的に，国内大学に充当する費用が削減される。海外留学に1人を送り出す費用で，10人以上が国内大学で教育を受けることができる。政府は，海外大学と国内大学の奨学金の配分を見直しており，将来的には留学生が減少する可能性がある。

(5) タイ[11]

① タイの主要会計組織

主要会計組織は，Federation of Accounting Professions（FAP, http://en.fap.or.th）であり，2005年以降はthe Royal Patronage of His Majesty The Kingの下にある。この組織は基準設定機関であるが，タイには学会（Association）がなく，セミナー開催など学会のような機能をもつ。2013年12月時点の会員総数は，普通会員（資格：会計学学士）49,455人，特別会員（同：会計学以外の学士）486人，準会員（同：会計学・ビジネス分野学部在学中）2,195人，登録会員（資格は準会員と同じ）125人，名誉会員がいる。会長はPrasan Chuaphanich（男性）であり，役員は17人（うち女性が8人）である。

② タイの主要大学における女性会計研究者

図表Ⅲ-11に，主要5大学の状況を示す（調査時期は2016年5月）。調査対象大学の女性会計教員比率は73％で，17カ国・地域中で最も高い。なお，タイにおける大学数は170校以上，大学進学率は約45％である。

図表Ⅲ-11　タイの主要大学における女性会計研究者

大学名	専任会計教員数（うち女性）	博士学位取得国別人数（うち女性）
Mahidol University	4（2）人	アメリカ1（1）人，等
Chulalongkorn University	28（19）人	タイ3（2）人，イギリス5（2）人，アメリカ13（9）人，その他2（2）人，等
Chiang Mai University	18（15）人	タイ3（2）人，イギリス2（2）人，その他6（4）人，等
Khon Kaen University	9（8）人	タイ1（1）人，イギリス1（1）人，その他1（1）人，等
Thammasat University	24（17）人	タイ3（2）人，イギリス3（1）人，アメリカ6（5）人，その他2（1）人，等
女性会計教員の比率	73％（61／83人）	―

11　タイの調査は，ナレースワン大学（Naresuan University，タイ・ピサヌローク）のNuatip Sumkaew博士にご協力いただいた。

(6) スリランカ[12]

① スリランカの主要会計組織

スリランカには,職業会計専門職に関する組織は存在するが,会計学会に相当する組織は存在しない。

② スリランカの主要大学における女性会計研究者

図表Ⅲ-12は,スリランカで最古の高等教育機関であり,最大かつ最高峰の国立大学であるUniversity of Colomboの状況を示す(調査時期は2016年4月)。女性会計教員比率は60%である。その他の大学の情報は得ることができなかった。なお,スリランカには,国立大学15校の他に私立大学数校と外国大学があり,大学進学率は約15%である。

図表Ⅲ-12 スリランカの主要大学における女性会計研究者

大学名	専任会計教員数 (うち女性)	博士学位取得国別人数 (うち女性)
University of Colombo	10(6)人	イギリス1(0)人,オーストラリア1(1)人,その他3(2)人
女性会計教員の比率	60%(10人中6人)	

③ スリランカにおける女性会計研究者の現状と課題

(a) スリランカの教育等

スリランカにはかつて王国が存在したが,1505年以降はポルトガル,オランダ,イギリスの植民地となり,1948年に独立した。茶・ゴム・ココナツ等のプランテーション中心の経済から,現在は高級服の縫製産業等が盛んで,1人あたりGDPはインドやバングラデシュよりも高い。識字率は90%超と高く,学業では数学が重視される。国立大学の学費は無料だが,卒業後の海外への頭脳流出が社会的問題となっている。

---

12 スリランカの調査は,コロンボ大学(Colombo University,スリランカ・コロンボ)元教員で,現在はモナシュ大学(Monash University,オーストラリア・メルボルン)のPrabanga Thoradeniya先生にご協力いただいた。

(b) 男女共同参画等

大卒でもITや医療関連を除き就職は難しい。会計分野ではCIMA（Chartered Institute of Management Accountants）やCA（Chartered Accountants）等の資格が重視される。これらの資格取得者は（難関資格のため）多くはないが，女性比率は約50％である。多くの家庭は共働きで，家政婦を雇う家庭もある。スリランカは，かつては男性支配的な社会であったが，1940～50年代以降は，女性も働くことが，経済的にも求められるようになっている。

(7) バングラデシュ

①バングラデシュの主要会計学会

バングラデシュの会計学会についての情報は得ることはできなかった。

② バングラデシュの主要大学における女性会計研究者

図表Ⅲ-13は，1921年に設立され，バングラデシュで最大かつ最高峰の国立大学であるUniversity of Dhakaの状況を示す（調査時期は2016年4月）。性別が識別できる会計教員のうち女性比率は12％である。その他の大学の情報は得ることができなかった。なお，バングラデシュでは，1990年代以降私立大学の設立が認められ，現在100校余りの大学があり，大学進学率は約15％である。

図表Ⅲ-13　バングラデシュの主要大学における女性会計研究者

大学名	専任会計教員数（うち女性）	博士学位取得国別人数
University of Dhaka	68人中，性別情報を得られるのは52（6）人	不明
女性会計教員の比率	12％（6人／52人）	－

③ バングラデシュにおける女性会計研究者の現状と課題[13]
(a) 会計研究者の状況

13　バングラデシュの調査は，ダッカ大学（University of Dhaka, バングラデシュ・ダッカ）出身，オークランド工科大学（Auckland University of Technology, ニュージーランド・オークランド）のHakjoon Song氏にご協力いただいた。

会計教員の人数は毎年ほぼ変わらないが，スタッフの入れ替わりは多い。毎年何人かが（Ph.D取得を含む）研究のために先進国に出て行き，入れ替わりに新しい教員が入る。ダッカ大学は，1921年のイギリス領インド帝国時代に設立された国立大学であり，海外の教育を受ける機会に恵まれる人はダッカ大学出身者にほぼ限られる。海外に出た頭脳は，ほとんど本国に還流しない。

(b) 男女共同参画

　女性就業率は社会的階層によって異なる。大卒女性は良い仕事を得る機会に恵まれ，結婚・出産後も仕事を続ける人が多い。チャイルドケアを担う公的機関が十分でなく，祖父母が孫の世話をすることが一般的である。高卒の女性は良い就職が難しく，結果として結婚後に家で家事・育児をすることが多い。高卒よりの下の女性は，日々の生活費を稼ぐために外で働くことが多い。

　女性の社会進出が周辺国より進んでいる理由として，バングラデシュでは（元々同じ国であった）パキスタンや周辺国よりも宗教色が薄いことがあげられる。文化を重視し，女性が外で働くことに寛容で，実際に多くの女性が外で働いている。

　なお，バングラデシュでは，初等教育を受ける生徒数は女子の方が男子よりも多い（男子は農作業に携わり，学校に通えないケースも多い）。しかし，大学の学生数は男子の方が上回る。ヒンドゥー教文化に基づくカースト制度（による職業選択の制約）が存在するが，一流大学に進学すれば職業選択の自由があるため，一流大学に入学するための受験競争はきわめて厳しい。

(8) ウズベキスタン[14]

① ウズベキスタンの主要会計団体

　主要会計団体は，National Association of Accountants and Auditors（NAAA，www.naaa.uz/en/）である。会員数は1万人超，約70％が女性であり，現在の会長も女性である。会員のほとんどは職業会計人である。

14　ウズベキスタンの調査は，ウズベキスタンのDilfuza Kasimova博士にご協力いただいた。

② ウズベキスタンの主要大学における女性会計研究者

図表Ⅲ-14に,主要大学の状況を示す（調査時期は2016年4月）。調査対象大学の女性会計教員比率は43％である。この2大学以外の情報は得られなかった。ウズベキスタンでは,教員の博士学位取得割合が低く,博士学位取得制度には旧来の国内制度と国際的な制度が混在している。なお,ウズベキスタンにおける大学数は約15校,大学進学率は10％以下である。

図表Ⅲ-14　ウズベキスタンの主要大学における女性会計研究者

大学名	専任会計教員数（うち女性）	博士学位取得国別人数（うち女性）
Tashkent State University of Economics	21（7）人	不明
Tashkent International Westminster University	7（5）人	博士学位取得なし。修士学位はイギリス,インド,スウェーデン等
女性会計教員の比率	43％（12／28人）	

第5節　その他の地域における女性会計研究者

その他の地域として,中東からはトルコを,オセアニアの代表国としてオーストラリアを調査対象とした。また,アフリカの大学ランキングでトップ10のうち7大学が南アフリカにあり,さらに,アパルトヘイト是正のためにマイノリティ優遇制度としてクオータ制を有する南アフリカを調査対象とした。

(1)　トルコ

①トルコの主要会計学会

トルコの主要会計学会の情報は得ることができなかった。

②　トルコの主要大学における女性会計研究者

図表Ⅲ-15に,アンカラにあるトルコで最高峰の国立大学であるMiddle East Technical Universityの状況を示す（調査時期は2016年4月）。女性会計教員比率は38％である。他の大学の情報は得ることができなかった。なお,トルコの大学数は約170校であり,大学進学率は約40％である。

図表Ⅲ-15　トルコの主要大学における女性会計研究者

大学名	専任会計教員数（うち女性）	博士学位取得国別人数（うち女性）
Middle East Technical University	17（6）人（1人不明）	アメリカ5（1）人，中国7（4）人，オーストラリア1（1）人，等
女性会計教員の比率	38％（6／16人）	－

(2) オーストラリア[15]

① オーストラリアの主要会計学会

主要会計学会は，オーストラリア・ニュージーランド会計学会（AFAANZ：Accounting and Finance Association of Australia and New Zealand, http://www.afaanz.org/）である。会員数は約800人，女性比率は約40％である。過去には女性会長も出ており，役員（Board）の女性比率は約50％である。

② オーストラリアの主要大学における女性会計研究者

図表Ⅲ-16に，主要5大学の状況を示す（調査時期は2016年4月）。調査対象大学の女性会計教員比率は43％である。なお，オーストラリアの大学数は約40校であり，大学進学率は約90％である。

図表Ⅲ-16　オーストラリアの主要大学における女性会計研究者

大学名	専任会計教員数（うち女性）	博士学位取得国別人数（うち女性）
Australian National University	25（12）人	不明
Monash University	58（23）人	オーストラリア27（14）人，アメリカ2（0）人，イギリス1（0）人，その他9（2）人
University of Sydney	42（16）人	不明
University of New South Wales	45（20）人（不明2人）	オーストラリア35（21）人，アメリカ2（1）人，イギリス1（0）人，その他3（1）人，等

15　オーストラリアの調査は，モナシュ大学（Monash University, オーストラリア・メルボルン）のPrabanga Thoradeniya先生，オーストラリア国立大学（The Australian National University, オーストラリア・キャンベラ）のJanet Lee先生にご協力いただいた。

| University of Adelaide | 22（10）人 | 不明 |
| 女性会計教員の比率 | 43%（81／190人） | - |

③　オーストラリアにおける女性会計研究者の現状と課題
(a)　大学の業績評価
　オーストラリアでは，雇用を継続するために3年以内にトップ・ジャーナルに論文を掲載しなければならず，子育て中の教員には厳しい。昇任のハードルはさらに高い。在外研究期間にできるだけ研究成果をあげることが必要である。
(b)　男女共同参画
　女性会計教員の比率は高い。オーストラリアでは，定刻（18時頃）を過ぎると帰宅し，家族とともに時間を過ごす習慣があり，週末や休暇も家族と過ごす時間を大切にする。そのため，日本のような（週末を含む）長時間労働や会議に伴うワーク・ライフ・バランスの問題は比較的少ない。

(3)　南アフリカ[16]

① 　南アフリカの主要会計学会
　主要会計学会の名称は，南アフリカ会計学会（SAAA: Southern African Accounting Association）である。2016年3月現在で会員総数は約610人（うち女性は316人），女性比率は52%である。現会長は男性であるが，過去4代の会長は男性2人・女性2人である。現在の役員11人中，女性は7名である。

② 　南アフリカの主要大学における女性会計研究者
　図表Ⅲ-17に，主要5大学の状況を示す（調査時期は2016年3月）。調査対象大学の女性会計教員比率は，クオータ制の影響もあり，65%と高いが，博士学位未取得の教員も多い。なお，南アフリカの大学数は約20校であり，大学進学率は約20%である。参考情報として，民主化とほぼ同時に採用されたクオータ

16　南アフリカの調査は，プレトリア大学（University of Pretoria，南アフリカ・プレトリア）のElmar Retief Venter先生と，南アフリカ会計学会元会長でフォート・ヘア大学（University of Fort Hare，南アフリカ・アリス）のLana Hanner先生にご協力頂いた。

制により，南アフリカの女性議員比率は32.8%（世界13位，2007年現在）となり，女性の政治参加を促し，男女間格差を是正する効果があったとされる。

図表Ⅲ-17　南アフリカの主要大学における女性会計研究者

大学名	専任会計教員数 （うち女性）	博士学位取得国別人数 （うち女性）
University of Pretoria	109（73）人	不明
University of Cape Town	77（50）人	不明
University of Stellenbosch	69（49）人	南アフリカ7（3）人等
University of Witwatersrand	46（28）人	8（3）人が博士学位取得
University of Kwa-Zulu Natal	33（16）人	不明
女性会計教員の比率	65%（216／334人）	−

③　南アフリカにおける女性会計研究者の現状と課題
(a)　マイノリティ優遇制度

　南アフリカには，過去のアパルトヘイトの影響で，マイノリティに対する優遇制度（クオータ制）が存在する。大学教員採用においては，例えば白人・男性・海外Ph.D.取得の人材と，黒人・女性・honors degree（優等卒業学位）の人材がほぼ同等とみなされる。そのため黒人・女性が相対的に職を得やすい環境にあるが，そのような教員の多くは教育中心で，研究面での貢献は少ない。
(b)　男女共同参画等

　複数の女性が学会会長等の重要なポジションについており，南アフリカでは，女性会計研究者がとくに困難な問題に直面しているとは考えられていない。ただし，会計研究者にとって男性・女性に共通する課題として，授業負担が多いこと，頼りになるメンター（strong mentors）をどのように得るか，会計研究者の文化（研究よりも，実務的スキルに重点が置かれている。国際的レベルの研究や海外ジャーナルへの掲載があまり評価されない）の問題が挙げられる。

　以上，第2節〜第5節で取り上げた各国とわが国の女性会計研究者比率（わが国は日本会計研究学会会員の女性比率約15%，他の16カ国・地域は各国主要大学の女性専任会計教員比率）をジオチャートとバーチャートにより示したものが図表Ⅲ-18である。女性会計研究者比率が最も高いのがタイの73%，最も

第Ⅲ章　海外の会計学会と女性会計研究者　61

図表Ⅲ-18　17カ国・地域の女性会計研究者比率

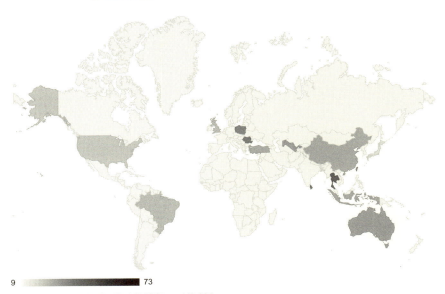

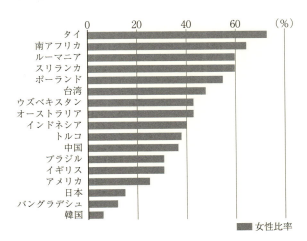

低いのが韓国の6％である（日本は3番目に低い）。

　日本を含む17カ国・地域の調査の主な結果と含意は，次のとおりである。

　第一に，会計研究者の女性比率は，男女共同参画が進むアメリカ，ブラジル，イギリスでは27～31％である。ポーランド（55％）やルーマニア（60％）では，旧共産政権下で男女共同参画が当然の環境があったこともあり，会計研究者の女性比率は欧米先進国よりも高く，半数を超える。アジアでの会計研究者の女性比率を高い順に示すと，タイ（73％），スリランカ（60％），台湾（47％），ウズベキスタン（43％），インドネシア（40％），中国（37％），日本（15％），バングラデシュ（12％），韓国（6％）である。その他の地域では，トルコ（38％），オーストラリア（43％），南アフリカ（65％）であり，アパルトヘイト是正のためのマイノリティ優遇制度（クオータ制）を有する南アフリカで高い。女性会計研究者の比率は，政治体制，教育体制，（職業選択を含む）社会的背景，文化的背景，宗教的背景等によって異なり，多様性がみられる。

　第二に，欧米先進諸国や，欧米の研究スタイルを取る韓国・台湾・オーストラリア等では，トップ・ジャーナルへの掲載といった研究業績へのプレッシャーが日本と比較して高い。（育児期間のテニュア・クロック延長等の）女性研究者に対する一部配慮がみられるものの，原則的には同じ土俵で業績に基づき任用・昇任等が判断される。わが国において男女共同参画を進める上では，研究業績評価と任用・昇任のあり方，クオータ制の是非，社会的・文化的背景，（人口政策等の）政治的背景など，考慮すべき事項は多い。

　本調査を通して，日本の会計研究者の機会等について次のことがいえる。

- 先進国以外の国では，大学進学や職業選択機会の拡大等といった社会全体の変化を通して，男女共同参画が急速に進行している。このダイナミックな動きに比べ，日本の会計分野の男女共同参画の進展は比較的緩やかである。
- 日本の研究者は，高等教育を受ける機会，職業選択の機会，留学の機会等に恵まれている。たとえば，バングラデシュでは，きわめて厳しい受験競争を経て（トップ校の）ダッカ大学に入学しなければ海外に行く機会はほぼ与えられない。また，上位大学に進学しなければカースト制度の下で職業選択の自由も限られる社会である。大学進学率が低く高等教育を受ける機会が限られる国も多い中,日本では教育機会や海外留学の機会に比較的恵まれている。

- 先進国以外では，国際学会の出席・報告機会，データベースや研究ジャーナルへのアクセスの機会も限られ，国際的水準の研究を行う上で様々な制約がある。日本の研究者は研究リソースや学会アクセスにも比較的恵まれている。
- 海外での博士号取得を通じて，海外の大学との研究・人的つながりを有する国が多い。日本の会計学分野では海外での博士号取得が少なく，国際的な研究や共同研究が比較的少ないことの一因にもなっていると思われる。

第6節　総　括

　本章では，世界の16カ国・地域における女性会計研究者について調査した。第2節では米州，第3節では欧州（旧共産圏を含む），第4節ではアジア，第5節ではその他の地域における，①各国の主たる会計学会の女性比率等，②各国主要大学における女性会計研究者の状況，③女性会計研究者を取り巻く現状と課題について，インタビュー調査，Web調査等によって明らかにした。調査結果から得られた結果と含意の概要は次のとおりである。

- 会計研究者の女性比率から，日本と比べ，欧米では男女共同参画が進んでいる。東欧では，旧共産政権下で男女共同参画が当然の環境があり，女性比率は欧米先進国よりも高い。アジアの会計研究者の女性比率は，タイ（73％），スリランカ（60％）をはじめ，多くの国で日本より高い。アパルトヘイト是正のためのマイノリティ優遇制度（クオータ制）を有する南アフリカも高い。
- 先進国以外の多くの国と比べると，日本の会計分野における男女共同参画の進展は，比較的緩やかである。男女共同参画を進める上では，研究業績評価と任用・昇任のあり方，クオータ制の是非，社会的・文化的背景，（人口政策等の）政治的課題など，考慮すべき事項は多い。
- 日本の研究者は，高等教育を受ける機会，職業選択の機会，留学の機会，研究リソースや海外学会等へのアクセス等の面で比較的恵まれている。一方で，海外での博士号取得が少なく，国際的研究が比較的少ない一因となっている。

　本章の調査から，女性会計研究者の様々な現状と課題を明らかにすることができた。これらの調査結果が，日本の女性会計研究者にとって，今後に向けての糧となることを望みたい。

謝辞

調査にあたって次の先生方にご協力いただいた。記して感謝申し上げる。

Dr. Albu, Cătălin Nicolae（Bucharest University of Economic Studies, Romania）
Dr. Albu, Nadia（Bucharest University of Economic Studies, Romania）
Dr. Chou, Ling-Tai Lynette（Past President of Taiwan Accounting Association, National Chengchi University, Taiwan）
Dr. Grabiński, Konrad（Cracow University of Economics, Poland）
Dr. Hanner, Lana（Past President of South African Accounting Association, University of Fort Hare, South Africa,）
Dr. Kasimova, Dilfuza（Uzbekistan）
Dr. Kim, Jungmin（Keimyung University, Korea）
Dr. Krzywda, Danuta（Katerda Rachunkowosci Finansowej, Cracow University of Economics, Poland）
Dr. Lee, Janet（The Australia National University, Australia）
Dr. Moll, Jodie（University of Manchester, United Kingdom）
Dr. Murcia, Fernando Dal-Ri（University of São Paulo, Brasil）
Dr. Pan, Chien-Min（National Chengchi University, Taiwan）
Mr. Sapkota, Pradeep（CPA, Louisiana State University, U.S.A.）
Dr. Sumkaew, Nuatip（Naresuan University, Thailand）
Dr. Song, Hakjoon（Auckland University of Technology, New Zealand）
Dr. Suzuki, Hiroyuki（University of Bristol, United Kingdom）
Dr. Thoradeniya, Prabanga（Monash University, Australia, Colombo University, Sri Lanka）
Dr. Venter, Elmar Retief（University of Pretoria, South Africa）
Dr. Wijayana, Singgih（Gadjah Mada University, Indonesia）
杉本徳栄先生（関西学院大学）
角ケ谷典幸先生（名古屋大学）
髙田知実先生（神戸大学）
仲伯維先生（亜細亜大学）

女性会計研究者に関連する海外の学術研究レビュー結果

　会計学の研究分野における男女差の実態を解明するために，男女共同参画に関連する各種指標が取り上げられている海外学術研究のレビューを実施した。具体的なレビューの内容は次のとおりである。(1)男女差が存在することに関する説明理論，(2)研究業績（生産性），職位と報酬，その他の3つの論点に関する先行研究の概要，(3)海外における女性会計研究者に関連する研究の動向。その結果は，職位や報酬に関して何らかの男女差が存在するか否かについての結果は必ずしも整合的ではなく，男女で業績に差があるか否かについても結果は混在している。

　しかし，多かれ少なかれ，いくつかの局面で男女差が生じているという一連の研究が存在するのは確かなことであり，これは質問票調査の結果からも明らかである。こういった一種の齟齬は，知覚と実態にギャップが生じていることを意味しているのかもしれないし，分析において実態を適切に捉える手法が取られていないことに起因するのかもしれない。

　いずれにしても，会計学という研究分野における男女差については，一定の研究蓄積があるものの解明されていないことが多く，日本を含め，さらなる研究の蓄積が待たれるところである（詳細は，日本会計研究学会スタディグループ［2014-2016］『わが国における女性会計学者の現状と課題』最終報告書第Ⅳ章補論（協力：髙田知実（神戸大学））参照）。

（阪　智香）

第Ⅳ章 先駆の女性会計研究者を辿る

第1節 序　論

　本章では，日本会計研究学会に初期に入会され活躍された女性会計研究者について，その業績や足跡を辿る。

　日本会計研究学会に最初に女性会員が入会したのは，1953（昭和28）年であり，当年の会員総数は420人であった。その後，女性会員数は少しずつ増加し，2017年3月末日においては会員総数 1,799 人のうち女性会員比率は14.84％になる。女性会計研究者が活躍するようになっており，次章以降では，アンケート調査に基づき分析された女性会計研究者の魅力や現在の女性会計研究者の研究面の特色が示されるが，ここに至る，先駆の女性会計研究者の功績や先駆ゆえの苦労はどうであったのか。

　過去を知ることは現在と未来を考える貴重な視座となり，本書の目的である「わが国における女性会計研究者の現状と課題」に取り組むにあたって，「先駆の女性会計研究者を辿る」ことは出発点となると考える。

　では，その先駆の女性会計研究者をどう捉えるべきか。それは，いわば歴史研究における対象の特定であり，難題であるが，一定の客観的な要件を定め，当該要件に合致する女性会計研究者を対象とすることとした。その要件についても多様な考え方があることを承知しつつ，検討を重ねた結果，本書の基礎となったスタディ・グループの合意をもって，以下の4要件を定めた。

① 日本会計研究学会に女性研究者が最初に入会してから20年間（1953〜1972（昭和28〜47）年）に入会した方
② 教育歴20年以上の方
③ 本スタディ・グループ発足時（2014（平成26）年9月）に70歳以上の方
④ 日本会計研究学会への貢献がある方（受賞，特別委員会，スタディ・グループ，学会報告，司会等）

そして，これら4要件に合致するのは，日本会計研究学会入会順で，故能勢信子先生（1953（昭和28）年），故眞野ユリ子先生（1963（昭和38）年），故山浦瑛子先生（1970（昭和45）年），中川美佐子先生（1971（昭和46）年）となった。

そこで，本章の構成は，上記の4先生の業績と足跡を辿り，各先生方について基本的には「経歴」および「研究業績」として整理し，最後に「総括」をまとめる。

「経歴」については，各先生の生涯，研究生活と学内外活動，および私生活—仕事と家庭の両立—という3区分とし，まず生涯を総覧の上，後二側面からより詳細な考察を加える。これらの考察にあたっては，文献・資料に加えて各先生方と関係の深い方々に実施したインタビュー調査[1]に基づき，経歴を鮮明にできるよう，その事情や経緯，また本人の思いなども織り込む。また，女性会計研究者としてのいわば開拓の歩みに迫るとともに，女性研究者にとって課題となる仕事と家庭の両立のあり方を考える示唆となるよう，私生活に言及する。そのため，幾分情緒的になっているかもしれないことをお断りしたい。

一方，「研究業績」では，先生毎に類型化を試み，研究内容の特徴や評価については，これまでに著されている書評やコメント等，および著書における著者自身による趣旨記述や特徴づけ等に基づき考察する。研究内容に関しては，本書の目的に鑑み，いわば第三者評価と自己分析に基づいた[2]。

---

1 このインタビュー調査は，井原ほか〔2016〕の「インタビュー調査結果」の項目にまとめて掲載しているので，参照願いたい。

本章は，基本的にはこのような「経歴」と「研究業績」から成るが，女性会計研究者として日本会計研究学会に最初に入会され活躍された能勢信子先生については，その貢献や影響を尋ねることを意図して，スタディ・グループ終了後に能勢先生と同じ専門領域の立場から対応いただいたインタビューを実施し，その調査結果を加える。

図表Ⅳ-1 インタビューの実施スケジュール

実施日時	実施場所	インタビュイー	インタビュアー
2015（平成27）年4月6日	日本大学	廣野桂子先生	井原理代，兵頭和花子，津村怜花
2015（平成27）年5月1日	小林哲夫先生ご自宅	小林哲夫先生	井原理代，兵頭和花子，津村怜花
2015（平成27）年6月8日	神戸大学	山地秀俊先生	井原理代，兵頭和花子，澤登千恵，津村怜花
2015（平成27）年6月11日	奈良学園大学	宮坂純一先生	井原理代，兵頭和花子，澤登千恵，津村怜花
2015（平成27）年6月22日	オーセントホテル小樽	久野光朗先生	井原理代，津村怜花（オブザーバー二村雅子先生）
2015（平成27）年7月26日	高松大学	小津稚加子先生	井原理代，兵頭和花子，津村怜花
2015（平成27）年10月26日	成城アルプス	中川美佐子先生	井原理代，澤登千恵，津村怜花（2016年8月7日，同所同メンバーにて再インタビューおよび原稿確認）
2016（平成28）年4月25日	高崎商科大学	後藤小百合先生，狩野孝夫先生	井原理代，澤登千恵，津村怜花
2016（平成28）年4月25日	高崎経済大学	水口剛先生	井原理代，澤登千恵，津村怜花（オブザーバー後藤小百合先生，狩野孝夫先生）
2016（平成28）年6月5日	一橋大学	西村優子先生，小津稚加子先生	井原理代，澤登千恵，津村怜花
2016（平成28）年6月10日	九州情報大学	津守常弘先生	井原理代，津村怜花
2017（平成28）年6月14日	神戸大学東京オフィス	河野正男先生	井原理代，兵頭和花子，津村怜花

---

2 各先生のより詳細な研究業績の考察および研究業績一覧についても，井原ほか〔2016〕を参照願いたい。

第2節　能勢信子先生の業績と足跡

(1) 経　　歴

① 女性会計研究者としての生涯

　　能勢信子先生は，1926（大正15）年9月25日，神戸市元町で出生された。
　　1944（昭和19）年，大阪女子経済専門学校（現大阪経済大学）に進まれ，1947（昭和22）年，神戸経済大学（現神戸大学：以下，神戸大学）に入学され，同大学女子学生第一号となられた。同大学で新庄博先生（神戸大学名誉教授）のゼミナールに所属し，国民所得論を専攻され，1950（昭和25）年に神戸大学研究科に進学された。この間の事情について，能勢先生ご自身が次のように記されている。

　　　旧制の高女を出るとき挺進隊［原文ママ］か進学かという選択で偶々入学した大阪女子経専（戦時下のため男子募集を止め偶々二年間だけ女子を募集した）で，大北文次郎先生（旧神戸高商，東京商大卒）に習い，本学に入学したおり大北先生が旧知の新庄博先生に推薦して下さって新庄ゼミに入った。（能勢（信）［1990］9頁）

そして，その新庄先生について，次のように述べておられる。

　　　初めて兼松記念館の新庄先生の研究室にお伺いしたとき，後にオックスフォードで経験するような，アカデミックな雰囲気に身の引き締まる思いがしたものである。そしてそれ以来，ゼミナールでの三年間，その後の研究生活を通して，先生は私にとって常に偉大なプロフェッサーであられた。
　　　中々以て男子学校に適応できなかった私に対して，先生が特に女子扱いもされず，また男子扱いもされず，淡々としかも親身に指導して下さったことも，本当に有難かった。こうした先生の寛闊の学風を受けて，女子学生も多く育っていった。
　　　　　　　　　　　　　　　　　　　　　　　　　　（能勢（哲）［2000］11頁）

　　　春風駘蕩の紳士であられた新庄先生に，私の処女論文の草稿を見て頂きに上ったとき，非常に厳しく的確に批判され，ダウン寸前になったことを覚えております。
　　　　　　　　　　　　　　　　　　　　　　　　　　（能勢（信）［1990］8頁）

1952（昭和27）年に同研究科修了後，神戸大学経済経営研究所助手として国立大学経済系の女性教官第一号となられた。同研究所では渡辺進先生（神戸大学名誉教授）の講座に所属され，経済学と会計学の接点である新しい学問領域「社会会計」に取り組まれることになる。その経緯と思いを，次のように記されている。

> 経済経営研究所に助手として採用して頂くことができましたのは，学部時代の恩師故新庄博先生と，当時新しく研究所に着任されました故渡辺進先生のご推挙の賜物です。当時の女性の地位は今と比べますと非常に低く，女性の潜在能力についての見とおしも至って不確かな時代に学問をつづけるよう推挙して下さり，また指導して下さった両先生のご厚情には，いま考えましても感謝の言葉もないほどです。
> 　　　　　　　　　　　　　　　　　　　　　　　　（能勢（信）［1990］8頁）

> 新庄先生と渡辺先生から，経済学と会計学の学際領域をするよう示唆を頂き，いまも私の専攻しております社会会計を勉強することになった
> 　　　　　　　　　　　　　　　　　　　　　　　　（能勢（信）［1990］8頁）

その翌1953（昭和28）年，日本会計研究学会に入会され，初の女性会員となられたのである。

こうして社会会計研究に取り組まれ，1956（昭和31）年には神戸大学助教授に昇任され，経営学部，大学院経営学研究科も担当された。

1961（昭和36）年には，精力的な社会会計研究の集大成として，『社会会計論』を白桃書房より刊行され，これにより1965（昭和40）年に経営学博士を女性として初めて取得され，日本会計学研究学会上野・太田賞を受賞されることになる。

研究業績は，社会会計研究を中心に著書は単著・共著あわせ20篇以上，論文は100篇を超える膨大なものである。

このような研究生活の一方で，私生活では1950（昭和25）年に神戸大学の学部・大学院の同級生であった能勢哲也先生（以下，哲也先生）と結婚され，1959（昭和34）年には母となられる。

学内行政としては，ご自身の役割として研究体制の強化や国際交流のため活躍され，また学外では，1971（昭和46）年にご自身の専門分野との関わりを踏

まえ兵庫県建築審査委員会委員に就かれる等，各種委員を務められた。このような神戸大学の38年間の奉職の後，1990（平成2）年に停年退官され，神戸大学の名誉教授となられた。

同年，姫路獨協大学教授に着任され，社会会計の手法による日本経済分析を日本経済論において講義された。

1998（平成10）年7月，その直前まで講義や研究指導をされておられたが，脳内出血のため自宅で倒れられ，突然の逝去となった。享年72歳，『夏の日の翔び去る如く』（能勢（哲）［2000］）であった。

② 研究生活および学内外活動

このような生涯を送られた能勢先生の研究生活および学内外活動について，さらに考察を加える。

神戸大学経済経営研究所で渡辺先生の講座に所属され社会会計に取り組まれるようになった研究の日々について，次のように述懐しておられる。

> 渡辺先生からは，先生のご退官まで公私ともに錬えて頂きました。お噂どおり渡辺先生は，厳しい躾けをして下さる方でした。…（中略）…「学者は棺に入るまで研究をするものだ」と折にふれてつぶやかれたお声は，いまも私の頭の中に残っております。
> 　助手から助教授までは専門分野の土台を堅める学者にとっての本源的蓄積時代であります。ところで先輩とりわけこうした古き良き時代の方々とちがいまして，戦時中，軍用機のエンジン製作に工場動員の日を送った私どものクラスにとりましては，学者に普通常識とされる語学や論理学などの習得というハードルをもこなさねばならず，この本源的蓄積時代は，なかなかハードであったといま思い出します。学者というのは随分博識だと驚いたカルチュア・ショックは，その後かなり長く続きました。
> 　　　　　　　　　　　　　　　　　　　　　　　（能勢（信）［1990］8頁）

一方，渡辺先生が能勢先生を評された，興味深い神戸新聞のインタビュー記事がある。

> 能勢さんは男の助手でも議論を説き伏せるほどアネゴ膚の人で非常にカンがするどい。最近能勢さんの論文「社会会計」がソ連の学説に引用されたこともあって前途有望で，夫君との仲も円満なようだし，二人ともこれからしっかり伸びていくと思う
> 　（神戸新聞　1956（昭和31）年5月25日「おしどり助教授誕生　全国で初の経済

学　学生の人気者　神大の能勢信子さん」）

以来，能勢先生は精力的な研究生活を続けられるが，その姿勢に関して，ご息女の廣野桂子先生（日本大学）は，

> 研究者としてのモチベーションとしては，コツコツ努力する人だったものですから，年に紀要も含めてですが，2本は必ず論文を書くということを自分に課していました[3]。
> 　　　　　　　　　　　　　　　　　　　　　　（井原ほか［2016］137頁）

と話していただき，哲也先生は，

> 研究所は唯一の女性研究者に対して極めて好意的であったが，信子自身も女性なるが故に人一倍の仕事をという使命感を持っていたことは確かで，この著作（学会賞をいただいた『社会会計論』）もその産物であろう。
> 　　　　　　　　（括弧内は筆者加筆）（能勢（哲）［2000］20頁）

と記されている。

そして，『神戸大学部局史』では，経済経営研究所における貢献が次のように記載されている。

> 研究所における会計学研究の注目すべき特徴として，社会会計の研究があり，当時まだ数が少なかった国立大学の女性教官としても注目された能勢信子が担当した。こうした社会会計研究とコンピュータを融合させて，定道宏が，実証研究を支援する統計ソフトの開発とデータ分析を行った。小西康生は，データ化の困難な質的社会特性を数値化し，そのうえで経済分析を試みている。
> 　　　　　　　　　　　　　　　（神戸大学百年史編集委員会編［2005］1023頁）

このような精力的な研究生活において，多くの留学経験は重要であったと伺える。

1964（昭和39）年より1年間，オックスフォード大学へ行かれ，G.ステューヴェル教授のもとで国民所得論を研究されている[4]。ステューヴェル教授のもとでの研究に関する記述は，印象深い。

---

[3] 実際に能勢先生はほぼ毎年2篇以上，多い年には1年間に9篇もの論文を執筆されている。業績の詳細については，「能勢信子博士略歴・著作目録」［1990］および「能勢信子教授略歴・著作目録」［1999］，そして『最終報告書』130-136頁を参照されたい。

この大学でステューヴェル博士という社会会計のパイオニアの一人の指導を受けることができたのが，私には決定的な印象であります。というのは，この大学の教育制度は，テュートリアル・システムで，先生と学生が一対一で報告し，批判や励ましを受ける方式です。当然英語で考えを説明しなければならないので，イヤでも考えに考えて準備せざるを得ないわけです。社会会計という分野に夢をもつことができるかどうかさえ不確実な当時の私には，ステューヴェル博士の手きびしい質問や批判が恐怖の的でありましたが，反面，博士との対話を介して，社会会計はやりがいのある楽しい学問だという確信を得ることができました。

（能勢（信）[1990] 8-9頁）

　1972（昭和47）年には再度同大学に留学され，そのリナカー・カレッジに研究員として在籍され，J.ヒックス教授との共著となる *The Social Framework of Japanese Economy,* 1974の著作に従事された。これに至る事情については，能勢先生ご自身による詳細で，実に興味深い記述がみられる。

　この度はヒックス教授の *The Social Framework* を日本経済に適用し，*The Social Framework of the Japanese Economy* を書く作業の補助者として，彼の指導下にこの1年を送るはずであり，その第一回目の訪問がその日なのである。原稿の一部を持って迷路に似たオールド・ライブラリーの中を歩く私の足は，我にもなくふるえた。彼のインタビュー——この高名の碩学に対面することへの気おくれと，彼の短気と彼の言葉が些か吃音で聞きとり難いことの故に——どれほど気を使う代物であるかは，これを入学時に経験した友人や，また夫から聞いていた。こうした立場にあって，誰も気の高ぶりを覚えない者は無かったであろう。
　「お前が道を間違えると思った」といって階段まで出てこられた先生の案外フランクな態度に些か安心しながら後に続いて室内に入る。教授の予定が立てこんでいるので，再会のあいさつもそこそこに原稿を手渡すと，日本の労働力バランスの数字の動きにまず目をとめて，'interesting, quite interesting' と呟かれる。何しろ戦後，イタリーよりも早い速度で農業から工業へと労働力が大移動した日本

4　この時の留学について，哲也先生は「信子が，こんにち此処に現れることとなったいきさつについては，多くの人々の支えがあった。彼女は，さる国立大学の研究所の助教授の任にあって，このたび大学所有の基金による留学を承認されることになった。しかし留学者の選出ルールは，依然年功序列型で，当面信子の番ではなかったが，それを説得して呉れたのは，講座主任の渡辺進教授と国際派の早川武夫教授であった。折角旦那が行っているからという配慮もあった，と後で聞いた。」（能勢（哲）[2007] 131頁）と記されている。哲也先生は，1962（昭和37）年よりオックスフォード大学に留学されていた。

のことであるから，この間ほとんど変わらないイギリスからみれば無理はない。頁をどんどん飛ばすと思うと突然視線が止まり，「この註は重要な註になる。もう少し選んで事例を追加すべきだ」と指摘される。ドラフトを読み飛ばす間に電話が二，三度鳴り，また扉口ですむ訪問客がやって来る。「お前は調子を上げてどんどん前進すべきだ。1年はごく短いからね」と念を押され，予定を打合せて漸く気のつまるインタビューは終った。こうした繰返しが，教授のノーベル賞受賞のための旅行，日本を含む二，三の国への訪問の期間を除いて，至って規則的に続いた。

(能勢（信）[1974] 8頁)

　教授から「何月何日何時にオールスールズに」という通知が来ると，とたんにパニックに陥いる。ただしテュートリアルに出ても別段烈しい叱責や批判の言葉がそこにあるわけではなかった。教授の退官記念論文集'Value Capital, and Growth'の編者ウォルフ教授がヒックス教授のクラスの空気についていみじくも指摘しておられるように，ヒックス教授のもの静かさ，パブリックスクール出身者独特のシャイネスがその一因をなしているのであろう。また他人の論法を聞くなり当の本人よりもその長所と欠点を遙かによく洞察できる卓越した能力の所為でもあろう。テュートリアルは静かに，しかし私には不断の緊張の中で進行する。彼の批判と一見意表をつく質問を待っていることは，大きい知的興奮であるとはいえ，投げかけてくる直球を受けとると同じく至難の業であったから。原稿を手早くめくりながら要所要所でジッと見る眼光は，まことに恐ろしかった。一見何の奇もない数字の列の中から1つの数字——1927年の実質国民所得の落ち込みを指摘され，「この数字は異常ではないか？状況について想像力を働かせばこうなるはずがあるだろうか」と聞かれて，即座にはタイプのミスかデータの質以外に思いつかず，大川一司教授の御好意によって貸与された当時未完の改訂数字を指標化して次回に説明し，ヒックス教授の創造能力とこの改訂数字の含意がピタリと合って漸くほっとしたこともあった。この時私は，社会会計という診断の理論には，恰も医師が病人をみとる場合と同じく豊な想像能力が不可欠であると痛感したのである。

(能勢（信）[1974] 11-12頁)

その後，1977（昭和52）年にはヨーク大学の客員研究員となられ，A. T. ピーコック教授，J. ワイズマン教授とも交流された。

叙上のように能勢先生は精力的に研究され目覚ましい業績を積まれたが，その研究継続の原動力は，何だったのだろうか。このことについて先生と関係の深い方々からのインタビュー調査により，何よりも女性研究者としての覚悟，またご夫君哲也先生との研究者夫婦としての支え合いであり，さらに研究環境

や使命感と伺った。すなわち，廣野先生によれば，

> 当時，やはり女性研究者っていうのは，まず地位を固めることが非常に難しい時代でしたので，とにかく早く博士号を取得するということを考えておりました。そして，大学院卒業早々だったと思うのですが，本当に苦労して，かなり努力して，早く博士号を取ったと思います。非常にそこは苦労していたという話を聞きました。やはり何かないと女性研究者というのは認めてもらえない時代だったと思います。
> （井原ほか［2016］140頁）

> 原動力や支えとしましたら，やはり父・能勢哲也を支えていきたいという気持ちだったと思います。…（中略）…父は若い時に，今より病弱でして，最終的には財政学会の理事にもなりましたが，なんとか支えていきたいという気持ちが母を動かしていたと私は思います。
> （井原ほか［2016］137頁）

と語られ，能勢先生の若い頃に経済経営研究所の同僚でおられた小林哲夫先生（神戸大学名誉教授）には，

> おそらく支えというのは哲也さんだと思いますけれどね。
> （井原ほか［2016］138頁）

と話していただいた。

能勢先生の40代後半からの同僚であった山地秀俊先生（元神戸大学経済経営研究所所長）によれば，

> 能勢先生が研究所でポストに就かれた当時，勿論経営学部の会計学者の方々を意識されたと思いますがそれ以外にも，先生の研究領域の特徴上，経済学者の存在も意識しなければならなかったと思います。当時経済学部には置塩（信雄）先生や則武保夫先生をはじめ多くの経済学者がおられたので，そうした方々との競争を意識しなければいけないとなると，それは，良い意味で刺激になったと思います。
> （井原ほか［2016］138頁）

能勢先生が姫路獨協大学に移られた後，親交のあった小津稚加子先生（九州大学）によれば，

> 私が感じているのは，信子先生が大学院に入学され，研究を始められた1952年という時代背景が大きいと思います。戦後を知る世代で，1926年生まれですよね。

神戸空襲も経験されているかもしれない。戦後荒廃している日本の現状を見ておられて，その中で大変才能を持っていらっしゃって，信子先生だけでなく，皆さんが日本を元に戻さなければならないという使命感を持っていたと思うのですよね。それゆえに，どういう形で元に戻せるかという中で，職業としての学問の中で貢献をしようという思いがどこかにあったのだと思います。

(井原ほか [2016] 139頁)

能勢先生と同じ社会会計を研究してこられた河野正男先生（横浜国立大学名誉教授）からは，次のように話していただいた。

　私もそうでしたが，研究継続の原動力としては，社会会計が会計だということを認めさせたい，広めたいと思っていました。認めさせるというと語弊があるかもしれませんが，やはり会計の一分野というようなことの認識を広めたいということが，ひとつあろうかと思うのですね。それからもうひとつの原動力として，やはり自分がこの分野だと取り組んだことなので，最後までそれを突き詰めていきたいと，これはどの研究者にも言えることですね。途中で変えるというのはよっぽどのことだと思いますのでね。能勢先生は経済学部を出られ，就職は助手として経営学の方に入っておられて，ビジネス・アカウンティングといいますか，企業会計側からの研究をするようになった。企業会計の人に向かって何事か言わなければならないということがあって，企業会計との関係を取り上げて，社会会計の研究を続けられた。ずっと続けてこられたのは，たぶん研究者として一本筋を通したことなのではないかと思います。

(本章93頁)

このような研究生活のなかで学内外の活動や役割を果たされているが，そこには，能勢先生ならではの明確な姿勢が伺える。神戸大学経済経営研究所における学内行政として，研究体制の強化や国際交流のため活躍され，山地先生によれば，「研究所長職を自ら辞退されていると周りが推測して言っていた」（井原ほか [2016] 143頁）とのことである。また，兵庫県建築審査委員会委員等の学外の行政関係等の活動としては，示唆のある姿勢について，小津先生から次のような話をいただいたところである。

　信子先生は兵庫県の建築審査会の委員を1971年からされていますが，…（中略）…この前後，信子先生は，兵庫県という中で建築審査会では街の発展が確実に目の前に見えるということと，広い意味での住民の構成が上がるのですね。建築審査会の案件を一つ一つ見ていくと，これを認めると良くなるに違いないとか，こ

ちらを先にすべきであるとか判断していかなければいけないのです。この時期，信子先生は，不動産関係のお仕事をされていたはずだと思います。1970年代ごろの研究ともぴったりとあっていると思います。…（中略）…建築審査会の仕事は，先生の中では自然なもので，女性だから呼ばれたとか，先生も女性だからやらなければならないと引き受けた行政職ではないです。専門領域や問題意識の中で委員を引き受けられていました。なぜ断言できるかというと，私が信子先生と過ごした時期は，私が大学院の博士課程から講師になるという時期だったのですが，その時期に信子先生が女性研究者の心得をいただきました。その中の一つに，女性だからあなたにはこれから色々な委員がくるかもしれないが，女性だからと言って任命されているのであれば，それはやってはいけないとはっきりとおっしゃいました。

（井原ほか［2016］145頁）

③　私生活　―仕事と家庭の両立―

一方，能勢先生の私生活についてさらに尋ね，先生としての仕事と家庭の両立の道を考察したい。

その私生活は，何よりも研究仲間といえる哲也先生と結婚され，研究者夫婦であったことをおいて語ることはできない。ご夫妻は，神戸大学の学部・大学院における新庄ゼミの同級生であり，専門分野について相互に理解し支え合う関係であった。それは，能勢先生の研究継続の原動力にもなったようであることは，前述の通りであるが，能勢先生ご自身，

> 主人が財政をやっていますのでお互いに協力しやすいですが，反面二人いっしょに研究スランプがきたときはみじめなほどゆううつになります。でもどこまでも研究生活をつづけていきます
> （神戸新聞朝刊1956（昭和31）年5月25日「おしどり助教授誕生　全国で初の経済学　学生の人気者　神大の能勢信子さん」）

と語っている。互いに支え合い，相互研鑽する学究夫妻の姿が鮮やかである。

同時に，哲也先生に対する細やかな心配りや家庭を大切にされていたことは，小津先生のインタビューから目に浮かぶようである。

> 哲也先生は小食でいらして，お味噌汁とかを半分残される時には最後まで全部飲みなさいと言われていて，すごく哲也先生の健康に気を遣われていました[5]。
> （井原ほか［2016］150頁）

お家における信子先生について心に残る思い出がいくつかあります。信子先生はお料理もされていました。ご出勤される前にまな板の上にこんにゃくを切って置いてあるのを見たことがあります。ご自宅に帰られてきてからお料理をしようと思って，つまりお夕飯の準備をされてから外にでられて，お家に帰ってからもう一度ということだったと思います。　　　　　　　　　　　（井原ほか［2016］150頁）

また，1959（昭和34）年には，母となられる。その育児については，

　大学の特別の配慮により一年のあいだ育児に専念。またヘルパーさんとの養育連けい体制を固めて，これが永く続くことになる。　　　（能勢（哲）［2000］18頁）

という形であったようであるが，インタビューでの廣野先生の言葉は温かい。

　私自身はそれほど母が働いていることが嫌ではなくて，かえって出かける時の母が着替えている様子が，好きでした。それと，父の考え方も母の考え方も，女性が働くのはもう当然という家だったので，私も不思議に思ったことがないです。
　　　　　　　　　　　　　　　　　　　　　　　　　（井原ほか［2016］146頁）

　夕食の後の時間，よく毎日一緒に過ごして本当に四方山話ですが，一緒に話をしていました。それが一番の思い出ですね。父は本当に研究に一直線で，夕食の後，書斎に行って，もうとにかく論文と本を書いていました。ですから，私と母と二人でよく話をしていました。本当に普通の時間ですけれども，それはやっぱり，かけがえのない時間だったと思います。　　　　　　　　（井原ほか［2016］146頁）

このように育児にあたられながら，あるいはあたられたからこそ「ベビー産業」について経済学者らしい鋭いコメントを表わしておられる。

　私のいうベビー産業とは　いま流行中のお子様向け商品やサービス一般の供給業のことである。
　親には子に対する一種のアニミズムがあるので，フトコロの許す限りベビー産業の良き買手となり，近所が買ったからつられて買うというデモンストレーショ

5　哲也先生は，「五十年近くのあいだ信子は私の体調について十分に知り，またどう対処するかをいつも考えていた。殊に食事については常に細心の配慮をしていたように思う。『何でも不味そうに食べるわね』と小言を言いながらも，折角作った味噌汁を半分でも捨てようとすると，私の口に押し込むようなこともままあった。が，これらのことは，私への限りない思いやりがなければできなかったに違いない！」（能勢（哲）［2000］57頁）と記されている。

ン効果がこれ程強く働く産業はない。かくてベビー産業は花ざかりとなる。
　しかしベビー産業の繁栄は必ずしも子供の幸福を意味しない。親の都合で子供が不平等になることもあるし，過剰のおけいこを子供自身いやがることが多い。ベビー産業の繁栄を正常なものにする手はただ一つ──両親のえい（叡）知だけである。
（能勢（哲）［2000］19頁）

このようにみると，能勢先生は，実に見事に，豊かに温かく仕事と家庭の両立を図られていることを知るが，それは，ご息女とご夫君がそれぞれに端的に語っておられる。廣野先生によれば，

　神戸大学経済経営研究所では，どこの勤務先でも同じでしょうが，色々な組織の長にならないかというようなお話が何回かあったと思うのですが，それは母の場合，断っていたと思います。母は家庭と研究の両立ということをメインテーマにしていたと思います。
（井原ほか［2016］146頁）

哲也先生によれば，オックスフォード大学に留学中の話として，

　サマータウンの市場やコーンマーケットの日本食料品店から集めた食材を，「洋風和食」に仕上げるのが専ら信子の仕事であった。彼女自身も本を書き乍ら，私の仕事を支え，子供と付き合うなどの八面六臂の活躍は，正に彼女でなければできなかったであろう。
（能勢（哲）［2007］136頁）

能勢先生は，哲也先生が編まれた追悼の書『夏の日の翔び去る如く』に見られる「女性研究者の先陣を駆ける　家庭を掌中の宝物のように慈しみながらも学問一筋に戦後を駆け抜けた健気な人生」そのものであったといえる。

(2)　**研究業績**

　能勢先生の研究業績は，著書は単著・共著あわせ20篇以上，論文は100篇を超える膨大なものであるが，主要な研究分野は社会会計であり，能勢先生といえばわが国における社会会計研究の第一人者である。
　社会会計とは，能勢先生ご自身の説明によれば，次のとおりである。
　　ある年度に一国の経済組織全体またはその部分たとえば地域のなかで遂行せら

(図表Ⅳ-2) 能勢信子先生の略歴

西暦	和暦	年	月	学歴・職歴
1926	大正	15	9	(神戸市にて出生)
1944	昭和	19	3	親和高等女学校卒業
1944	昭和	19	4	大阪女子経済専門学校（現大阪経済大学の前身）入学
1947	昭和	22	3	大阪女子経済専門学校卒業
1947	昭和	22	4	神戸経済大学（現神戸大学の前身）入学 同学女子学生第1号
1950	昭和	25	3	神戸経済大学経済学科卒業（能勢哲也氏と結婚）
1950	昭和	25	4	樟蔭高等学校の社会科教諭（1952（昭和27）年3月まで） 神戸経済大学研究科入学
1952	昭和	27	3	神戸経済大学研究科修了
1952	昭和	27	4	神戸大学助手（経済経営研究所）
1956	昭和	31	5	神戸大学助教授（経済経営研究所）
1959	昭和	34		(出産)
1964	昭和	39	4	イタリア，スイス，オーストリア，ドイツ，フィンランド，ノルウェー，フランス，イギリスの各国へ出張（オックスフォード大学社会科学部特別研究生として留学）（1965（昭和40）年8月まで）
1965	昭和	40	11	経営学博士（神戸大学）
1967	昭和	42	4	神戸大学教授（経済経営研究所） 国立大学経済学系女性教授第1号
1972	昭和	47	7	イギリスへ出張（オックスフォード大学リナカー・カレッジに研究生として在籍），および研修旅行（1973（昭和48）年3月まで）
1977	昭和	52	7	イギリス，ノルウェー，オランダへ文部省在外研究員として出張（ヨーク大学客員教授）（1977（昭和52）年9月まで）
1978	昭和	53	8	国民所得・国富国際学会（IARIW）にて研究発表（至ロカ・ディ・パパ）
1980	昭和	55	10	シンガポール研修旅行
1987	昭和	62	8	イギリス，イタリアへ研修旅行
1990	平成	2	3	神戸大学を停年により退官
1990	平成	2	4	神戸大学名誉教授
1990	平成	2	4	姫路獨協大学教授（経済情報学部）
1998	平成	10	7	(逝去)

出所：「能勢信子教授略歴・著作目録」；「能勢信子博士略歴・著作目録」；能勢（哲）[2000] 70-73頁に基づき作成

れた経済活動の大きさを，勘定システムまたは行列の形式によって計算・表示する会計であって，対象が企業会計と異なりマクロ的な国民経済であるためにマクロ会計または国民会計ないしは国民経済計算ともよばれる

(能勢（信）[2001] 638頁)

能勢先生がこのような社会会計に取り組み，第一人者となられた道筋について，先生が長年勤められた神戸大学経済経営研究所を停年退官されるに際し編

まれた『能勢信子教授退官記念論文集』において，当時の山本泰督所長が次のように「献辞」を表されている。

> 先生が研究所経営経理部門の助手に着任された昭和20年代後半の時期は，戦前にその種子が播かれた社会会計の研究が，戦後にいたってようやく発芽し，めざましい成長期を迎えようとする，まさにその時期に当たっていた。学部，研究科を通じて経済学に取り組んでこられた先生が，経済学と会計学の交渉・相互浸透ともいうべき社会会計に強い関心と研究意欲を抱かれたのは至極当然のことであった。社会会計論の発展の初期に新進気鋭の研究者として登場された先生は，当時比較的なおざりにされ勝ちであった社会会計論の理論的骨格を明らかにするために努力を重ねられた。昭和36年に公けにされた御著書『社会会計論』が翌年に日本会計研究学会から学会賞（上野・太田賞）を授与されたのは，この分野の研究深化のために先生が果たされた御貢献が高く評価されたことを物語っている。わが国における社会会計論の研究において主導的地位を占められるにいたった先生は，国内，国外の研究者との研究交流を深めつつ，社会会計論の研究進展が生み出した新しい理論的実践的課題に精力的に取り組んでこられた。（山本［1990］）

そこで，この道筋に顧み，以下能勢先生の研究業績について，次のように類型化し整理する。なによりもまず，①社会会計の構築―『社会会計論』について―，続いて「社会会計論の研究進展が生み出した新しい理論的実践的課題」に対する取り組みとして，②社会会計論を超えて，くわえて，能勢先生の逝去後短期間に，能勢信子著の貴重な4著作が哲也先生の編集により上梓されているので，それを③研究業績の再結晶，とする。

① 社会会計の構築―『社会会計論』について―

能勢先生が取り組んでこられた社会会計は，1961（昭和36）年に公刊された名著『社会会計論』として，集大成をみる。本書の学界における貢献ならびに評価については，以下に示すように倉林義正先生（一橋大学名誉教授）の端的なコメント，本書によって博士号取得をされたことから，その学位論文審査結果の要旨，また酒井正三郎先生（名古屋大学名誉教授）および西川清治先生（大阪市立大学名誉教授）による書評により明らかである。さらに本書は，公刊の翌1962（昭和37）年には日本会計研究学会より上野・太田賞を受けることとなり，その受賞に対して小西康生先生（神戸大学名誉教授）による紹介がなされ

ている。

[倉林先生のコメント]
　『社会会計論』は，わが国における最初の国民経済計算の専門的著作として永遠に記憶されるべき業績である。それまでには国民所得の概念と計測を巡って，都留重人，鎌倉昇，市村真一といった当代屈指のエコノミストによる著作が知られていた。しかし更に進んでR.ストーン教授によって指し示された「国民所得から国民勘定へ」という国民経済計算の研究方法の発展を，一九六〇年代初頭に明示されたのが『社会会計論』に他ならないからである。　（能勢（哲）［2000］20-21頁）

[学位論文審査結果の要旨]
　社会会計論に関する研究の歴史は新しく，その研究の成果の発表は，ごく最近においては目新しいものがあるとはいえ，本論文のように体系だった研究業績は，わが国においては初めてのものである。本論文は，社会会計論に関する固有の分野に属する文献はもちろん，近代経済学，マルクス経済学，企業会計論の諸文献まで，極めて広汎かつ綿密に検討することによって，従来社会会計論の研究対象が国民所得計算の領域にのみ限定されていたことを不満とし，これ以外に投入産出表，資金循環表，国民貸借対照表などとの関連づけを行い，もって新しい社会会計論を打ち出そうとしている。著者によるこのような徹底した学説検討は，将来斯学の研究に資するところ決して少なくないと考える。
　社会会計論に対する従来のわが国の文脈は，経済学的視点からの検討に終始し，会計学からする十分な検討は殆んどなされていなかったといってよい。この点に関して本論文ほど詳細に研究した文献はわが国においては他に類を見出すことができない。これは特筆すべき本論文の特徴である。さらに本論文は文献批判において内在的批判を行なうとともに，労働価値説の立場からの批判もあわせ行ない，労働価値説の立場からする著者独自の社会会計論の内容に対する基本的な構想を示している。労働価値説の立場からするこのような業績もまた，社会会計論の分野においては著者独特のものである。少なくともわが国においては唯一の業績であるといいうる。
　著者が社会会計論の体系樹立のためにとった態度は，単に寄せ集め的に諸種の計算領域を含ましめるといったものではなく，社会会計における勘定体系と勘定行列との内容上の恒等性を証明したうえ，それぞれの計算体系が勘定行列として表現しうるかどうかの検証を根拠としているのである。著者は，これによって独自の社会会計論の体系を示している。この点もまた本論文の功績といいうるであろう。
　会計学の見地からみて，本論文は「会計」と呼ばれるものの本質の究明を試み，

社会会計が企業会計の計算構造の一適用であることを明らかにし，また逆に社会会計原理を企業会計へ導入せんとする学説を整理紹介することによって，企業会計自体に反省，再検討の機会を提供したものといいうる。もとより，個別企業に必要な会計方法として生成発展した伝統的会計学の定説からみる限りでは，本論文に盛られた諸提案を直ちに企業会計に導入することは不可能であろう。しかし今後の会計学研究に対し重要な研究課題を示すにふさわしい成果として，その会計学研究に与えた大きい貢献は高く評価されなければならない。
（「社会会計論：社会会計の本質および適用に関する研究」
（論文内容の要旨・論文審査結果の要旨）17-18頁）

［酒井先生による書評］
　社会会計という学問は1940年代において経済学と会計学の接触点において起こって来た新しい分野であるが，その後の20年間における進歩は極めて目覚しい。かくして今日では社会会計はその最初の発現形態である国民所得会計のみでなく，その他の各種の計算体系を含んで考えられなければならないことは，当然である。そこで，著者は本書においてこれらの新しい各種計算体系を包括的に社会会計の体系としてとらえ，しかもそれらが社会会計の基本的形式のそれぞれの変種であることを論証しようと努力している。このように社会会計についての包括的，一般的な著書を私はまだ見たことがない。これは著者の社会会計への多年のたゆまざる関心と研究との結果に外ならないのであるが，この点で私はまず本書を社会会計に関する最も進んだ概説書として高く評価したい。
　第二に本書の特徴と見られるものは，本書が社会会計の発生する実践的基盤と理論的背景を深く探求していこうとしている意図である。…（中略）…
　第三に本書において問題となるのは，著者が社会会計に対する消極的な批判から進んでその積極的な展開を試みようとしている部分である。著者は社会会計が結局現代資本主義国家に奉仕する用具であることをその理論的支柱としてとられるケインズ経済学の諸範疇についていたるところで批判し，もっと全国民性と公共性をもった社会会計の樹立可能性を探ろうとする。…（中略）…
　著者は巻末においてみずから，この経済学に則る社会会計の形式的枠組を与える試みをも展開していられるのであるが，このような社会会計が日本の経済に対して果たして具体的に作製可能であろうか。もしそれが可能だとしたら，それは日本の経済構造の診断に対してまことにユニークな寄与を与えることができるかも知れない。私はこの点について著者がここに展開せられた社会会計の新しい形式に具体的な内容を盛る試みをさらにおしすすめられ，それが他日刊行せられてわれわれをもっと即事的に説得される日の近からんことを期待しておきたい。
（酒井［1962］105-106頁）

[西川先生による書評]

　このたび神戸大学の能勢信子氏の時誼をえた力作『社会会計論』に接しえたことは，硬直した理論がマンネリズムの大作が横行しているきらいのある学界に，清新の気をおくりこんだものとして，喜びにたえない。　　　　　（西川［1962］56頁）

　これを要するに，一面では現代の社会会計論の検討を通じて，それの技術的利用価値を認めつつも，他面では近代経済学の流通主義的・弁護論的性格を顧みることによって，同時にそれの利用の限界が明かにされる。…（中略）…著者自ら言われるように，「社会会計の分析用具としての卓越性と利用上の問題点を究める」ことに限定するならば，著者の意図は実現されており，いまだ未開拓のこの領域における先進的な好著であることは疑問の余地はない。　（西川［1962］61頁）

[上野・太田賞受賞に対する小西先生による紹介]

　本書は，翌昭和37年に日本会計研究学会より上野・太田賞を受けることになった。先生の学問に対する姿勢は，ともすれば精緻な技術のみに関心が寄せられ，その結果の背後に埋没されてしまいがちな理論こそ最大の関心事であること，分化した個々の詳細に共通するところの一般性を発見すること，そして，技術の役割を現実の利用レベルにおいて見定めることを旨とされていた。これは，アメリカ型の企業会計実務の研究が尊重された当時の会計学会にあっては，一見いかにも地味であるかのような印象を与えた。しかし，本書が学会賞を受賞したのは，そのような姿勢が学会での共感を呼ぶものであったことを示唆している。

　　　　　　　　　　　　　　　　　　　　　　　　　　（小西［1990］86-87頁）

　能勢先生の社会会計の研究は，以上のような衝撃的ともいえる，多大な評価を受けた『社会会計論』でひとつの結実をみているが，オックスフォード大学で師事し，「社会会計はやりがいのある楽しい学問だという確信を得ること」（能勢（信）［1990］9頁）になった，ステューヴェル博士の著書3冊を精力的に翻訳しておられる。このことについて哲也先生は，次のように記しておられる。

　四〇～六〇歳の最も充実した時期に，信子は専門領域の幾つかの先端的課題に取り組んだが，その間にステューヴェル博士の著書三冊を翻訳して，自らの軌跡を確かめる手だてともした。『社会会計の構造』は一般的基礎理論，『国民経済計算』は科学的計測の手法に関し，『経済指数の理論』は資産価値計算に関連する。こうした社会会計は単に国民所得の内容を正確に計算する診断の学に止らず，それを以て経済計画の方向を示唆する治癒の学であるという確信を深めていった。

　　　　　　　　　　　　　　　　　　　　　　　　　（能勢（哲）［2000］28頁）

② 社会会計論を超えて

　ここで取りあげたいのは，「社会会計論の研究進展が生みだした新しい理論的実践的課題に精力的に取り組んでこられた」（山本［1990］）成果として，日本経済の特色の分析を試みている*The Social Framework of the Japanese Economy —An Introduction to Economics—*，および企業会計との相互交流を考究した『経済会計の発展―会計思考の新展開―』，さらに家庭生活も背景にされた『家族経済学』である。

ⅰ）　J.R. Hicks and Nobuko Nosse, *The Social Framework of the Japanese Economy —An Introduction to Economics—*, Oxford University Press, 1974
　　（酒井正三郎監訳・山本有造訳『日本経済の構造：経済学入門』同文舘, 1976年）
　本著書に至るヒックス教授との関係について，能勢先生ご自身の思いは前述の通りであるが，哲也先生は次のように記されている。

　　この作業を通じて，彼女の社会会計論が遥かに大きな視野をもつことができたようだ。ヒックスの本の構想は，通常の狭義の社会会計システムである国民所得会計と国民貸借対照表に限られておらず，人口及び労働力のバランスや物価，所得分配，交易条件の長期変動を含み，またこうした計測可能な数値に影響を及ぼすと考えられる教育の経済効果，税制などの制度的変化及び技術革新にも論点が及んでいる。
　　成長期の日本について，これらの論点を数字で確かめるのが信子の仕事であり，更に日本の特徴を明らかにするための，国際比較の手法や論点について，社会会計の先駆者ピーコック教授（ヨーク大学）を尋ねたり，ペヴズネル博士（ソビエト科学院）と交流するなど，光陰正に矢の如くであった。
　　　　　　　　　　　　　　　　　　　　　　　（能勢（哲）［2007］133-134頁）

　こうして公刊された本書の趣旨について，能勢先生ご自身次のように記されている。

　　本書は，J.R.ヒックス教授による『経済の社会的構造』第4版（*The Social Framework*, 4 th edition, Oxford, 1971）を翻案した日本版であり，1955年から1970年にいたる日本経済の社会経済的状況を取り扱っている。
　　ヒックス教授の書物の‘構造的’諸章（第1〜3章，第7〜9章，第11〜13章）は，日本経済にかかわる例証および統計を除いて，ほとんどそのまま残されている。

第6, 10, 14章についても同じことがいえる。しかし，第16章および第18章については，広範な変更が行われた。すなわち，第16章は，戦前期日本の国民所得および経済成長の簡単なサーベイを含み，第18章では，民間企業部門の所得分配についての説明が与えられている。第4章においては，東洋および西洋諸国の人口とならんで，過去と現在の日本の人口がイギリス版の対応する章におけると同じ仕方で取り扱われている。
　…（中略）…私が希望するのは，この仕事が，そもそもヒックス教授の手ではイギリス経済に対してのみ応用された社会会計的方法の諸原理が，いかにすれば国際的にも応用しうるか，を示す証左となることである。今日，社会会計の研究に利用することができ，しかも信頼に値する情報の量が増加しつつあるのだから，他の研究者たちもまた，この方法をおのおの自国に応用しようとする刺激を受けているであろう。…（中略）…私は，本書『日本経済の構造』が，こうした国際化の次元において，さらに新しく寄与することを希望している。
　　　　（J. R. Hicks and Nosse著・酒井正三郎監訳・山本有造訳 [1976] ix-x頁）

また，本書に対して，小西先生による次の紹介がある。

　本書では，社会会計体系の基礎概念は，J. R. Hicksの原書が，そのまま用いられ，例示とか統計は日本の数値によって置き換えられている。イギリス経済を対象に書かれた原書を日本経済へ適用するに当たっての細心の注意を払われたのが能勢先生である。…（中略）…
　本書は，このようにしてJ. R. Hicksの原書の大要を維持し，社会会計という手法によって示された数値から日本経済の特色の分析を試みようとするものである。このように，本書は元来社会会計の手法によるマクロ・エコノミックスの概説を目指したものであり，日本経済論だけを目標としたものではない。J. R. Hicksの原書が公けにされた時に，このタイプの接近を日本に適用しようと思いついた人は少なくなかったようであり，実際になんらかの形をそれで実現した試みもある。しかし，この試みを理想的に行なうためには，原著者と日本の社会会計の専門家の協力を待たなければならなかった。その意味で，本書の出現はたいへん望ましいものであり，社会会計の基礎知識の習得のためばかりではなく，日本経済分析の発展のためにも大きな寄与をするであろうと評価される所以である。
　　　　　　　　　　　　　　　　　　　　　　　　　　　（小西 [1990] 98頁）

さらに，倉林先生からは次の紹介がある。

　経済学および国民経済計算の入門書として著名であったJ. R.ヒックス教授の名著がアメリカ版（J. R. Hicks, A. G. Hart and J. W. Ford, *The Social Framework of the American Economy,* 1955）と同じような趣旨に基づいて，わが国を代表する国民経済計算の専門家である能勢信子教授の協力のもとにこの日本版が完成され公けにされたことは，この原著の恩恵を受けた古い読者の１人として大きな喜びである。この日本版の出現によって，内外の読者は上記の経済学と国民経済計算のみならず，日本経済の数量的な分析に対しても恰好な入門書を提供されたことになるわけで，その意義は非常に大きい。その上，日本語の読者にとっては山本勇造教授が共著者である能勢教授と緊密な連絡のもとに綿密な日本語訳を訳出された。この邦訳においては，原著にはない校訂も加えられているお蔭で，二重の利益を享受することができるわけである。　　　　　　　　（倉林［1978］91頁）

ⅱ）　能勢信子編著『経済会計の発展―会計思考の新展開―』同文舘出版，1990年

　社会会計と企業会計の交流が，日本会計研究学会レベルではじめて取り組まれたのは，1968（昭和43）年６月に結成された日本会計研究学会スタディ・グループ「企業会計と社会会計」である。その研究成果をまとめ1971（昭和46）年に公刊された『企業会計と社会会計』（森山書店）において，

　　このスタディ・グループの研究目標を，もっぱら，会計学的研究の一環として社会会計をとりあげること自体の意義を明らかにするところにおいた。すなわち，第一に，社会会計は会計学に対していかなるインパクトを与えたか，第二に，こうしたインパクトによって会計学的研究にいかなる積極的方向が付加されたか，を現段階的に整理してみること　　　　　（合崎・能勢（信）［1971］「序」１頁）

としている。

　その後20年近くを経て1986（昭和61）年度から1987（昭和62）年度の２年間，能勢先生を研究代表者とし，「経済会計の発展と企業会計への適用の研究」をテーマとして，文部省科学研究費補助金（総合研究Ａ）を受け共同研究が行なわれた。その研究成果として公刊されたのが，『経済会計の発展―会計思考の新展開―』である。本著書の特徴を，能勢先生ご自身，次のように記されている。

　　会計思考にかぎらず理論は時代と社会によって進化して行く。改訂された現行SNAの刊行とほぼ同時期に，経済成長を至上とする風潮にたいして反省が現われ，一連の社会報告作りの試みが始まった。社会会計は，市場試向の経済会計の発展

と並行して，新たな分野を測定する方向に向かった。そしてそこでは公害防除計算や福祉試向計算，時間予算などが検討され，他方，企業会計では企業社会会計という分野が研究され始めたからである。この面では，企業会計と社会会計のリンクが実現する事例が出て来た。
　…（中略）…
　社会会計の研究グループの大半は，合崎先生を中心として企業社会会計，環境汚染の研究，さらに地域生態会計まで研究の活動範囲を拡げた。他方，現行SNAは，刊行後の20年間に概念のいくつかの古くかつ新しい問題や，各国の実施面の問題のほかに，1970年代以後現われたインフレーションの経済会計の取扱いに遭遇している。…（中略）…
　本書は，二年間の共同研究とはいえ実はこうした地味な研究のつみ重ねの上に成り立っている。経済会計プロパーの書物とりわけ国民経済計算の著書は，少なくない。また企業社会会計の書物も同様である。本書の特徴は，この両者とことなり，問題を会計思考の新しい展開として捉え，とりわけ企業会計のフロンティアの積極的な拡大を経済会計の視座から行うことにある。
（能勢信子（編著）［1990］はしがき2頁；能勢信子教授退官記念論文集刊行委員会編［1990］はしがき2頁）

こうして社会会計と企業会計の相互交流の歴史は刻まれているが，能勢先生の捉える社会会計でいえば，直截な交流は現在さほど多くはないように窺える。両者の最初の交流の成果である『企業会計と社会会計』の序において，

　　端的にいえば，多くの会計学徒が企業の枠から脱皮して進んで社会会計をその研究領域にうけいれるまでには，まだまだかなりの時間を要するであろう。この道はけわしく，なお遠い，といわざるをえないのである。
　　　　　　　　　　　　　　　　　　　　　　（合崎・能勢［1971］序2-3頁）

との言は，今なおの感があるのかもしれない。
　しかし，能勢先生が，その道を見事に拓かれ，多方面にインパクトを与え，大きな足跡を残されたことは確かであり，そのことに関して，同じ社会会計の専門分野の立場から河野正男先生にインタビュー調査を行い，後述するところである。

ⅲ）　能勢信子，小玉佐智子著『家族経済学』有斐閣，1963年
　能勢先生の研究の拡がりは，身近な家庭生活にも鋭く及んで本書の公刊と

なっているが,「その初版が著わされた昭和38年では,経済学者が著わした先駆的な書物であったといっても過言ではない」(小西[1990] 96頁)とともに「大いに高い評判を博している」(小西[1990] 97頁)と評されている。

本書の序文は,能勢先生の恩師新庄先生の筆であり,次のように恩愛あふれるものである。

> 『家族経済学』の著者としての十分な資格を備えるに至った…(中略)…二人の女性の長き協力と苦心によって本書が上梓される日を迎えたことは,著者にとってのよろこびはもとよりとして,本書の出版に機縁を与えた私としても,ひそかに誇りとするものを感ぜざるをえない。
> 本書は,かようにして二人の著者の思索と体験を基礎として文字どおり苦心の協働によるユニークな内容のものとなり,家族経済学の一つの体系がここに試作されたのである。　　　　　　　　　　　　　　　(新庄[1963]序1-2頁)

そして,共著者の小玉佐智子先生(元神戸女学院大学学長)による次のような,生き生きとしたコメントがある。

> 能勢先生は,『家族経済学』のプラン作りや執筆がとても楽しそうで,特に第7章『家族経済と福祉の向上』を短時間に書き上げられ,私に目を通すように原稿を頂いた。自由闊達な筆致で分り易く,しかも広い学識が随所に輝いていて,私は圧倒される思いであった。　　　　　　　　　　　　(能勢(哲)[2000] 21頁)

③　研究業績の再結晶

能勢先生の没後わずか半年後に相次いで,4著作が哲也先生の編集により刊行されている。能勢先生の長年にわたる論稿から選び出され類別されて,能勢先生著の4篇として編まれているのであり,ここに,哲也先生と相携えて歩まれた研究の軌跡を見る思いである。

ⅳ)　『企業会計の経済学』アロエ印刷,1999年

本書は,次のような趣旨をもって,初出論稿11篇から編まれたものである。

> 本書は,著者が,企業会計への経済学的接近を試みたもののうち,その代表的な論稿を選んで一遍としたものである。
> 著者の関心は,企業会計をミクロ経済会計として捉えることによって,企業の

多面的な経済行動と会計との関連を明らかにすると共に，その社会経済的意義をも問わんとすることにある。 （能勢（哲）［1999a］ⅰ頁）

ⅴ）『社会会計の構造と発展』六甲出版，1999年

本書は，次のような趣旨をもって，初出論稿12篇から編まれたものである。

　本書の目的は，国民経済計算の基礎となる，社会会計の原理と構造を解明し，論点と問題点を考察すると共に，その将来の方向を探ろうとするところにある。また，著者は，新SNAの公表以前に『社会会計論』（1961年）を刊行したが，本書はそれ以後の議論に基づく，謂わば『第Ⅱ社会会計論』をも意図するものである。
（能勢（哲）［1999b］ⅰ頁）

ⅵ）『非市場活動の国民経済計算─教育・福祉・環境の収支バランス─』同文舘出版，1999年

本書は，次のような趣旨をもって，初出論稿11篇から編まれたものである。

　筆者は，社会的要因を導入する国民経済計算という意味で，主題のシステムを含む成熟した社会会計を，「社会経済計算」と名付けている。その意図は，ヒックスの言う"価値の理論としての社会会計"を目指そうとするものである。
　そこで本書の意図は，上述の関心と問題の背景のもとに，政府活動そのものと，教育，社会福祉および環境（汚染）の分野を対象として，これらの非市場活動のマクロ的な影響さらには経済部門への準マクロ的な効果をいかに計算体系として組立てうるか，その論拠と枠組みを明らかにすると共に，問題点と将来への解決の方向を探ることにある。 （能勢（哲）［1999c］ⅱ頁）

本書については，桂昭政先生（桃山学院大学名誉教授）による次のような書評が表されている。

　本書は，70年代の成長ひずみ現象を眼前にして豊かさや環境問題といった社会経済問題の高まりとともに登場してきた教育，環境，福祉等のソシオエコノミックな分野の社会会計，あるいは社会経済計算について包括的，かつ深く検討を行っている我が国で唯一といってよい研究書であるということである。
（桂［2000］58頁）

　本書は…（中略）…70年代の成長ひずみ現象のたかまりとともに登場してきた揺籃期のソシオエコノミックな社会会計を着実に，幅広くフォローし，深く内容

を検討している貴重な著作であることが分かる。しかし，現在では本書でとりあげられたソシオエコノミックな社会会計のうち，環境会計のように，数段進歩，発展しているソシオエコノミックな社会会計の分野がある一方，MEW，NNWのような社会福祉勘定にみられるようにそれ以後の展開が緩慢な分野もみられ，今後は能勢先生の揺籃期のソシオエコノミックな社会会計に対する検討を通じて獲得された知見（例えば時間予算の研究成果等）をいかして，特に後者の分野のソシオエコノミックな社会会計を発展させていくことが望まれる。（桂［2000］62頁）

vii）『日本経済の社会会計分析』有斐閣学術センター，1999年

本書は，次のような趣旨をもって，初出論稿8篇から編まれたものである。

　　本書は，著者が，社会会計の手法を用いて，日本経済の構図を描き出そうとしたものを選んで，一輯としたものである。
　　ここで本書での分析を貫く考え方は，特定の仮説を数字で以て検証するというよく用いられる方法とは異なり，あくまでまず現実の数字を以て語らしめ，徒らに勇み足の推論を行わない，ということである。　　（能勢（哲）［1999d］　ⅰ頁）

(3) インタビュー調査結果
―日本会計研究学会初の女性会員である能勢信子先生の影響―

　日本会計研究学会初の女性会員である能勢先生の取り組まれた社会会計研究について，その意義や継承を明らかにすることを意図し，能勢先生と同じ専門領域の河野正男先生にインタビューを行い，あわせてそれを踏まえ史料に基づく小考察を加えた。

① 社会会計研究の取り組みの背景とその研究継続の原動力

―――能勢先生とお会いになられたきっかけについてお教えいただけますか？
　　実は学部時代，黒澤（清）先生からお名前を聞いたのが初めてです。学部の時に黒澤先生が有名だから試験を受けて黒澤ゼミに入りました。そこで社会会計というような分野がある，それは一国全体というか，一社会ですね，それを対象とする会計分野がある，というようなお話がありました[6]。3年生のゼミですから，1961年頃ですね。4年生になってから，社会会計を卒論

のテーマにして書こうということで，黒澤先生に相談をしたら，社会会計は能勢先生の本があるし，先輩に合崎堅二先生がいると教えていただきました。そこから私の社会会計の取り組みがスタートしたというふうに言えるかなと思いますし，能勢先生との出会いということになります。

黒澤ゼミは確か14名でした。企業会計で有名な先生のゼミだから，みんな企業会計をやるという状況でしたが，私だけが，そういう意識があまりなく社会会計に興味を持った。黒澤先生は社会会計をやることについてご異論はなくて，能勢先生の本を紹介していただけるというようなことでしたから，広く読んでおられたのでしょうね。また，中央大学の合崎先生が黒澤先生のゼミの最初の方のゼミ生だったのですね。それで合崎先生のところへ行ったりしました。

卒論は国民所得会計というテーマで書きました。当時，日本の論文としては能勢先生の社会会計ぐらいで。あとは一橋大学経済研究所の倉林義正先生かな。そういう経済学の分野の方で発展していました。このような先生が横浜国大におられなくて，ほとんど能勢先生の『社会会計論』から引用して，あるいはそこにステューヴェルとかヒックスとかの本が紹介されていて，それの訳本を利用して卒論を書いたというわけです。

———能勢先生との共同研究についてお教えいただけますか？

能勢先生とは，合崎グループの一員としてお付き合いが始まりました。私どもは企業会計から社会会計を勉強したわけですけれども，やっぱり経済学の国民経済計算を勉強しなければいけないということで，日本会計研究学会スタディ・グループとして，合崎先生のグループですね，合崎，原田（富士雄），小口（好昭），私，あるいは小関（誠三）さんと，能勢先生とやっていたのだと思います。そのあとはグループとしてまとまって何かの課題について話し合いをするというようなことがありました。ということが，先生との関係です。

その後は，個人的には地域社会会計とか環境勘定とか環境会計ガイドライ

---

6 経済会計などへの会計思考の発展の可能性について日本で最も早く気付かれたのは，黒澤清先生であるとされる（能勢（信）編著［1990］はしがき1頁）。

ンにもかなり力が入りました。世のなかの関心が環境に動いていたので，それに合わせて自分の研究も環境中心になりました。もちろん能勢先生も公害の問題とか取り上げておられ，日本会計研究学会スタディ・グループ以来，合崎先生のグループと一緒に活動されていたのですけれど，特に環境面が世のなかで注目されるようになってから，能勢先生との距離ができるようになったという感じです[7]。能勢先生は控えめな方で，自ら進んでお話しされるというようなこともなかったので，スタディ・グループ以外での活動についてはあまり存じません。

――― 社会会計を研究する原動力は何でしょうか？

推測ですが，能勢先生は神戸大学のなかで会計をやっておられて，ある意味孤立していたのかもしれません。会計ではないとの認識が強い分野を研究されておられて。私には合崎グループがありまして，それが有難かったですね。これがたぶん単独でやっていたら，もっと苦労していたと思います。多分続けていただろうとは思いますが，業績の数がうんと少ないと思います。当時，私どもが盛んに「会計とはこれこれだ」と定義して，「社会会計は会

---

[7] スタディ・グループでの共同研究以降，能勢先生を代表とする科学研究費補助金（総合研究A）「経済会計の発展と経営分析への適用に関する研究」（課題番号61301077，研究期間1986-1987年）では，経済会計の枠組の検討と当該枠組みを利用した各個別研究が行われた。当該個別研究において，合崎先生を中心としたメンバーは地域生態研究に取り組まれ，河野先生も地方下水道事業の調査をされ，経済会計の基準による下水道事業業績の測定と設備資産価値の表示方法を提言されたようである。一方，能勢先生は当該個別研究として，首都圏と大阪圏の土地の資本利得の推計を行われたようである（KAKEN https://kaken.nii.ac.jp/ja/grant/KAKENHI-PROJECT-61301077/ 2017年7月12日アクセス）。

この研究成果は，1990年に能勢先生の編著者となられた『経済会計の発展―会計思考の新展開―』（同文舘）としてまとめられている。ここで能勢先生は，「社会会計の研究グループの大半は，合崎先生を中心として企業社会会計，環境汚染の会計，さらに地域生態会計まで研究の活動範囲を拡げた。」（能勢（信）編著［1990］はしがき2頁）と評されている。

また，同時期（1982-1988年）に合崎先生たちのグループの多くは国土庁委託による水利科学研究所の「利水合理化調査」に参加され，経済会計の視点から地域社会会計の発想にもとづく基金方式を提案された（合崎［1990］195頁）。

計だ」と言うのですけれども，企業会計の多くの先生は，社会会計が会計であるという認識はなかった。しかし，社会会計も会計と，ビジネス・アカウンティングと同じですね。広い会計という領域で考えられる。ですから，個別の企業，個別の家計，個別の非営利団体の会計の簿記というところからルールを少し変えて記帳して，連結すれば一国全体の勘定ができるはず，という考えです。そういうふうに考えれば別に社会会計は会計ではないというふうに否定するようなところはない。ただ，そのルールが，つまり勘定を作っているルールが経済学の理論で，会計の理論と違うのですね。

　私もそうでしたが，研究継続の原動力としては，社会会計が会計だということを認めさせたい，広めたいと思っていました。認めさせるというと語弊があるかもしれませんが，やはり会計の一分野というようなことの認識を広めたいということが，ひとつあろうかと思うのですね。それからもうひとつの原動力として，やはり自分がこの分野だと思い取り組んだことなので，最後までそれを突き詰めていきたいと，これはどの研究者にも言えることですね。途中で変えるというのはよっぽどのことだと思いますのでね。能勢先生は経済学部を出られ，就職は助手として経営学の方に入っておられて，ビジネス・アカウンティングといいますか，企業会計側からの研究をするようになった。企業会計の人に向かって何事か言わなければならないということがあって，企業会計との関係を取り上げて，社会会計の研究を続けられた。ずっと続けてこられたのは，たぶん研究者として一本筋を通したことなのではないかと思います。

② 経済学と会計学の学際領域である社会会計への取り組みの意義と難しさ
───社会会計を研究する意義は何でしょうか？

　意義として，会計側から見て，会計形式，勘定形式を使用して経済統計を表示したことが挙げられます。そのことは会計を学ぶ者にとって，経済統計の理解が容易になったと言えます。国民所得統計とか，あるいは他の経済統計でも投資とか貯蓄とか消費とかについて単独で統計を見るよりも勘定間の関係で見る方が分かりやすい。企業会計から研究すると，国民所得会計は一

国の損益計算書の会計にあたるというふうに理解しています。

　それから，会計領域の分野拡大に寄与したことも挙げられます。しかし，多くの会計学者は，社会会計に関心がなかった。会計技術を使って統計を表示するというのは，会計研究者が認めなくても，それを会計分野の拡大ということは事実だろうと思うのですね。以上の2点が意義ということで言えるのかなというふうに思います。

———その一方で，社会会計を研究する難しさを教えてください。

　私でいえば，修士課程では番場（嘉一郎）ゼミに入りまして[8]，基礎となる国民所得会計にもう一度取り組みました。番場先生はご自宅でゼミをしていましたけれど，報告に的確なご質問をされ，用語の関係から色々と聞かれました。経済的な用語と会計的な用語が多少違っていたりして。例えば，最初の論文で取り上げた「資本減耗」は英語でCapital Consumptionと言いますが，それと「減価償却」の違いとかですね。

　また，当時はまだ国民貸借対照表についての国際的な統一基準がありませんでした。その後，国際基準が出ると，日本はこれを基にそれまでの『国民所得統計年報』を『国民経済計算年報』という形にして発表していました。これに対して結局私どもは，SNAでは消費概念が拡大したとか，投資概念が拡大したとかというようなことで，SNAの概念が拡大した結果について，『企業会計』とか『産業経理』とか，あるいは大学の機関紙に論文で取り上げました[9]。けれど，結果に至る前の議論，新しい勘定やあるいは勘定項目の追加の議論に参加できなかったのです。その大きな理由は，会計学から社

8　大学院進学について，河野先生は，黒澤先生が東大系だったことから東京大学大学院の受験（試験は12月）を考えていたが，先に入試が行われた同じ東京にある一橋大学大学院（試験は9月）に合格された。また，黒澤先生より一橋大学だと番場先生のゼミが良いとのお言葉をいただき，番場ゼミに所属することになった。番場先生は専門ではない社会会計を研究することも許してくださったという。

9　河野先生達が取り組まれたSNAの研究について，能勢先生も取り組まれており，SNAから新SNA，改訂SNAにかかる研究の成果を発表されている。これらの論考の一部は，能勢先生が逝去された後，哲也先生によって出版された『社会会計の構造と発展』（六甲出版，1999年）にまとめて収められている。

会会計を研究するうえでに，経済学思考の難しさ，経済学思考の希薄さ，あるいは欠如ですね。勉強に追われました。能勢先生はどちらかというと経済学側から入っているので，例外かもしれないのですけれど。この時企業会計側から何か言えばSNAの概念の拡大の仕方が変わったかもしれないですね。しかし，できなかった。

③ 「社会会計」の会計学研究における継承

―――能勢先生をはじめとした社会会計は，その後どのように継承されているのでしょうか？

　社会会計は会計領域の分野拡大に寄与しましたが，多くの会計学者は経済学思考の難しさなどから社会会計に関心がなかった。過去形になってしまいましたが，現在完了です。跡継ぎもほとんどいないのですね。当時でも社会会計の講義を行う大学は多くなかったと思います。専門家がいませんから，やはり講義を供給できるとしたら，神戸大学の能勢先生か私どもの横浜国立大学のところしかできなかった。けれど神戸大学ではもう講座が残っていないのですよね。ただ，横浜国立大学は「国民会計論」と「生態会計論」の講座があります。（「国民会計論」のシラバスをご覧になって）国民勘定体系とSNAのことと，やはり企業会計との関係に触れているようですね。これはまさに社会会計を別名で開講しているということですね。生態会計の講座は，横浜国立大学で確かつくる時に関わっていました。生態をどう捉えるかというと，どちらかというと地域の生態会計ということで，そこについて環境面と経済活動面と両方から捉えていこうということになりました。能勢先生の方では社会会計のなかで，環境を考えるということですかね。そこで，能勢先生の社会会計とこの生態会計の領域は違うと思いますが，やはり能勢先生の『社会会計論』はある意味で出発点になった。環境の視点から，社会会計のなかでは公害関係の情報がどれくらいあるかに関心がありますが，生態会計は経済活動と環境保全活動を統合して，それを会計的側面から見ていくものです。

　（合崎先生が所属していた）中央大学も，（現在，マクロ会計論を担当され

ている）小口好昭先生が退職されたらどうなるかわかりません。残念ながら，今はグループそれぞれの後継者が途絶えつつあるのではないかと感じています。

④　インタビューを終えて

河野先生から能勢先生の社会会計の意義や継承について貴重なお話を伺い，想起することがある。ひとつは，河野先生が「合崎グループ」と称された「社会会計グループ」における能勢先生の貢献について，合崎先生が次のように述べられていることである。

> 能勢さんとわれわれの共同研究というのが四十三，四年の日本会計研究学会のスタディ・グループで結成された。これが非常にわれわれにとってプラスになったと思うのです。われわれは経済学の成果を十分に吸収できなかったから，やっぱり今日まで自分たちの発想を伸ばせなかったと思うのです。その成果のひとつがこの三月に出た『経済会計の発展―会計思考の新展開―』という，能勢さんの退官記念論文集です。この企画にわれわれのグループの全員が参加しています。こうした共同研究をずっとやれたということが，非常に良かったと思うのです。
> （合崎ほか［1993］84頁）

その『経済会計の発展―会計思考の新展開―』において，合崎先生は，能勢先生との20年間にわたる共同研究について，次のように記されている。

> われわれは経済学的思考の理解や国民経済計算の世界的な動向にかかわる新しい情報の吸収等々，多大の学問的恵与を享受することになったのである。そしてここで謝意をこめて特記しておきたいのは，能勢教授とのこうした意味での学問的協働が，今日われわれが会計学界のファッションに流されることなく経済会計の研究方向を一貫しえた大きな原動力の一つであったという一事である。
> （合崎［1990］189頁）

そしていまひとつは，社会会計の会計学研究における継承について，能勢先生が「新しい潮流」として次のような見解を示しておられることである。

> 新しい別種の社会会計への潮流が台頭してきたことは知られている。それは，環境ストックの計算，人的資本やマンパワー，社会福祉計算といったソシオ・エコノミックな，または非市場指向的な計算が開発せられた。現在この領域は新

SNAに比較するといまだ体系としての斉合性はなく，勘定形式，用語，計算方法の統一にいたっては将来の課題に属している。しかしながら，企業会計においても同じ福祉計算への潮流が実現しつつあることは注目に価する。この新分野は「企業社会会計」（社会責任会計　ソシオ・エコノミック・アカウンティング等の別名を持つ）と呼ばれ，現在その計算・表示方法の体系化が模索されつつある。そしてことマクロ会計とミクロ会計の交流については計量上の技法の交流，社会福祉情報の交流，計算・表示方法の標準化を増進するための知的交流が期待されるのである。(括弧内は能勢（信）[1980] 64頁の脚注に基づき筆者加筆)

(能勢（信）[1980] 63頁)

　会計思考が最初に開花した企業会計だけでなく，現在，国民ないし国内ベースの会計に，また市場取引の計算の枠を超えて非市場活動の計算にひろがり，さらに地域ベースの会計に利用されつつあることを考えるならば，会計枠組みを利用する可能性が拡大したことに，驚かざるを得ない。

(能勢（信）編著 [1990] はしがき1頁)

第3節　眞野ユリ子先生の業績と足跡

(1)　経　　歴

①　女性会計研究者としての生涯

　眞野ユリ子先生は，1935〔昭和10〕年5月4日，大阪市北区で出生された。大阪経済大学経済学部を経て，1958（昭和33）年，神戸大学大学院経営学研究科に進まれた。同研究科に進学後，指導教授であった山下勝治先生（元神戸大学教授）から提示されたことをきっかけとして，損益計算書論を基礎としたペイトン学説の会計理論構造論の研究に取り組まれることになった。このことについては，眞野先生ご自身，次のように述べておられる。

　　筆者が…（中略）…ペイトン学説の会計理論構造論の研究に着手したのは，故山下勝治博士の御教導によるものであった。昭和33年春，神戸大学大学院で博士の門を敲いた筆者に先生が提示されたのは，…（中略）…Paton and Paton, JR., *Corporation Accounts and Statements* の損益計算書を中心として研究をするようにとの御言葉であった。

(眞野 [1978]「序」2頁)

その後，神戸大学大学院経営学研究科博士課程後期課程を経て，1963（昭和38）年，龍谷大学経済学部に専任講師として着任された。その2年後，1965（昭和40）年，北海学園大学経済学部の経営学科増設に伴い，同大学同学科に会計学担当教員として着任された。

　眞野先生は，一貫してペイトン学説研究をテーマに研究活動を継続的に積み上げられ，1978（昭和53）年には，それまでの研究の集大成として，著書『損益計算書論－ペイトン学説研究－』（森山書店）を出版されている。ほぼ毎年，1篇以上の論文を発表され，その業績は著書1篇，論文38篇に及ぶ。

　このような研究生活の一方で，1965（昭和40）年の7月には，眞野脩先生（以下，脩先生と表す）と結婚され，その後，二人のご息女をもうけられている。眞野先生の北海学園大学への就職と結婚について大学院時代同期であった小林哲夫先生（神戸大学名誉教授）は，インタビューで次のように語られた。

　　とにかく旦那（眞野脩）さんと仲が良かった。旦那さんはゼミが違いますよね。経営学です。眞野（脩）さんのほうがずっと上やったと思いますけれどね。それ以前に（神戸大学大学院に入学する前から）仲良くなられて眞野（脩）さんがいたから来たという話で。眞野（ユリ子）さんは龍谷へ行かれた後，北海学園に移動されましたが，その時に北大でしたから，眞野（脩）さんは。そうでなかったらずっと龍谷にいたはずです。
　　　　　　　　　　　　　　　　　　　　　　　　（井原ほか［2016］161頁）

　北海学園大学においては「壮絶」といわれるほどに熱心に教育にあたられ，また学内行政については，会計領域の充実に努められ，ご自身の環境のなかでの役割に徹されていたとのことである。
　加えて，眞野先生の人柄に触れておきたい。眞野先生は，その朗らかな人柄により，「ユリ子先生」の愛称で，多くの人々に愛された。学会では必ず同輩に親しく声をかけられ，また，時折，脩先生とともに，同僚を，ときにはその家族をも，自宅での夕食に招待されるなどし，交流を大切にされていた。その面倒見の良さは周囲の人々の良く知るところであった。
　このように多くの方に敬愛されながら，1982（昭和57）年，体の不調を理由に入院され，その2年後1984（昭和59）年10月28日，肝不全のため急逝された。

享年，惜しみて余りある49歳であった。

② 研究生活および学内外活動

このような生涯を送られた眞野先生の研究生活および学内外活動について，さらに考察を加える。

眞野先生は，大学院の指導教授であった山下先生のもとで取り組まれるようになったペイトン学説研究を一貫してテーマにし，研究業績を継続的に積み上げられた。ペイトンの一語一句に気を配りつつ，行間を読み取り，その学説を丁寧に解釈された上で，その視点（理論）から，当時の会計を慎重に論じられる研究スタイルを生涯貫かれた。その研究姿勢について，小林先生は次のように話されている。

> 頑張り屋さんでしたからね。眞野さんも。能勢（信子）さんとはちょっと違うけれど，1つのことに集中して研究を深められるタイプだったと思います。ペイトン一筋の頑張り屋さんを表していますよね。その辺は能勢（信子）先生も眞野先生もどちらもずっと守備範囲が基本的にはしっかりとしていたというか。（神戸大学にいる女性研究者という繋がりで，眞野先生は能勢（信子）先生にも研究の）相談はされていたと思いますけれどね。　　　　　　　（井原ほか［2016］164頁）

その研究の集大成となる『損益計算論―ペイトン学説研究―』出版後も，後述のように北海学園大学に残された同著書に眞野先生ご自身による赤ペンの跡が記され（図表Ⅳ-4），書名をはじめ細部に渡って呻吟され修正をくわえられている。再出版を予定されていたと窺え，そこには，先生の並々ならない強い意志が感じられる。その改訂版の実現をみたかった旨を，北海道の地で眞野先生を静かに見守り続けられた久野光朗先生（小樽商科大学名誉教授）からインタビューにおいて，また著書出版にあたられた森山書店の菅田直文社長からも伺ったところである。

> （眞野先生が研究した）ペイトンは長生きなのですよ。1889年に生まれて，亡くなったのが1991年ですから，101歳。それに引き替え，眞野さんは昭和10（1935）年生まれで，49歳で亡くなっています。（ペイトンの）半分も生きられなかった。だから，100歳以上の天寿を全うしたペイトン（1889年7月19日から1991年4月21日）の研究者でありながら，残念ながら研究者自身はその半分も生きられないで

一生を終えてしまった。言葉の綾 "a figure of speech" ですが，眞野先生も長生きされていたら著書を直すことができたはずです。それを言いたいのです。

(井原ほか [2016] 163-164頁)

このように研究生活を送られた当時の環境に関して，久野先生はインタビューで次のように述べられた。

(女性は)北海学園大学には，眞野先生お一人だったと思います。小樽商科大学にもいませんでした。彼女の前には税務会計の女性がいましたね。あとは，統計学では助手として女性がいました。だから(眞野先生は)貴重な存在ですよ。(久野先生が一橋大学の院生時代において，女性は)少なかったですね。商学部と経済学部が125名ずつ，法学部と社会学部が100名ずつだったと思いますが，4学部あわせて女性は4名しかいなかった。そういう時代でしたから，(眞野先生は)本当にそれだけ良く勉強されたし，苦労もされていると思います。

当時，(ご主人のお勤め先の)北大は経営学関係の人員は少なくて，マスターが出来たのも小樽商科大学より1年後でした。(眞野先生ご夫婦は)俗に言えば共稼ぎですけれども，今のような環境は整っていなかったので，孤軍奮闘だったでしょうね。大変だったと思いますね。 (井原ほか [2016] 167頁)

また，眞野先生は研究生活において貴重な留学経験もされている。脩先生のバーナード研究のメッカであるコーネル大学で研究したいという希望にも沿われ，1978(昭和53)年7月から約1年間，同大学に客員研究員として留学された。北海学園大学の同僚であった宮坂純一先生(奈良学園大学名誉教授)のインタビューによれば次のようである。

(外地留学で行かれた)コーネル大学のイサカを気に入られたみたいですね。これは脩先生が行かれたので，一緒にあわせて行かれたと思うのですけれども。(外地留学に発たれる)その飛行機に乗る直前までワーっと動いて，飛行機に乗ったらすぐクタっと寝てしまったという話，ユリ子先生ご自身から聞きました。前の日までバタバタしていたと言っていましたけれどね。ほとんど寝ていなかったと思います。だから(家族全員の荷物を準備したので)イサカに行くその飛行機に乗る直前まで働いて，本当に寝ないまま飛行機に乗ったような感じで話していたのだと思いますからね。本当にパワフルというか，元気な先生というイメージがすごくありますね。 (井原ほか [2016] 162頁)

叙上のように眞野先生は精力的な研究生活を送られ業績を積まれたが，その

研究継続の原動力は何だったのだろうか。このことについて先生と関係の深い方々からのインタビュー調査により，何よりもご夫君脩先生との研究者夫婦としての支えあいであり，あわせて眞野先生の驚くべきタフさと伺う。小林先生によれば，

> 眞野（ユリ子）さんのケースはご主人と離れられない立場で，研究活動の支えになっていたのが，たぶんご主人だと思います。その点は能勢（信子）さんに似た部分があったと思います。それで，どちらも，ご主人がエネルギーの元になっていたと言って良いでしょう。 （井原ほか［2016］161頁）

また，宮坂先生によると，

> 脩先生の方は，（北海道には）経営学，プロパーの方がおられなかったから，…（中略）…北海道で経営学をきちんと教えなければいけないという気持ちは，お二人にはあったのだと思いますね。（夫婦で北海道に経営学をという使命感が）あったのでしょうね。経営学のお弟子さんを育てたい，北大で育てたいというのが脩先生の願いだったと思いますけれどね。だからそれをご夫婦で，ユリ子先生は会計のほうでされていたのではないでしょうか。 （井原ほか［2016］162頁）

研究と同時に眞野先生は，北海学園大学の当時の田中修学長の弔辞を借りれば，「壮絶なる教育への執念」（大沼［1985］）を持たれ，教育熱心であった。宮坂先生のインタビューによれば，次のようである。

> 北海学園は基本的に，二部（夜間部）もありました。…（中略）…。ゼミは全部，3・4年生一緒のゼミでやっていましたね。学生さんには人気がありました。 （井原ほか［2016］165頁）

また，眞野先生が教育を大事にされ，学生たちと強い絆をもっていたことは，ゼミ生だったNPO法人北海道移植医療推進協議会の当時の事務局次長の田村弘修氏による次の逸話から窺える。

> 68年全国の血液センターに私が考案した方式が導入され（2年日赤本社に勤務），75年から各種方式を集大成執筆し，ゼミ恩師の故眞野ユリ子先生に監修をお願いし79年に「経理事務の手引き」を札幌で印刷（20年後の99年改訂版も担当），マニュアル化しました。 （田村［2013］12頁）

そして，まさに壮絶なる姿勢は，眞野先生の体調が悪くなってから特に心に残るものとなる。そのことは，当時の大沼盛男経済学部長による『眞野ユリ子教授追悼号』の「追悼のことば」がすべてを物語っている。

> 眞野ユリ子先生は昭和40年４月，本学に就任以来，20年に垂んとする期間，こよなく学生を愛され，誠実な講義で学生を魅了し，自らの御研究でも多くの貴重な業績を残されながら，なおかつ死の直前まで教壇に立たれたお姿は，私達教職員一同の脳裡に焼きついて離れません。…（中略）…
> 　このような数々の研究成果を世に問い，教育と家庭をしっかり守ってこられた先生は，昭和58年秋以降，体の不調を訴えられたのであります。その後，先生は持ち前の熱意で講義を続けられ，私達同僚の，休養され療養に専念されるようにというお願いにも，「私は学生に講義をしているときが一番楽しい」というお答えで，寸暇も惜しまず教壇に立たれたのであります。昭和59年に入り，入院加療の努力で一時期小康を保たれましたが，夏休み前再び病状が悪化し，それでも９月からの一学期最終講義に出講され，二学期以降の講義再開を約束されておりました。御主人の車椅子の介護で再度教壇に立たれた先生は，はた目には大変幸せそうでしたが，すでにその頃には全身に病巣が蔓延しており，10月19日に私達は心を鬼にして休養入院をおすすめしたのでありますが，それから旬日を経ずして残念ながら不帰の客となられたのであります。告別式における本学田中修学長の弔辞「誠に壮絶なる教育への執念」という一語に尽きるといえましょう。（大沼［1985］）

北海学園大学における学内行政については，次の通りご自身の環境のなかでの役割に徹されていたようで，あまり関与されなかったとのことである。内田昌利先生（北海学園大学名誉教授）による次の「最終講義によせて」では，

> なにせ北大や小樽商大でも『管理会計』という科目が置かれていない時代…（中略）…で，管理会計の専任を置く大学はまだ数が少なかったのですが，会計学担当であった神戸大出身の眞野ユリ子先生（故人）の先進的なお考えの影響が大きかったようです。　　　　　　　　　　　　　　　　（内田［2014］275頁）

他方，宮坂先生のインタビューでは，

> 自分の中で区別，だからできることとできないこと，区別していたのでは。北海学園では，学部長がいて，協議員だったかな，要するにサブする人が二人いましたが，私がいた時は，ユリ子先生は協議員にもなられていなかったと思いますね。（管理運営にはタッチしないというスタンスを持つ方もおられた）そういう時代

だったのではないかと思いますけれども。　　　　　　　（井原ほか［2016］170頁）

とのことである。

③　私生活―仕事と家庭の両立―

　一方，眞野先生の私生活についてさらに尋ね，先生としての仕事と家庭の両立の道を考察したい。

　その私生活は，敬愛する脩先生と結婚され，常に共にあったかけがえのないものであり，それが研究継続の原動力にもなったことは尋ねたところである。さらにこのことについて，宮坂先生に懐かしそうに語っていただいた。

> 私が着任した頃，ユリ子先生は，私はユリ子先生と呼んでいたのですけれども，…（中略）…脩先生はいつも「ユリちゃん」と呼んでおられました。脩先生にとっては，（眞野先生は）奥様だけれども，ある意味では秘書みたいなことをやっておられました。脩先生の方は，（北海道には）経営学，プロパーの方がおられなかったから，北海道の色々なところを，官庁も企業も全部飛び回っていらっしゃいましたよね。あちこち飛び回って，当時はまだ今みたいに社会貢献や社会人講座とかやっていない時代ですが，脩先生はそれこそ色んな委員をやっておられました。ユリ子先生がやっているのかは分からなかったですね。（脩先生がご多忙だったので）そのスケジュール管理みたいなことをユリ子先生がやっておられましたからね。だから，妻であり，秘書であり，お母さんであり，それで教育研究というのは，ものすごくタフな先生だったですね。　　　　　　　（井原ほか［2016］162頁）

　このように眞野先生が脩先生を大切にされていたと同時に，脩先生もまた同じであったとのことである。そのことを，宮坂先生は，『眞野ユリ子教授追悼号』を示されながら，次のような話をされた。

> 「御主人の車椅子の介護で」と，ここ（追悼号）に出ていますね。ご主人の脩先生が，（眞野先生の）授業のある時には夜，必ず車椅子に乗せて教室まで運ばれて，運んでというか押して，それで（眞野先生の）研究室に戻って車で帰られていたのです。それが，その車椅子介護という意味だと思います。だから，授業のある時は，最後まで授業されていて，（ご自宅のある）江別から車に乗って大学に来て，そして車椅子に乗って脩先生が押して研究室に行って，研究室から今度はユリ子先生をそのまま教室まで連れて行って，授業が終わる頃，また車椅子をずっと押して研究室まで帰って，それで車で帰っていたと。マイカーでね。（車椅子は）脩

先生が押されていました。(脩先生はユリ子先生が亡くなった時)「寿命や,寿命や」と言っておられました。(まだ若かったので)余計そのような感じだったと思います。そういうふうに納得させておられたのだと思いますけれどね。これが寿命なのだ,みたいな。 (井原ほか [2016] 166頁)

このようにみると,眞野先生は,敬愛する脩先生とともに家庭を築かれ,脩先生の志を大切にして,研究面でも私生活でもパワフルに取り組まれ,眞野先生ならではの仕事と家庭の両立の道をしっかり歩まれたことを知るのである。

図表Ⅳ-3 眞野ユリ子先生略歴

西暦	和暦	年	月	学歴・職歴など
1935	昭和	10	5	(大阪市北区にて出生)
1958	昭和	33	3	大阪経済大学経済学部卒業
1960	昭和	35	3	神戸大学大学院経営学研究科修士課程修了(経営学修士)
1963	昭和	38	3	神戸大学大学院経営学研究科博士課程単位修得
1963	昭和	38	4	龍谷大学経済学部専任講師
1965	昭和	40	4	北海学園大学経済学部専任講師に就任
1965	昭和	40	7	(眞野脩氏と結婚)
1967	昭和	42	4	北海学園大学経済学部助教授に昇任
1974	昭和	49	4	北海学園大学経済学部教授に昇任
1978	昭和	53	7	米国コーネル大学客員研究員(1979(昭和54)年8月まで)
1984	昭和	59	10	(逝去)

出所:「故眞野ユリ子教授略歴・著作目録」に基づき作成

(2) 研究業績

眞野先生の研究業績は,ペイトン学説研究一筋に業績を積み重ねられ,著書は単著1篇,論文は38篇におよぶ。まさに,『眞野ユリ子教授追悼号』における大沼学部長の「追悼のことば」にみられる通りである。

先生が一貫して心血を注がれた研究テーマは「ペイトン学説の研究」であります。論文・著書は本論集末尾に掲載したとおりであり,とりわけ本学の『経済論集』にはほぼ毎年欠かさず発表され,上記テーマについて系統的かつ精緻な積み上げを行なっていることが特筆されます。このほか本学の『開発論集』をはじめ,御出身大学である大阪経済大学,神戸大学のほか,かつて勤務された龍谷大学等の紀要にも積極的に珠玉の論文を発表されています。約40篇に及ぶ研究論文に引きつづき,先生は念願の研究を集大成した『損益計算書論―ペイトン学説研究―』(森

第Ⅳ章　先駆の女性会計研究者を辿る　107

山書店）の大著を出版したのは昭和53年1月のことであります。この成果に基づき昭和53年7月より1年間，合衆国コーネル大学の客員研究員として招聘を受け，国際的視点から日米会計学の比較研究に従事されたほか，学会活動では日本会計研究学会，日本会計史学会，アメリカ会計学会，日本経営学会に所属され，斯学の発展にも寄与されておりました。　　　　　　　　　　　　（大沼［1985］）

眞野先生ご自身は，ペイトン学説研究の集大成としての『損益計算書論』の意図について，次のように述べておられる。

　慣例の会計実践においては，取得原価を基準とする各種資産原価を，実現収益に対応せしめて，過去，現在，将来の各期間に配分する会計手続を通じて，期間損益計算を行い，損益計算書を作成して成果報告を行なうことが中心課題となる。したがって，このような場合の決算貸借対照表は，期間損益計算の観点からみて未解決の収入，支出及び収益，費用の各項目を次期損益計算へ繰越す為の手段となるものである。換言すれば，決算貸借対照表は，独立している各々の期間損益計算を連結する連結環としての役割を果すものであり，損益計算及び損益計算書重点主義の会計理論構造が主張せられるのである。
　こうした慣例の会計理論構造に対して，ペイトン学派は異質の特徴ある会計理論構造を構築し，今日まで一貫してその理論構造の展開を図ってきている。本書「損益計算書論」は，そうした彼等の会計理論体系の中で，特に継続企業の現価概念に基づく将来の収益力の測定と報告による情報伝達の問題に内在する会計理論の構造を明らかにし，その面よりペイトン学説の体系化を行おうとするものである。
　　　　　　　　　　　　　　　　　　　　　　　　　（眞野［1978］序1頁）

こうして，眞野先生のペイトン学説研究のひとつの結実はみられたところであるが，呻吟とも思える本書の修正やペイトン学説に関する論文を書き続けられている。北海学園大学に残された『損益計算書論』に刻まれた，図表Ⅳ-4に示す眞野先生ご自身による赤ペンの跡には，先生のさらなるペイトン学説考究への思いが込められているようである。

図表Ⅳ-4　『損益計算書論』への書き込み

出所：眞野［1978］内表紙

第4節　山浦瑛子先生の業績と足跡

(1) 経歴

① 女性会計研究者としての生涯

山浦瑛子先生は，1940（昭和15）年4月28日，山形県米沢市で出生された。

1959（昭和34）年4月には，高崎経済大学経済学部に「当時絶対数が少なかった女子学生のパイオニア」（北條［2006］i頁）として入学され，在学中は山崎旭先生（元高崎経済大学学長）のゼミナールに所属されていた。その進学に関して，山浦先生の修士課程における最初の教え子である後藤小百合先生（高崎商科大学）がインタビューで次のように話されている。

> 「山浦先生は…（中略）…お医者さんのご一家だったというふうにお聞きしています。山浦先生以外はみんなお医者さんになられているみたいなお話でしたね。」
> （井原ほか［2016］207頁）

そしてその進学は山浦先生のいわば人生を決定づけたことになり，高崎経済大学に奉職され，定年退職までの37年間，研究教育とともに母校の管理運営のための心血を注がれることになったのである。このことは，高崎経済大学を定年退職されるに際し編まれた『山浦瑛子教授定年退職記念号』における当時の

石川弘道学部長の「山浦瑛子教授定年退職記念号に寄せて」にみられる通りである。

> 「山浦先生には研究・教育そして大学院の開設に際し，常に高崎経済大学の発展を願う姿勢が基本にあったように思われます。それは先生が本学の卒業生であることからくるものと推察されます。」　　　　　　　　　　　　　（石川［2006］v-vi頁）

　1963（昭和38）年4月，高崎経済大学を卒業後すぐに，株式会社旺文社書籍編集部に入社され，同社には約3年間，勤務された。

　旺文社に勤務される一方で，1967（昭和42）年4月には拓殖大学大学院商学研究科修士課程に進学され，山浦先生は研究人生をスタートされた。大堺利實先生（拓殖大学名誉教授）のもと研究を進められ，修士論文「減価償却の問題点」（拓殖大学）を執筆されている。1969（昭和44）年3月，同修士課程修了後，同年4月，母校である高崎経済大学の経済学部に助手として着任された。

　その後，助教授，教授と昇進されるとともに研究，教育，学内行政さらに社会貢献とあらゆる領域で活躍された。あわせて，1971（昭和46）年には税理士登録，1987（昭和62）年には宅地宅建取引主任者登録をされている。

　山浦先生の研究は精力的で数多くかつ多彩である。研究分野としては，フランス会計学研究を核として，さらに企業・地域・社会の幅広い分野における諸テーマに取り組まれ，研究の業績は，著書は単著・共著をあわせ改訂版もくわえると38篇，論文等として50篇を超える多大なものである。

　フランス会計学研究については，1994（平成6）年3月に集大成として博士論文「フランス会計学研究：会計と敬愛の接点をジャン・フーラスティエ思考・社会思考に探る」（拓殖大学）を執筆され，拓殖大学大学院から学外に出した最初の博士号（商学）を取得された。同論文は，3年後の1997（平成9）年9月，『フランス会計論』として創成社より出版された。

　山浦先生の精力は，学内行政でもいかんなく発揮されている。1992（平成4）年2月から経済学部経営学科長を，2000（平成12）年4月からは経済学部長を，2002（平成14）年から退職時まで自ら設置に尽力された大学院経済・経営研究

科長を務められた。

　山浦先生の活躍はさらに学外にもおよび，様々な社会貢献活動にも積極的に取り組まれ，各種の学外委員等を務められた。

　このように存分に活躍された山浦先生の大切な支えは，「社内結婚」といわれる山本喜則先生との結婚であったようである。1983（昭和58）年には，勤務先の高崎経済大学経済学部に山本先生が着任され，後に山浦先生は山本先生と結婚された。

　2006（平成18）年3月，山浦先生は高崎経済大学を停年で退職され，国士館大学アジア太平洋学科に移られた。

　その2年後の2008（平成20）年2月，映画鑑賞中にくも膜下出血で倒れられ，きびしい闘病生活の後，2010（平成22）年10月，逝去された。

② 研究生活および学内外活動

　このような生涯を送られた山浦先生の研究生活および学内外活動について，さらに考察を加える。

　研究の核であったフランス会計学研究については，1973（昭和48）年9月に，「ながい間大事にあたためてきた」（山浦訳［1973］4頁）という，フランス会計学の権威であるジャン・フーラスティエ著 *La Comptabilité*（Presses Universitaires de France）を翻訳し，『フランス会計学』（白水社）として出版された。

　その「訳者まえがき」には，次のような記述がみられ，山浦先生のフランス会計学研究の動機が明らかである。

　　これからの会計は，これまでの理論的緻密性をもつドイツ会計学，あるいは実践指導性にすぐれるアメリカ会計学では，進むべき方向が定まらない。そこで，その中間としての，あるいはそのどちらにも影響されることなく独自の道を歩みつづけるフランス会計学に活路を見出し，本書発行を機会にフランス会計学の位置づけを再確認すべく努力を重ねたい。　　　　　　（山浦訳［1973］5頁）

　そして本翻訳書の価値について小津稚加子先生（九州大学）は次のように述べられている。

第Ⅳ章　先駆の女性会計研究者を辿る　　111

　　この訳書，翻訳の価値を強調するために，あえて訳書，と申します，には，2
　　つの価値があると考えています。1つは，(コレクション「クセジュ」という）人文・
　　哲学系の多い教養書シリーズに，「会計学」が入っていることです。これは原本に
　　備わっている固有の価値です。2つめは，人文・哲学分野にある本を見つけられて，
　　それを日本語に翻訳する必要性を認め，成し遂げられて，後学の人々を導いた，
　　という価値です。これは，山浦先生が作られた価値と思います。
　　　　　　　　　　　　　　　　　　　　　　　　　　　　　（井原ほか［2016］200頁）

　山浦先生のフランス会計学研究は，このような，このきわめて高い価値のあ
るジャン・フーラスティエ思考に深く依拠していることは，博士論文のタイト
ル「フランス会計学研究：会計と経済の接点をジャン・フーラスティエ思考（会
計思考・経済思考・社会思考）に探る」に鮮明である。
　このような山浦先生のフランス会計学研究において，フランス留学経験は大
きな役割を果たしている。1973（昭和48）年10月からは，次のようにフランス
のボルドー大学の経営管理研究所に約1年間，客員研究員として留学され，留
学から帰国された後は，一層フランス会計学研究に邁進されている。

　　ボルドー大学経営管理研究所（Institutd'Administration des Entreprises, I. A.
　　E.と略す）に，所長M. Louis RIVESを訪ねる…（中略）…Mme RIVESが両手を拡
　　げて迎えてくれ，「何故到着の時間を知らせてくれなかった。空港まで車で迎え
　　に行ったのに」といわれ，そのやさしさに心が和む。彼女も，M. RIVES同様, I. A. E.の
　　教授であり，足の悪い夫を助けながらの彼女の研究態度・意欲にファイトを燃やす。
　　…（中略）…
　　　早速，私の研究方法について意見の交換を行うが，上記『フランス会計学』の
　　翻訳書を刊行したとはいえ，未だ日本の会計学界におけるフランス会計学の知ら
　　れざる実情から私が1年間という留学期間にこだわらず，理論的にじっくりと取
　　り組んでいきたい意向を伝え，我々の研究方針が定まる。　（山浦［1975］184頁）

　叙上のように，山浦先生はフランス会計学研究に取り組まれ続けたが，その
研究継続の原動力は何だったのだろうか。このことについて，先生と関係の近
い方々からのインタビュー調査により，何よりもフランスおよびフランス会計
学への心酔と傾注であり，加えるとすべてにわたるパワーだと思われる。すな
わち，後藤先生は，特に山浦先生とフランスとの関係について，思い出深い様
子で次のように語られた。

> 何しろとてもフランスかぶれ。かぶれって言ったら失礼ですけれど，フランスという国が好きな方で。…（中略）…パリにアパルトマンを所有していて，将来，大学を退職して自由な身になったら，日本とパリを往復するような生活をしたいと。
> 　　　　　　　　　　　　　　　　　　　　　　　　（井原ほか［2016］197頁）

同じフランス会計学の研究をなされている小津先生は，山浦先生の研究の原動力は次のようであったと思われると述べられている。

> 　（フランス会計学が十分に日本で認知されていないという山浦先生の思い）それは研究者の数だと思います。アメリカやドイツに比べるとフランスは少ないでしょうということだと思います。私は学部の卒業論文の時からフランス会計を勉強したのですけれども，大学院にいった時に，（フランス会計に関する本）ぜんぶ本をそろえた時に，だいたい10冊くらいしかなかった。私が大学院の時，今から30年前は10冊くらいで，私の先輩も「そんなもんだよ。フランスはドイツとかアメリカに比べたら，先行研究で出版されたものはそれぐらいしかないからね。ここ研究するしかないからね。」と。1986年の頃には10冊くらいで数が少ないから。
> 　（研究者の数が少ないこともあり，フランス会計学研究の内容は当時，）なかなか説明しても分かってもらいにくい内容だったと思います。言葉のこともそうですけれども，フーラスティエの会計学もそうですけれども，プラン・コンタブルも，なかなかどうしてそういう会計なのか，会計原則なのか説明しても，なかなか分かってもらえないところもあります。だから逆に研究意欲がわいたのかもしれません。ずっとお話し相手がいらっしゃって，その方とは分かり合えるかもしれませんけれども，学会とかで広く認めてもらうとか，たくさんの人が興味を持ってさらに質問をしていただくとかには辿り着けなかったと思いますね。そんなに簡単ではなかったと思いますね。
> 　　　　　　　　　　　　　　　　　　　　　　　（井原ほか［2016］200-201頁）

1997（平成9）年から高崎経済大学で山浦先生と同じ会計分野に所属されていた水口剛先生は，次のように述懐された。

> 　研究の原動力という意味では，私が本学に来た97年頃には，山浦先生はすでにご自身の研究よりも，大学全体の運営の方に軸足を移しておられたように思います。その当時の状況を思い起こしますと，山浦先生には「持って生まれた力」と言うのでしょうか，いわばパワーがあったのだと思います。それ以前の研究の原動力もきっと同じだったのではないでしょうか。　（井原ほか［2016］195-196頁）

山浦先生は，フランスに心酔しフランス会計学研究に邁進されながら，教育にも熱心に取り組まれ，原価計算，経営財務論，簿記等に関するテキストを多

く出版されている。その熱心な教育について，後藤先生はインタビューで，学部時代と大学院時代に受けた指導を次々と語ってくださった。学部における原価計算の講義での忘れられないこととして，

> 私が一番記憶に残っているのが総合原価計算なのですけれど，総合原価計算表を作って計算をしているところで私がつまっていたら，階段教室のような広い教室でございましたが，足を止めて，「ここはね，これとこれでこの金額は出すのだよ。」みたいなことを教えてくださる。こんなにたくさん（学生が）いるのに，よく間違えたところ発見できるな，というのがとても学生時代に記憶に残っております。
> （井原ほか［2016］203頁）

大学院時代の指導については，

> 私が大学院に入った時に，「後藤さん，好きなことを好きなだけやりなさい」と言ってくださいました。「好きなことを好きなだけやって良い」と言ってくださったことは，はっきり覚えています。
> （井原ほか［2016］203頁）

博士課程前期課程で山浦先生の指導を受けた狩野孝夫先生（あべ会計事務所相談室長）も，インタビューで次のように述べられた。

> 「あなた書くときはね，私はこの世の中で1番最高のものを書いていると思って，書いてみたら。」と言われました。そういうふうに言ってくれるので，それで良い調子を取り戻して書き進めることができました。しかしながら私が1番良いと思って書きあげた修論は，事前審査のプレゼンでは，メタメタに批判されました。指導するところは指導されておりました。
> （井原ほか［2016］205-206頁）

山浦先生の細やかな指導ぶりと，修士課程ゼミナールでののびのびとしながらも厳しい指導ぶりを窺うことができる。同時に，大学院の授業が大変ハードな状況のなかで行われていたことは印象に残ると，後藤先生は話された。

> 研究科長の仕事と後期課程の設立の仕事を抱えながら，大学院の授業が昼夜開講です。夜結構遅くまで，先生こんな時間まで講義をされて身体は大丈夫なのですか，みたいなことを雑談したことを覚えています。　（井原ほか［2016］205頁）

また，山浦先生の教育姿勢について，特徴的なことは実践重視ということで

ある。学部のゼミナールでは，「グローバルな展開を見せる企業を対象とする会計は，机上で理論のみを学習するばかりでなく，実際に企業がどうあるべきかを知ることにより，学習意欲を高め，企業に対する関心を抱くことにつながる」（山浦［1994c］35頁）との考えから，学生にアンケート調査を通して企業経営の実態に触れる機会を与え，指導されていた。

この実践重視は，大学院設置にあたっても反映され，経済経営研究科後期課程を立ち上げるための特徴として，外部の実務家を招きワークショップ形式の授業を導入している。

高崎経済大学における学内行政については，極めて精力的で，経済学部経営学科長，経済学部長，大学院経済・経営研究科長を歴任された。前述した通り山浦先生と同じ会計分野に所属するようになった水口先生は，山浦先生の学内行政における卓越した管理運営能力を，インタビューで何度も強調された。インタビューの冒頭では，次のように話された。

> 山浦先生は非常にインパクトの強い方でしたし，私はとても強い印象を受けました。その時代に女性で研究者を続けるためには必要なことだったのかもしれませんが，ある意味，戦いに勝ち残ってきた人という感じがしました。
> （井原ほか［2016］195頁）

> 山浦先生に関して言えば，女性だからという理由で苦労していたとか，不利益を被っていたという印象はありませんでした。私が本学に来た後，しばらくして山浦先生は学部長になったのですが，非常に管理能力が高く，本当に優秀な学部長でした。
> （井原ほか［2016］201頁）

> どういう時にこの話を教授会に出したら良いかとか，どういうふうに言ったら通りやすいかとか，そういう判断は抜群でした。人心掌握術に長けているので，彼女が学部長になった時には大きなことがよく決まりました。どういう研究科にするかとか，どういうキャッチフレーズにするかとか，普通もめるじゃないですか。それを事前に案を出して，次の教授会では決をとって，といった段取りで要領よく片づけていく。そういう能力に長けていました。研究だけしていても身に付かない能力ですよね。
> （井原ほか［2016］202頁）

> 山浦先生は私が見た中では抜群の学部長でした。 （井原ほか［2016］201頁）

山浦先生の手腕が最も発揮されたのは，高崎経済大学の経済・経営研究科の大学院設置においてといえるかもしれない。当時の石川学部長は，山浦先生が尽力されたことについて次のように述べられている。

　　山浦教授は経済学部長に引き続き，経済・経営研究科長を2期務められて退職を迎えられました。この間に経済学部の長年の課題であった大学院の設置が実現し，本学部は名実共に経済学の教育・研究の拠点となりました。大学院設置に至る道のりは必ずしも平坦なものではありませんでしたが，先生は常に先頭に立ち，前期課程，後期課程を開設することができました。　　　　（石川［2006］ⅴ頁）

このように経済・経営研究科の設置に尽力された背景について，水口先生は，

　　その理由は，地域政策学部に先を越されたという思いがあったからのようです。経済学部よりも後に地域政策学部が出来たのに，大学院では地域政策研究科が先にできましたから。以前から経済経営研究科をつくらなければ，というふうに多くの人が思っていたようです。ただ，実際に実現できたのは山浦先生だけですね。
　　　　　　　　　　　　　　　　　　　　　　　　　　（井原ほか［2016］202頁）

と語られた。山浦先生の母校愛と抜群の管理運営能力は，大学院経済・経営研究科として結実している。

　山浦先生の活躍は次のように学外にもおよび，様々な社会貢献活動にも積極的に取り組まれていた。教授に昇任された1981（昭和56）年，群馬県中小企業団体中央会活路開拓調査指導事業委員会委員になられたことをはじめとして，有識者として地域に関わり始められた。1994（平成6）年4月から1995（平成7）年3月まで，企業の社会貢献活動と市民・行政のパートナーシップに関する調査研究委員を務められている。1998（平成10）年4月からは，群馬県まちうち再生総合支援事業プロデュース支援事業マネジメントチームの商業アドバイザー，商店街・商業集積等活性化基本構想策定に係る委員会委員および商業ワーキング委員（座長），1999（平成11）年4月から公共空間研究会委員，2000（昭和12）年4月から群馬県中小企業活性化推進委員会委員および群馬県商店街競争力強化委員会委員等を務められた。
　山浦先生は，このような社会貢献活動に関わられながら，そこで得られた，

あるいは必要とされる情報や知識を企業経営の研究に活かして論稿を世に問い，また企業が一地域の一市民として地域に関わる必要性や，それによってビジネス・チャンスが生まれることを繰り返し主張されている。

③ 私生活—仕事と家庭の両立—

一方，山浦先生の私生活についてさらに尋ね，先生としての仕事と家庭の両立の道を考察したい。

前述のように山浦先生の活躍の大切な支えは，「社内結婚」といわれる山本先生との結婚であり，山浦先生と山本先生の夫婦仲は大変良いものであったようである。このことについて水口先生は，インタビューで次のように述べられた。

> 山浦先生も山本先生を大切にされていたようで，…（中略）…時に山本先生のお話をされる時など，仲が良さそうだなという感じを受けました。
> 　　　　　　　　　　　　　　　　　　　　　　　　（井原ほか［2016］206頁）

> お二人ともこの大学の教員で，一緒に車で通勤されたり，軽井沢の別荘に行かれたりしていました[10]。そのような感じですから，おそらく普通に家事を分担されていたでしょうし，家庭と職場の両立で苦労するということはなかったのではないかと思います。ご夫婦が同じ大学の教員同士ですから，ごく自然に両立されたのだと思います。　　　　　　　　　　　　　　（井原ほか［2016］207頁）

また，山浦先生について後藤先生はインタビューで次のように述べられていた。

> ピアノとか乗馬とか，趣味も色々（とされていました）ね。やりたいことをやりたいだけやった方だと思う。　　　　　　　　　　　　（井原ほか［2016］207頁）

さらに，狩野先生から伺った山浦先生の印象を付言しておきたい。

---

[10] 山浦先生は，軽井沢を第二の故郷として愛されており，ご夫君となられた山本先生とともに，頻繁に軽井沢に通われていた。2000（平成12）年12月には，山本先生との共著で『「聖地」軽井沢—リゾートという分野の「日本の顔」に未来はあるか—』（税務経理協会）を出版されている。

図表Ⅳ-5　山浦瑛子先生略歴

西暦	和暦	年	月	学歴・職歴
1940	昭和	15	4	（米沢市にて出生）
1959	昭和	34	4	高崎経済大学経済学部経済学科入学
1963	昭和	38	3	高崎経済大学経済学部経済学科卒業
1963	昭和	38	4	株式会社旺文社書籍編集部入社（1966（昭和41）年6月まで）
1967	昭和	42	4	拓殖大学大学院商学研究科修士課程入学
1969	昭和	44	3	拓殖大学大学院商学研究科修士課程修了
1969	昭和	44	4	高崎経済大学経済学部助手
1971	昭和	46	3	拓殖大学大学院経済学研究科博士課程修了
1971	昭和	46	6	税理士登録（第3522号国税庁）
1972	昭和	47	4	高崎経済大学経済学部専任講師
1973	昭和	48	10	フランス・ボルドー大学経営管理研究所に客員研究員として留学（1974（昭和49）年8月まで）
1975	昭和	50	4	高崎経済大学経済学部助教授
1981	昭和	56	4	高崎経済大学経済学部教授
1987	昭和	62	12	宅地建物取引主任者登録（第133285号東京都）
1992	平成	4	2	高崎経済大学教務部経営学科長（1994（平成6）年1月まで）
1994	平成	6	4	博士（商学）取得（拓殖大学）
2000	平成	12	4	高崎経済大学経済学部長（2002（平成14）年3月まで）
2002	平成	14	4	高崎経済大学大学院経済・経営研究科長（2006（平成18）年3月まで）
2004	平成	16	12	平成17年不動産鑑定士試験第2次試験委員
2005	平成	17	12	平成18年不動産鑑定士試験第2次試験委員
2006	平成	18	3	高崎経済大学退職
2006	平成	18	4	国士舘大学教授（アジア太平洋学科）
2008	平成	20	3	国士舘大学退職
2010	平成	22	10	（逝去）

出所：「山浦瑛子教授略歴および研究業績」「山浦瑛子先生　業績書」等に基づき作成

　大学の中では男性の職場という意識もあったのでしょう。高経にはとくにあったような気がします。山浦先生は，いつもピンと背筋を伸ばして立っており，服装にも隙がありませんでした。　　　　　　　　　　　（井原ほか［2016］205頁）

　山浦先生は高崎経済大学を退職され，国士舘大学に移られた後，2008（平成20）年2月，くも膜下出血により救急車で搬送された。その後の闘病生活を全面的に，そして献身的に支えられたのは山本先生であったと伺った。

　水口先生によると，山本先生の山浦先生に対する献身的な介護やお別れの会での様子は次のようである。

山浦先生が倒れられた時には，山本先生がとても献身的に看病されていました。また，山浦先生が亡くなられた後には，ご自身で「お別れの会」をされたのですが，それはとても印象的な会でした。祭壇の山浦先生の写真の周りを花で囲まれ，最後は涙ながらにご挨拶されていました。山浦先生をいかに大事にされていたかが分かるお別れの会でした。　　　　　　　　　　　　　（井原ほか［2016］206頁）

　山本先生は山浦先生が学部長や研究科長だった時は，だいぶ役職などもして支えていました。ですが，山浦先生が亡くなられたらもう役職も一切されなくなりました。　　　　　　　　　　　　　　　　　　　　　　　（井原ほか［2016］203頁）

　このようにみると，山浦先生は同僚である山本先生を大切な支えにしながら仕事に勢力を注ぎ続けたということで，仕事と家庭の両立のひとつの形があると考える。

(2)　研究業績

　山浦先生の研究業績は，単著・共著あわせ改訂版もくわえると38篇，論文等として50篇を超え多大である。その業績について，当時の北條勇作高崎経済大学経済学会会長が「山浦瑛子教授定年退職記念号発刊に寄せて」と題し次のような献辞を表している。

　先生の専攻分野は会計学でありますが，特にフランス会計学研究それもジャン・フーラスティエを通したフランス会計原則プラン・コンタブル研究が一つの中心であると言えましょう。……（中略）……
　先生は，企業の社会貢献活動・メセナ，環境監査，地域商店街の活性化問題，特定領域の企業群に対する財務分析，等々幾多の分野に亘り，膨大な研究論文と著書を世に出されております。直近のご単著は平成15年であり，先生の未だ衰えることのないその意欲には驚嘆するばかりであり，後に続くわれわれのお手本・道標になってきました。　　　　　　　　　　　　　　（北條［2006］i-ii頁）

　そこで，以下の山浦先生の研究業績について，①フランス会計学研究に関するもの，②企業・地域・社会における幅広い分野に関するもの，③教育に関連するテキストに属するものに類型化し，さらに④「直近のご単著」をくわえて，整理する。

① フランス会計学研究に関するもの

　山浦先生が取り組んでこられたフランス会計学研究は，翻訳書『フランス会計学』（白水社）として公刊されたジャン・フーラスティエ著 La Comptabilité を珠玉の原点に，博士論文「フランス会計学研究：会計と経済の接点をジャン・フーラスティエ思考（会計思考・経済思考・社会思考）に探る」（拓殖大学）として結実し，『フランス会計論』（創成社）として出版されている。

　『フランス会計論』の結章において，自らの研究の意義を次のように強く訴えておられる。

　　ジャン・フーラスティエの会計思考・経済思考そして社会思考を考察し，彼の一貫した鋭い指摘を明確にしてきた。彼の思考は，21世紀を迎える数年後，いろいろな場で脚光をあびることになると考えられるが，その思考とフランスの会計原則プラン・コンタブルは類似の考え方をしている。　　（山浦［1997］217頁）

　　こうして，企業に関する経済情報の提供という社会的要請にこたえるのが会計であるとすれば，今後の会計は管理会計論や原価計算論に関する研究がますます重要になってくると考えられ，その意味でも，社会会計に役立つ資料の提供実現とみられるプラン・コンタブルを持つフランス会計は，わが国会計に規範となりうる可能性を持つ。　　（山浦［1997］219頁）

② 企業・地域・社会における幅広い分野に関するもの

　山浦先生は，前述のようにフランス会計学研究に一貫して心血を注がれながら，同時に，企業や地元地域，また広く社会における諸課題やテーマを捉え，実に幅広い分野に関する論文等を表している。その多岐，多様さは，「企業の社会貢献活動と市民・行政のパートナーシップに関する調査研究」「新経営・経済時代への多元的適応」「21世紀社会の企業情報」「IPネットワーク社会と都市型産業」「中小資本漁業経営体に於ける財務諸表分析」「外食産業における企業倫理」「環境監査」「テーマパーク産業に関する財務的考察」「起業における資金調達手段」「高速社会の発展とスコーレ社会の到来に見る企業の経営理念」「ギャンブル型レジャー産業に関する会計学的研究」「商店街空洞化の処方せん」「「地域メセナ」としての群馬県内企業メセナ」「ギャンブル型レジャー産業の会計学的研究」「市場規模24兆円産業に関する一考察」等々となっている。

このように山浦先生が取り組まれた幅広い分野のうち，特に力を注がれた研究として，地域社会貢献と環境監査が挙げられる。これらのうち，山浦先生ご自身の年来の見解が強くみられる研究として，日経連タイムスに掲載された「企業活動と地域社会貢献活動」（1994年4月7日），NOVITAS（高崎経済大学）第4号に掲載された「環境と企業経営の接点としての『環境』」（1995年），そして1998（平成10）年に出版された高崎経済大学付属産業研究所編集『新経営・経済時代への多元的適用』（日本経済評論社）の第6章「環境理論の時代の環境監査」がある。

③　教育に関連するテキストに属するもの

　山浦先生は，前述の①および②のうえに，さらに教育で関連するテキストを，しかもこちらも幅広い分野で精力的に執筆されている。具体的には，1988（昭和63）年に『入門原価計算』（創成社），1989（平成元）年に『財務会計概論』（創成社），1993（平成5）年に『実務にすぐ使える財務管理』（創成社）など数多くの教科書が見られる。そのテキスト執筆の特徴として，優れて実務性，実践性が指摘できる。

④　「直近のご単著」

　山浦先生は，このように「膨大な研究論文と著書を世に出されております」が，「先生の未だ衰えることのない意欲」（北條［2006］ⅱ頁）の表れとして，2003（平成15）年に『変革期の財務会計論』（創成社）を出されている。本書の「はしがき」には，次のように記されている。

　　その社会的責任が厳しく問われ，他方では持続的発展のために環境に配慮した経済活動を行うことの責任を問われる企業にとって，21世紀は「会計を学ぶ」ことから「会計を通して学ぶ」時代へと変革を余儀なくされる。しかし，それこそが「グローバルな視点から，企業にとっての明確なビジョンを描き，果敢にチャンスにトライ」する戦略的な経営を展開する秘策であり，財務会計にとっても大きく飛躍するチャンスであり，大きく転換できるチャンスである。本書は，こうした視座に立って財務会計の従来あったまとめ方とは全く異なる手法を採った。「会計を通して学ぶ」ことの目標理念達成へのトライである。

　　　　　　　　　　　　　　　　　　　（山浦［2003］はしがきⅵ-ⅶ頁）

第5節　中川美佐子先生の業績と足跡

(1) 経　　歴

① 女性会計研究者としての生涯

中川美佐子先生は，1935（昭和10）年4月20日，神戸市で出生された。

1954（昭和29）年，家族からの勧めで，一橋大学商学部へ初期の女子学生として進学された。中川先生はインタビュー時に，次のように振り返られている。

> 一橋大学を選んだのは環境が良く，競争倍率が高かったからです。進学適性検査の時は，経済学部が第一志望でしたが，実学を嫌う私の性格を危惧した家族が，商学部でなければ学費を出さないといい，商学部の倍率がたまたま経済学部と同じく高かったことから妥協して，第一志望を商学部に変更したのです。
> （井原ほか［2016］238頁）

大学では飯野利夫先生（一橋大学および中央大学名誉教授）に師事された。その理由や学ばれた内容については，次の通りである。

> 会計学との出会いは会計学のゼミナールに所属した学部の2年の時に遡る。テキストはLittletonの*Structure of Accounting Theory*で，指導教官は飯野利夫教授であった。リトルトンの学説研究から入っていったのは，会計学の基礎を学ぶ上できわめて有益であった。　　　　　　（中川（美）［1988］「序」2頁）

> 理路整然とした良い論文を書かれていたので，飯野先生のゼミに，って思ったのです。
> （井原ほか［2016］238頁）

大学卒業後は，先輩からの紹介により昭和鉱業株式会社に入社され，1年間勤務された。会社を辞した後，先生は一橋大学大学院商学研究科に，やはり初期の女子学生として進学された。学部時代と同様に飯野先生に師事されたが，博士課程の時，指導教官を番場嘉一郎先生（一橋大学名誉教授）に変更された。その理由を次のように話された。

> 博士課程の時，学園紛争の最中に海外から帰国したのですが，飯野教授はすでに

辞表を提出されていました。「同じ人間が同じ大学に永く務めることは良くない」との理由からで…（中略）…指導教官を変更せざるを得ませんでした。そこで，幅広いテーマに興味を持たれ，人間性豊かな番場嘉一郎教授にご指導を仰ぐことにしたのです。
（井原ほか［2016］239頁）

　中川先生は学部時代より飯野先生のもと，ペイトンやリトルトンなどの学説研究をされていたが，その後，比較会計制度論の研究に取り組まれることになる。その理由を以下のように話されている。

　　学説研究は，研究生活の入り口においては，きわめて重要だと思います。ただ私は学説の再構築にはあまり興味がなく，それ位なら理論を自分で構築すればいいと考えておりました。
（井原ほか［2016］240頁）

　修士課程を修了された1962（昭和37）年4月から1年間，国際基督教大学（ICU）に助手として勤務された。その後，1970（昭和45）年3月に一橋大学大学院を単位取得満期退学され，4月より関東学院大学経済学部に講師として着任された。助教授，教授と昇進されるとともに，大学院では修士課程および博士後期課程の指導も担当されていた。
　以来，一貫して比較会計制度論の研究に取り組まれ，研究業績はその研究を中心に，著書は単著のみで12篇，辞典を含め共著は8篇，論文等はあわせて200篇を超える膨大なものである。
　学内行政では，各種委員を担われ，1983（昭和53）年4月からは経済学科長を務められている。また学外でも，社会貢献活動として通産省の調査や県下の各種委員を務められた。
　その一方で，私生活では1964（昭和39）年に，大学院時代に雑誌の編集委員を一緒に務められた中川和彦先生（以下，和彦先生）と結婚された。
　中川先生はこのように苦労をなされながらも新たな研究分野に取り組まれ，第一線で活躍されて，2001（平成13）年に定年退職を迎えられた。その「退職を記念して，これまで書きためた童話の一部を出版」（中川（美）［2005］はしがき）されたという『どんぐり―私の童話集―』（2005年）は，知りえなかった先生の一面かもしれない。その後，同大学の特約教授として務められ，2006（平成18）年に職を退かれた。

② 研究生活および学内外活動

　このような生涯を送られた中川先生の研究生活および学内外活動について，さらに考察を加える。

　中川先生が比較会計制度論の研究を志した動機のひとつとして，当時は他国の会計・監査制度への理解が薄かったこと，そこで，その体系的な理論構築を試みたことを挙げ，次のように話された。

> 　当時はグローバルな統一基準などなく，会計も監査も国によって全く異なっておりました。このことが国内では全く認識されず，監査役の制度はどの国にもあり，会計原則もどの国にもあると考えられていたのです。『企業会計原則』は米国の会計原則の影響を受けていますが，米国には監査役の制度はありません。日本が新しい問題に直面するたびに，外国の制度に関心が集まったことも事実です。…（中略）…当時の日本でも，必要に応じて，アメリカの文献等を翻訳して各国の制度を紹介したりしていましたが，このような，他の制度との関係を無視した断片的な紹介には満足しなかったのです。
> 　　　　　　　　　　　　　　　　　　　　　　　　（井原ほか［2016］239頁）

> 　当時，外国の制度の研究といえば，平面的な紹介に終始していて，研究といえるほどのものはありませんでした。そこで，好きな語学を活かして原点をひもとき体系化することにより，新しい理論を構築しようと試みたのです。
> 　　　　　　　　　　　　　　　　　　　　　　　　（井原ほか［2016］240頁）

　こうして比較会計制度論という新たなテーマへの挑戦が始まるが，これは新たな研究分野の開拓という戦いの始まりともなった。

> 　資料は，原典主義にこだわっていたため，日本にいて入手できないものは直接現地に赴いて集めました。特殊分野の用語は辞書には載っておらず，資料の解読には苦労しましたが，語学が好きでしたから，苦にはなりませんでした。研究所や取引所，関係団体等でも情報を収集しました。それで必要な資料の目星をつけて，資料を収集するための書店を回りましたが，資料を置いている書店を探すのは大変でした。
> 　　　　　　　　　　　　　　　　　　　　　　　　（井原ほか［2016］240頁）

　このように研究にあたっては，各国の原典資料に基づく「原典主義」と「up-to-dateな資料の入手」（中川（美）［1982］「序」1頁）をモットーとされた。このため，多言語の習得と最新資料の収集に努められ，中川先生は留学や海外渡航を重ねられた。このことは，1977（昭和52）年にラ米諸国などを訪ねた際

のことをまとめた，連載「ラ米紀行」(『會計』第113巻第3～6号，第114巻第1～2号所収) からよく窺える。この時，100日余りという短い時間の中，ラ米諸国の他，アメリカやイギリス，スペイン，ポルトガルを加えた10ヵ国を周られている。短いながらも充実した海外渡航となったようで，次のように記されている。

> 筆者は，以前から，比較会計制度の研究の一環としてラ米の会計制度の比較研究を行なってきたが，今回，幸いにも，ラ米諸国を回ってその会計制度の実態を垣間見ることができた。 （中川（美）[1978a] 157頁）

この連載により，中川先生ご自身，比較会計制度論の研究を行うに当たり，各国の会計基準のみを調べるのではなく，丹念に各国の経済事情や会計・監査制度，証券市場の制度にも言及し，各国の違いを伝えようと試みられていることが分かる。

また，資料収集のためラ米諸国などを訪れることは，治安や金銭面なども今日以上に厳しい状況であったことが窺える。例えば以下のような記述とインタビューでの話が挙げられる。

> 南米旅行のときにはいつも持ち歩くロンドン版サウス・アメリカン・ハンドブックには，警告として，…（中略）…ボゴタ（コロンビア）に行って何も無くさないで帰る人が殆んどいない以上，用心に越したことはないであろう云々，と記されている。これでは警戒心がいやが上にも高まろうというもの。とまれ，全く被害にあわなかったのは幸いであった。（括弧内は筆者加筆）
> （中川（美）[1978b] 161頁）

> 60年代は固定相場制を採っており，持ち出す金額も制限されていました。ラテン・アメリカではオスタル（hostal）や家具付アパートに住んで滞在費を節約し，ヨーロッパでは空港についてからホテルを予約することもありました。
> （井原ほか [2016] 240頁）

こうして苦労されながら各地で収集された資料や書籍を日本に送り，丁寧に翻訳原稿に起こしたうえで，必要事項を論文等にまとめるという研究スタイルを採られていた。いずれもパソコンは使わず，すべて手書きで行われていたことを考えると，その研究の大変さは明白である。

また，多言語の理解についても，困難さが伴ったようである。例えば，ペルーの企業会計を規制する法規の解釈に際して，中川先生の努力の一端が垣間見られる。

> 公募会社，上場会社または上場申請会社，ならびに，その純資産が一,〇〇〇万ソール（を超える）または年間の総収益が五,〇〇〇万ソール（を超える）会社は，当該規則にもとづいて財務諸表を作成しなければならないことになっている。ここに「以上の」（を超える）としたのは"superior"の訳語として考えられる二つを併記したまでであるが，筆者はこれを「を超える」と解すべきものと考えていた。ちなみに，英語訳も"in excess of"となっているが〔Professional Accounting In 30 Countries（AICPA, 1975）p. 482〕，リマ公認会計士協会で数人の会計士に質問したところ，この場合には「以上」の意味であるとの回答を得た。
> （中川（美）［1978b］163頁）

叙上のように中川先生は苦労されながらも比較会計制度論という新たな研究に取り組み膨大な業績をあげられたが，その研究継続の原動力は何だったのだろうか。それは，何よりも，自らの問題意識に従い自ら選択した新しい研究分野に対する闘いにも似た考究心であり，加えてラ米法の権威であられるご夫君の和彦先生との刺激ある関係といえるように思われる。

中川先生は研究と同時に，教育についても大事にされていた。当時は学園紛争もあり，休講するようにとの指示がある中，講義を行ったこともあるという。学生にとっては貴重な学習の機会となったようである。

> １時間目の講義に15分ほど遅れて教室に入っていったとき，大教室には２人だけが待っていて，ゼミ形式で行った。その時の講義の様子を，社会人となった彼らの１人が大学の同窓会（燦葉会）雑誌に，懐かしい思い出として書いています。
> （井原ほか［2016］244頁）

また，関東学院大学における学内行政を担当するとともに，学外では，当時の社会貢献活動については必ず女性を１名加えるという構成が求められていたこともあり，多数の委員を引き受けられている。1998（平成10）年３月には，参議院法務委員会において「土地再評価」の参考人聴取に専門家として招聘され，土地の再評価は会計規定や基準との整合性を欠くこと，恣意性が介入する

余地があること等，会計の専門家としての立場から意見を述べられた（「第142回国会参議院法務委員会会議録6号」［1998］3頁；辻川［2006］219頁）。当時の会議録には，中川先生の社会貢献に対する見解が記されている。

　　私は，関東学院大学経済学部の会計の教員でありまして，財務諸表論等を担当いたしております。研究面では比較会計制度論を提唱し，略歴のところにありますように，これまでの外国の会計制度や監査制度について研究してまいりました。恐らく，比較会計制度論とか比較会計学とかいう言葉を用いたのは私が最初ではないかと思っております。実務には疎いわけで，また企業会計審議会には関係しておりませんので，ここで述べることは全く個人的な見解であることをお断りいたしておきます。
　　このような人間がこのような場で参考意見を述べることはどうかとも考えましたけれども，日ごろから学問は社会に還元されなければならないと思っておりますので，意見陳述に応じた次第であります。
　　　　　　　　　　　（「第142回国会参議院法務委員会会議録第6号」［1998］3頁）

③　私生活―仕事と家庭の両立―
　一方，中川先生の私生活についてさらに尋ね，先生としての仕事と家庭の両立の道を考察したい。

　その私生活については，ご自身が次のように語られた。

　　夫と知り合ったのは，大学（一橋大学）の大学院雑誌を編集する仲間としてです。夫は法学研究科に所属し，話好きでしたが，私はどちらかというと無口な方なので，相互補完関係にあると考えたのです。夫は法律を中心にラテン・アメリカの研究をしていましたが，夫は夫で自分の世界を持っていました。
　　　　　　　　　　　　　　　　　　　　　　　　　　（井原ほか［2016］244頁）

　　（当時から）論文は手書きです。（関東学院）大学までは乗り換えが多く，片道2時間半かかります。その上，担当科目が多かったこともあっていろいろな研究会のお誘いを断らざるをえなかったことはかえすがえすも残念です。電車やバスの中では眠っていることが多かったと思います。　　　（井原ほか［2016］245頁）

そう語られながら，

図表Ⅳ-6　中川美佐子先生略歴

西暦	和暦	年	月	学歴・職歴など
1935	昭和	10	4	(神戸にて出生)
1958	昭和	33	3	一橋大学商学部卒業
1958	昭和	33	4	昭和鉱業株式会社入社 (1959 (昭和34) 年4月まで)
1962	昭和	37	3	一橋大学大学院商学研究科修士課程修了
1962	昭和	37	4	国際基督教大学助手 (1963 (昭和38) 年3月まで)
1964	昭和	39		(中川和彦氏と結婚)
1965	昭和	40	6	メキシコ国,アメリカ合衆国を旅行　メキシコ国のアメリカ文化センター・スペイン語学校初等科を卒業 (1965 (昭和40) 年9月まで)
1968	昭和	43	7	南米アメリカ,西ヨーロッパを旅行し,比較会計制度研究に必要な資料を収集,メキシコ国のアメリカ文化センター・スペイン語学校中等科を卒業 (1969 (昭和44) 年4月まで)
1970	昭和	45	3	一橋大学大学院商学研究科博士課程単位取得満期退学
1970	昭和	45	4	関東学院大学経済学部講師
1972	昭和	47	4	関東学院大学経済学部助教授
1977	昭和	52	4	関東学院大学経済学部教授に昇任
1977	昭和	52	8	米国,メキシコ,コロンビア,ペルー,チリ,アルゼンチン,ブラジル,ポルトガル,スペイン,英国の10ヶ国を回り研究資料を収集・各国の証券取引所や会計事務所を訪問 (1977 (昭和52) 年まで)
1980	昭和	55	8	フィリピン,シンガポール,オーストラリアに出張。マニラで開催された国際大学協会第7回世界大会にオブザーバーとして出席。東南アジア諸国,オーストラリアの文献・資料を収集 (1980 (昭和55) 年9月まで)
1981	昭和	56	5	関東学院大学経済専攻科主任 (1982 (昭和57) 年3月まで)
1982	昭和	57	8	米国,メキシコ国出張。メキシコ国において金融機関の国有化の実態を視察 (1982 (昭和57) 年9月まで)
1983	昭和	58	4	関東学院大学経済学科長 (1985 (昭和60) 年まで)
1987	昭和	62	8	米国,メキシコ,エクアドル,アルゼンチン,ウルグアイ,ブラジル,スペイン,イタリアの8ヶ国を回り,各国の証券取引所・関係諸団体を訪問し,研究資料を収集 (1987 (昭和62) 年9月まで)
1989	平成	元	4	関東学院大学経済専攻科主任 (1993 (平成5) 年まで)
1991	平成	3	8	カナダ,メキシコ,スペイン,イタリアの4ヶ国を回り,NAFTAおよびECに関する資料を収集
1994	平成	6	1	チリ,アルゼンチン,パラグアイ,ブラジル,米国,メキシコを回り,MercourおよびNAFTAに関する資料を収集
1996	平成	8		米国,カナダに出張
1998	平成	10		カナダ,メキシコ,米国に出張
2006	平成	18	3	関東学院大学経済学部特約教授　退職

出所:「中川美佐子先生教員個人調書」に基づき作成

　　家庭において夫は,家事はあまりしませんでした。現役時代は,買い物なども私の担当でした。
(井原ほか [2016] 245頁)

と,どこか楽し気に話された。

このようななか，スタディ・グループなどに参加されていた当時の様子を，津守常弘先生（九州大学名誉教授）は次のように述べられた。

> 仕事ばっかりやっておられましたからね。よくこんなに書かれるものだと感心していました。
> 　　　　　　　　　　　　　　　　　　　　　　　　（井原ほか［2016］245頁）

> （スタディ・グループで一緒でしたが）でしゃばってものを言ってこられる方ではなく，いつも静かに座っておられる。非常に端正な人ですよね。身なりがとてもおしゃれな方で，研究会の時にも帽子をかぶって正装していらしてね。
> 　　　　　　　　　　　　　　　　　　　　　　　　（井原ほか［2016］245頁）

そのトレードマークであるベレー帽姿のままに応じていただいたインタビューから，中川先生は，学生時代のようにご夫君共々に研究一筋のなかで私生活を営み，先生としての仕事と家庭の両立を図られたことが分かる。

(2) 研究業績

中川先生の研究業績は，著書は単著のみで12篇，辞典も含め共著は8篇，論文等はあわせて200篇を超える膨大なものとなり，毎年平均して10篇近い業績をあげておられる。その業績を通して，中川先生が取り組み，提唱されたのは，「比較会計制度論」であり，その立場から考察された合併会計制度ならびに会社会計制度の比較研究が先生の主要な研究業績となっている。

そこで，以下中川先生の研究業績について，①提唱された「比較会計制度論」について，②合併会計制度の比較会計制度論的考察に関するもの，③会社会計制度の比較会計制度論的考察に関するものに類型化し，さらに，その考察において原典主義を貫きながら，ラテン・アメリカ諸国を中心に世界15ヵ国にわたる会計制度を取り上げられたことから，極めて堪能な語学力を活かして編まれた④辞典をくわえて，整理する。

① 「比較会計制度論」について

中川先生が「比較会計制度論」を明示的に提唱されるようになったのは，1973（昭和48）年に公刊された，先生の初めての著書『合併会計─主要6ヵ

国の比較制度論的研究—』(千倉書房)においてであると思われる。本著書の「序」の冒頭で次のように述べられている。

> 本書は合併会計の問題を国別にとりあげることにより，比較制度論的考察を試みている。国別にとりあげるに際しては，すべてその国の原典によることにし，そのため，本書でとりあげられたのは，合併の会計制度の研究対象として有意義であり，しかも資料を入手しえた米・英・仏・独の5ヵ国とそれにわが国を加えた6ヵ国の合併の会計制度にかぎられることになった。イタリアとブラジルについては，合併の会計制度の研究の上からはきわめて興味があるが，原典主義を貫き通すために資料不足の点で断念せざるを得なかった。
>
> （中川（美）[1973]序1頁）

そして，「あとがき」の言は印象深い。

> 著者が比較会計制度論を始めてから，まだ日は浅いが，この道を選んだ時にすでに骰子は投げられた。この道を歩み続けよう。
>
> （中川（美）[1973]あとがき3頁）

このように中川先生が研究を進められた比較会計制度論は，国際会計論と密接に関係しているものの，その問題意識の相違から研究方法も異なる研究分野である。国際会計論は，会計制度の国際的統一ないし調和を目標としているため，あらかじめ統一的に定められた比較の基準や方針がある。一方，比較会計制度論はその研究の目的は一つに限定されるものではないという（中川（美）[1978g] 2-3頁）。

なぜなら，比較会計制度論とは，各国の会計制度の比較を行うことで関係諸国間の会計制度の異同を明らかにし，比較研究の成果をひとつの統一的な提携にまとめあげる研究である。このため，当該研究を行うためには，まず，各国の会計制度の全体像を，その特徴を踏まえて把握し，制度の運用実態等を考慮して比較を行う必要がある。そうすることで，各国の会計制度の差異の原因を，その国の社会，経済，文化などの背景にまで遡って分析することが可能となり，各国の会計制度を少しでも正しく理解することができるとされる（中川（美）[1988] 2-4頁）。

したがって，インタビューで話されていたような「他の制度との関係を無視

した断片的な紹介」（井原ほか［2016］239頁）ではないことが明らかであり，国際会計論とも異なる分野であることが分かる。

　この比較会計制度論と国際会計論の相違について，津守先生から次のような貴重なコメントをいただいた。

　　いわゆる会計の国際化，グローバリゼーションということをよく言いますけれど，グローバルの意味が，私達日本人の考えるものと，例えばイギリスやアメリカの人が考えるものと違うように私は思う。私たちが考えている制度を地球中へいきわたらせる，という意味でグローバリゼーションと言っているように思うのです。その場合の国際化というのは，できる限り皆が統一的にと言う方向に行きますよね。それが必ずしもうまくいっているわけではありませんが。それに対して，中川先生の場合は，そういう目で比較論をやっているわけではないような気がするのですね。多様性というものを考えたうえで，比較論をやっているわけで，我々にとってもありがたいことじゃないかなと思います。　　（井原ほか［2016］241頁）

　また，中川先生は比較会計制度論の研究の対象を欧米およびラ米諸国，英連邦諸国に限定されている。これは，日本との関係性が強い（交流がさかんな）国（欧米諸国），日本と法制度の継受という面で類似性がある国（ラ米諸国），そして日本と同様にアメリカの影響が次第に増大している国（英連邦諸国）を比較研究の対象として取り上げようと考えられたためである（中川（美）［1988］2-3頁）。

② 合併会計制度の比較会計制度論的考察に関するもの
　中川先生は，『合併会計―主要6ヵ国の比較会計制度論的研究』をはじめとした著書，論文において，合併会計制度の比較会計制度論的考察に取り組まれた。この合併会計制度を取り上げられた理由と，その研究方法として上記の比較会計制度論の手法を採用した理由を，同書において以下のように説明されている。

　　合併会計の問題は，利益配当や監査制度あるいは破産・清算などの問題とならんで，商法と会計の接点に位置する問題である。したがって，合併の会計制度についてはこれを会計と商法の両面から考察しなければならない。そのためもあって，研究の必要性にもかかわらず，わが国においては，これまで諸外国における

合併の会計制度についてはほとんど研究がなされていなかったのが実情のように思われる。筆者が本書において各国の合併会計制度に関する比較研究を試みたのは、このような現状をかえりみてのことである。

　制度の比較研究の方法としては各国の制度を項目別に比較対照するという手法もあるが、各制度をその特徴に即して把握するという手法のほうが、制度の比較研究の方法としてはより優れていると考えられる。そこで、本書においては後者の手法を採用した。　　　　　　　　　　　　　　（中川（美）［1973］1頁）

　中川先生は留学や海外渡航を通して常に入手しうる限り新しい原典資料の収集に努められ、その最新資料に基づく研究結果を1978（昭和53）年には『合併会計制度論』（千倉書房），2000（平成12）年には『会社合併の源流および米・英・加・日の合併会計』（千倉書房）として発表された。

　そして、以上のような合併会計制度の比較会計制度論的考察に基づき、中川先生はアメリカ，イギリス，カナダ，フランス，西ドイツ，スイス，スペイン，アルゼンチン，ブラジル，メキシコおよび日本の11ヵ国の合併会計制度を，合併にかかわる法制と会計処理の観点から，アメリカ型，フランス型，西ドイツ型の3つのパターンに分類された。具体的に，アメリカ型は，広義の合併を会計処理の観点から買収と持分プーリングに分け，それぞれに対応する会計処理の方式を考える合併会計制度群であり，アメリカ，イギリス，カナダがこれに属する。次に，フランス型は合併の本質を現物出資と考えるかつてのフランス法に基づく合併本質観（現物出資説）と結びついた合併の会計処理を行う合併会計制度群であり，フランスとブラジルがこれに属する。最後にドイツ型は，合併本質観（人格合一説）と結びついた合併の会計処理を行う合併会計制度群であり，西ドイツ，スイス，スペイン，イタリア，アルゼンチン，メキシコ，日本がこれに属する（中川（美）［1983］152頁；同［1988］「序」1, 211頁）。

　あわせて、その分類に対して、次のような評価が得られたことを紹介されている。

　当該論文を自分で英訳した"A Comparative Study of Merger Accounting Systems in 11 Countries"（Kanto Gakuin University Economic Review, No.3, Mar. 1981）の骨子がFrederick D. S, Choi = Gerhard G. Mueller, International Accounting (Englewood Cliffs, New Jersey: Prentice Hall, Inc., 1984) pp. 219～20において紹介されており、恐らくは、この分類が、欧米諸国の学者によっていま

だ試みられておらず,著者独自のものであることから,Choi = Mueller教授が取り上げられたものであろう。このことが著者の励みになっている。

(中川(美)[1988]「序」1-2頁)

このような中川先生の合併会計制度の比較会計制度論的考察について,津守先生からその背景や意義に関して,次のようなコメントをいただいた。

> (中川先生の研究には,)歴史的な背景があったのではないかと思っています。まず,中川先生が研究活動を始められた1960年代はアメリカの第三次合同運動があった時期ですよね。中川先生は合併会計に非常に関心をお持ちになったのではないかなと私は考えております。 (井原ほか[2016]240-241頁)

> (カナダとイギリスについては,)カナダの場合は,法制度的にはかなりイギリスの影響を受けていますが,カナダで活躍されている方はアメリカ人。だから実務はアメリカ寄りになる。やっぱりその2つが影響しておりまして,合併会計の問題にしましても,持分プーリング方式についてカナダは認める。イギリスは本来認めないのですよね。今はもう,これは否定の方向にいっていますが,70年代というのはどっちでも良かった。買収しているにもかからず持分プーリング法で処理することもあり,持分プーリングしているのに買収法で処理することもあった。それによって利益が過大に計上される,のれんが計上されませんから,そこで問題になる。イギリスの場合は,非常に柔軟な考え方がありますが,会計制度自体は会社法の影響が強いですから,こう(クロス)した処理方法はできない。そういう意味では中川先生の研究は非常に意味があって,繰り返し同じような研究の組み直しをやっているので,一見したところまた同じようなことを言っているなと見えるかも知れませんが,その時点時点で勿論意味があると私は肯定的に評価しています。 (井原ほか[2016]243頁)

③ 会社会計制度の比較研究制度論的考察に関するもの

中川先生は,合併会計制度に留まらず,各国の企業会計制度についても同様に,比較会計制度論の枠組みに従い,各国の企業会計制度の特徴をその国の社会・経済・文化などの背景にまで遡って研究を進められている。その研究成果をまとめられた最初の著書として,1976(昭和51)年に刊行された『ブラジル企業会計制度論』(たまいらぼ)が挙げられる。その後,中川先生が常に心がけてきたといわれる「up-to-dateな資料の入手」による最近の研究成果として,1980(昭和55)年に『新ブラジル企業会計制度の研究』(国際商事法務研究所)

が刊行された。

　また，ブラジルの企業会計制度に留まらず，1982（昭和57）年には『イギリス会計制度―比較会計制度論的研究―』（千倉書房），1985（昭和60）年には『西ドイツの会計制度―イギリスとの対比において―』（千倉書房），1988（昭和63）年には『会社会計制度の比較研究―12ヵ国を対象として―』（千倉書房），1991（平成3）年には『EU5ヵ国の会計及び監査制度』（千倉書房），1994（平成6）年には『スペイン・イタリアの会計制度』（千倉書房），1996（平成8）年には『イベロアメリカの会計制度―メキシコ・アルゼンチン―』（千倉書房）が刊行されている。さらに，先生の比較会計制度論の立場から各国の資産評価の問題に焦点をあて考察した著書が，2003（平成15）年に刊行された『複眼的資産評価論』（千倉書房）である。

④　辞典

　中川先生は，ご主人である和彦先生とともに監訳者となり，1976（昭和51）年には『5か国語対照ビジネス用語辞典（ポ英仏独→日）』（たまいらぼ），1991（平成3）年には『ポ和（英仏独日5か国語）ビジネス語辞典』（たまいらぼ）を刊行されている。このような辞典を編まれた経緯などについて，以下のように記されている。

　　昨年夏，ブラジルを中心にラテン・アメリカ関係図書の出版を手がけている「たまいらぼ」の主宰者玉井氏が来訪され，本辞典の出版について意見を求められた。これは私共の一方が商法・経済法を，他方が会計学を専攻する者であるが，それぞれの専攻分野において比較法あるいは比較会計制度研究を進めるに際して，ブラジルの文献・資料に多少ともなじんでいることによるものであろう。…（中略）…
　　私共は，次のような理由から本辞典の刊行を望ましいものと思った。
　　第一に，葡和辞典に採録されているいわゆるビジネス用語の数が少なく，ビジネス関係の文献を読むにあたっての多くの不便が，本辞典によってある程度解消されるのではなかろうか，ということ。第二に，本辞典が葡英仏独4ヵ国語の対照形式をとっていることは，英仏独語の既習者にとって，場合により葡和のみよりも便利と思われるからである。…（中略）…
　　やり始めてみると，本辞典の翻訳は大変な仕事であった。特に，四ヵ国語の語意が少しずつずれているものがあり，結果的には，ポルトガル語の語意を重視す

ることにした。　　　　　（中川（和）・中川（美）［1976/1991］監訳者のことば）

　このような辞典の発行に関連して，津守先生から次のようなコメントをいただいた。

　　1つの背景として，ご主人が成城大学におられた中川和彦先生で，商事法関係の権威ですよね。この時代にはすでに第一線で活躍なさっていました。お二人で辞典を発行されていますよね。二人三脚と言って良いのか分かりませんが，お二人は非常に呼吸の合ったご研究をなさっていました。それで，英米，仏，独にくわえて，さらにイベリア半島，ラテン・アメリカなどを選ばれたのではないか，と私は解釈しています。　　　　　　　　　　　　　　　（井原ほか［2016］241頁）

第6節　総　　括

　以上，本章では，日本会計研究学会に初期に入会され女性会計研究者として先駆の道を歩んだ，能勢信子先生，眞野ユリ子先生，山浦瑛子先生および中川美佐子先生について，その業績と足跡を辿り考察してきた。
　この4人の先生方は，それぞれに苦労や苦闘をパワフルに乗り越え，いずれも大いなる研究業績をあげている。能勢先生は，わが国における社会会計研究の構築に貢献したその第一人者として，眞野先生は，ペイトン学説研究一筋に成果をあげた研究者として，山浦先生は，ジャン・フーラスティエ思考に基づく独自のフランス会計学研究を結実させた研究者として，さらに中川先生は自らの比較会計制度論を構築，提唱された研究者として，日本会計研究学会に貴重な貢献と足跡を残している。

　このような業績と足跡を前にして，思うことがある。先駆の先生方は，研究，教育，学内外活動という仕事面において，また私生活においても四者四様でそれぞれに異なりながら，一様にひたむきで，パワフルな女性会計研究者像を示しているということである。
　研究面において，研究者になった，また専門分野・研究テーマ専攻のきっかけは，異なる。能勢先生は，学部時代の恩師大北文次郎先生の進学のススメから，進学した大学院ゼミの新庄博先生と勤務先の渡辺進先生の指導により，両

先生の専門分野である経済学と会計学との学際領域としての社会会計研究に取り組むことになった。また，眞野先生は，学部時代に指導を受け，後にご夫君となる脩先生への敬愛の念から進学した，大学院ゼミの山下勝治先生の指導により，ペイトン学説研究に取り組むことになった。これに対して，山浦先生は，学部卒業後民間企業に就職の後，ご自身の意志により大学院へ進学したようで，専攻分野もご自身が強く共感したジャン・フーラスティエ思考に基づくフランス会計学研究に傾注することになった。同様に，中川先生も，学部卒業後の民間企業の就職を自ら辞し，ご自身の強い意志で大学院へ進学し，専攻分野も自らの問題意識に従い選択した比較会計制度論に取り組むようになった。このようにきっかけとして，恩師や指導者によるか，ご自身の判断や意志によるか，異なるのである。

　また，研究面において，研究継続の原動力としては，何よりも取り組むようになった専門分野・テーマに対する深い求道心を等しくしつつ，異なる要素を持つ。それは，能勢先生についてはご夫君哲也先生との支え合いであり，眞野先生ではご夫君脩先生の志への共感であり，また山浦先生ではフランスならびにフランス会計学への心酔と傾注であり，さらに中川先生では闘いにも似た考究の念であったと考える。

　さらに，学内外活動面において，その姿勢を異にする。能勢先生は，仕事と家庭の両立を大切にして，学内行政では所属長ではなく，研究体制の強化や国際交流等自らの役割に徹して務め，学外では，ご自身との関わりを重視し各種委員を務めるという姿勢であった。眞野先生も，研究・教育者，妻，秘書役，母という役割をパワフルに担い，学内行政では会計関係領域の整備・充実等自らの関わりを定め務めたということであった。これに対して，山浦先生の学内行政で果たした貢献は，卓越した管理運営能力をもって多大であり，学部長および研究科長として，長年の懸案だった大学院設置をはじめ母校の発展に奮闘するとともに，学外でも大きな活躍をみせ，各種委員や様々な社会貢献活動にも積極的に取り組み，地域におけるオピニオンリーダーともなった。中川先生もまた，学内行政で各種役割を務めるとともに，学外では，行政等における女性委員の要請に応じて各種委員を務めている。このように学内外活動として，いわば抑制的か，積極的か，異なる姿勢がみられる。

一方，私生活についてみると，研究者夫婦であることは同じであるものの，その関係性において異なり，仕事と家庭の両立のあり方も異なる。能勢先生は，互いに理解し合える研究仲間といえるご夫君と相互研鑽を積みつつ，細やかで温かな家庭生活を営み，まさに豊かに仕事と家庭の両立を図っている。眞野先生は敬愛する恩師でもあったご夫君の志を抱いて，研究面でも私生活もパワフルに取り組み，両立を図っている。また山浦先生には，学内行政の奮闘を最も理解する同僚であるご夫君を大切な支えとして，仕事に精力を注ぎ続けたということで，両立のひとつの形がある。さらに中川先生には，学生時代のように先輩であるご夫君共々に研究一筋のなかで私生活を営み，両立のまたひとつの形をみる。

　このように先駆の4先生は，仕事面においても私生活においても，四者四様に異なることが明らかである。しかしそれにも関わらず，自らの専門分野・テーマ一筋に，生涯揺らぎなく，心血を注いで取り組み，大いなる研究業績をあげた女性会計研究者として，一様に見事に映る。

　そしてこのことから，貴重な示唆が得られる。ひとつは，研究における揺らぎなさと継続性の大切さである。そう取り組んだ研究の影響や意義等は研究環境の変化のなかで揺らぎがみられるとしても，研究姿勢として貴重であり，学ぶべきと考える。いまひとつは，その研究等の仕事と家庭の両立のあり方において，パートナーや家庭のもち方を含め，多様性があるということである。その多様性は，女性研究者にとって課題となる仕事と家庭の両立の難しさを物語っていると言えるかもしれない。自らの研究生活のためにふさわしい私生活や環境づくりを，それぞれに多様に，しなやかにつくり，両立を図っていかなければならないと考える。

　いま，われわれは，先駆の女性会計研究者が歩まれた足跡と業績を深く心に刻み，自らにふさわしい環境づくりに努めながら，自ら取り組むことになった専門分野・テーマに対してひたむきに研鑽していきたいと願うところである。

【参考文献】

＜著書・論文・その他＞

合崎堅二［1990］「会計進化における経済会計の役割」能勢信子編著『経済会計の発展―会計思考の新展開―』第11章，同文舘出版

合崎堅二・池尾愛子・海野潔・大崎正治・壽永欣三郎・中泉真樹・永井一郎・花堂靖仁・小関誠三［1993］「座談会『私の会計学研究の歩み』―合崎堅二教授に聞く―」『国学院経済学』39（3・4）：61-93頁

合崎堅二・能勢信子［1971］『企業会計と社会会計』森山書店

石川弘道［2006］「山浦瑛子教授定年退職記念号に寄せて」『高崎経済大学論集』48（4）：ⅴ-ⅵ頁

井原理代・兵頭和花子・澤登千恵・津村怜花［2016］「歴史研究」『我が国における女性会計学者の現状と課題』日本会計研究学会スタディ・グループ最終報告書

内田昌利［2014］「最終講義によせて」『北海学園大学経営論集』11（4）：275-284頁

大沼盛男［1985］「追悼のことば」『北海学園大学経済論集』33（3）

桂昭政［2000］「能勢信子著『非市場活動の國民経済計算―教育・福祉・環境の収支バランス』（同文舘，1999年）」『統計学』78：58-62頁

久野光朗［1985］「C. E. Spragueの勘定学説―アメリカ簿記論の完成―」『北海学園大学経済論集』33（3）：1-16頁

倉林義正［1978］「J. R.ヒックス・能勢信子「日本経済の構造」（John R. Hicks and Nobuko Nosse; The Social Framework of the Japanese Economy: An Introduction to Economics, 1974）」『経済研究』29（1）：91-93頁。

ゲアハード・ステューヴェル著・能勢信子訳［1967］『社会会計の構造』同文舘出版

ゲアハード・ステューヴェル著・能勢信子訳［1987］『国民経済計算』同文舘出版

ゲアハード・ステューヴェル著・能勢信子・小西康生訳［1991］『経済指数の理論：指数問題とその解』同文舘出版

神戸大学会計学研究室編［1964］『所得会計論』中央経済社

神戸大学経済経営研究所編［1990］『能勢信子教授退官記念論文集』神戸大学経済研究所

神戸大学百年史編集委員会編［2005］『神戸大学部局史』神戸大学

木暮至［2006］「山浦瑛子先生定年退職にあたって」『高崎経済大学論集』48（4）：ⅲ-ⅳ頁

小西康生［1990］「能勢信子先生：人と学問」『國民經濟雑誌』162（5）：85-102頁

小室豊允［1999］「研究と教育を両立させた偉大な二人の学者：能勢信子先生，中村一雄先生のこと」『経済情報学論集』13：1-2頁

酒井正三郎［1962］「能勢信子著「社会会計論」」『國民經濟雑誌』106（3）：99-106頁

新庄博［1963］「序」能勢信子・小玉佐智子『家族経済学』有斐閣：1-5頁

田村弘候［2013］「ガンバルOB・OG をクローズアップ　卒業生奮闘記」『豊平會報』67：12頁
辻川尚起［2006］「1998年土地再評価法の設定過程分析」『香川大学經濟論叢』78（2）：207-228頁
中川和彦・中川美佐子監訳［1976］『５か国語対照ビジネス用語大辞典（ポ英仏独→日）』たまいらぼ
中川和彦・中川美佐子監訳［1991］『ポ和（英仏独日５か国語）ビジネス語辞典』たまいらぼ
中川美佐子［1973］『合併会計―主要６ヵ国の比較制度論的研究―』千倉書房
中川美佐子［1976］『ブラジル企業会計制度論』たまいらぼ
中川美佐子［1978a］「ラ米紀行（その１）―ラ米の会計事情を尋ねて―」『會計』113（３）：157-162頁
中川美佐子［1978b］「ラ米紀行（その２）―ラ米の会計事情を尋ねて―」『會計』113（４）：158-163頁
中川美佐子［1978c］「ラ米紀行（その３）―ラ米の会計事情を尋ねて―」『會計』113（５）：144-149頁
中川美佐子［1978d］「ラ米紀行（その４）―ラ米の会計事情を尋ねて―」『會計』113（６）：167-172頁
中川美佐子［1978e］「ラ米紀行（その５）―ラ米の会計事情を尋ねて―」『會計』114（１）：158-163頁
中川美佐子［1978f］「ラ米紀行（その６）―ラ米の会計事情を尋ねて―」『會計』114（２）：158-1623頁
中川美佐子［1978g］『合併会計制度論』千倉書房
中川美佐子［1980a］『新ブラジル企業会計制度の研究』たまいらぼ
中川美佐子［1980b］「合併会計制度の比較研究―11ヵ国を対象として―」『企業会計』32（７）：35-42頁
中川美佐子［1982］『イギリスの会計制度―比較制度論的研究―』千倉書房
中川美佐子［1983］「会社合併・分割の国際比較」荒川邦寿編著『会社合併・分割の会計』第８章，中央経済社
中川美佐子［1985］『西ドイツ会計制度論―イギリスとの対比において―』千倉書房
中川美佐子［1988］『会社会計制度の比較研究―12ヵ国を対象として―』千倉書房
中川美佐子［1991］『EC５ヵ国の会計および監査制度』千倉書房
中川美佐子［1994］『スペイン・イタリアの会計制度』千倉書房
中川美佐子［1996］『イベロアメリカの会計制度―メキシコ・アルゼンチン―』千倉書房
中川美佐子［2000］『会社合併の源流および米・加・日の合併会計』千倉書房
中川美佐子［2003］『複眼的資産評価論』千倉書房
中川美佐子［2005］『どんぐり―私の童話集―』（自費出版）

西川清治 [1962]「能勢信子著『社会会計論』」『経済学雑誌』46（5）:56-62頁
日本会計研究学会 [1973-1985]『日本会計研究学会会報』（昭和47年度-59年度）日本会計研究学会
能勢哲也 [1999a]「はしがき」能勢信子『企業会計の経済学』アロエ印刷：ⅰ-ⅳ頁
能勢哲也 [1999b]「はしがき」能勢信子『社会会計の構造と発展』六甲出版：ⅰ-ⅳ頁
能勢哲也 [1999c]「はしがき」能勢信子『非市場活動の國民経済計算：教育・福祉・環境の収支バランス』同文舘出版：ⅰ-ⅳ頁
能勢哲也 [1999d]「はしがき」能勢信子『日本経済の社会会計分析』有斐閣学術センター：ⅰ-ⅳ頁
能勢哲也 [2000]『夏の日の翔び去る如く―信子のアルバム』近代文芸社
能勢哲也 [2007]『オックスフォードカレッジライフ』近代文芸社
能勢信子 [1961]『社会会計論』白桃書房
能勢信子・小玉佐智子 [1963]『家族経済学』有斐閣
能勢信子・小玉佐智子 [1981]『家族経済学　女性の英知を養う』有斐閣
能勢信子・武田隆二 [1967]「渡辺先生：人と学問」『國民經濟雑誌』116（4）:84-111頁
能勢信子 [1967]「渡辺進博士略歴・著作目録」『國民經濟雑誌』116（4）:112-120頁
能勢信子 [1974]「学問と人　ヒックス教授のプロフィール」『産業経理』34（12）:8-13頁
能勢信子 [1980]「社会会計の体系」合崎堅二責任編集『社会会計』第1章，中央経済社
能勢信子 [1990]「学園の窓　六甲台を去るに当たって」『凌霜』306:7-9頁
能勢信子編著 [1990]『経済会計の発展―会計思考の新展開―』同文舘出版
能勢信子編著 [1991]『国際比較研究モノグラフ』神戸大学経済経営研究所
能勢信子 [1999a]『企業会計の経済学』アロエ印刷
能勢信子 [1999b]『社会会計の構造と発展』六甲出版
能勢信子 [1999c]『非市場活動の國民経済計算：教育・福祉・環境の収支バランス』同文舘出版
能勢信子 [1999d]『日本経済の社会会計分析』有斐閣学術センター
能勢信子 [2001]「社会会計」神戸大学会計学研究室編『会計学辞典』第5版 同文舘出版：638-640頁
能勢信子教授退官記念論文集刊行委員会編 [1990]『経済会計の発展―会計思考の新展開―』同文舘出版
藤田正寛 [1999]「能勢信子先生を偲んで」『経済情報学論集』13:3-9頁
ベルナルド・コラス編著・藤田晶子訳 [2007]『世界の会計学者　17人の学説入門』中央経済社

北條勇作［2006］「山浦瑛子教授定年退職記念号発刊に寄せて」『高崎経済大学論集』48（4）：ⅰ-ⅱ頁
眞野ユリ子［1978］『損益計算書論—ペイトン学説研究—』森山書店
山浦瑛子訳［1973］『フランス会計学』白水社（Jean Fourustié［1943］La Comptabilité, Presses Universitaires de France）
山浦瑛子［1975］「（報告）ボルドーの想い出」『高崎経済論集』17（3・4）：181-193頁
山浦瑛子［1988］『入門原価計算』創成社
山浦瑛子［1989］『財務会計概論』創成社
山浦瑛子［1993］『実務にすぐ使える財務管理』創成社
山浦瑛子［1994a］「フランス会計学研究：会計と経済の接点をジャン・フーラスティエ思考（会計思考・経済思考・社会思考）に探る」博士論文（拓殖大学）
山浦瑛子［1994b］「企業活動と地域社会貢献活動」『日経連タイムス』（1994年10月27日）：2頁
山浦瑛子［1994c］「環境監査—実態調査にみるわが国化学業界の環境監査について—」『高崎経済大学付属産業研究所紀要』30（1）：18-36頁
山浦瑛子［1995］「環境と企業経営の接点としての『環境監査』」『NOVITAS』（高崎経済大学）4：1-22頁
山浦瑛子［1997］『フランス会計論』創成社
山浦瑛子［1998］「環境倫理の時代の環境監査」高崎経済大学付属産業研究所編『新経営・経済時代への多元的適応』日本経済評論社
山浦瑛子編著［2000］『21世紀社会の企業情報—諸企業情報の変貌を見据えて—』創成社
山浦瑛子［2003］『変革期の財務会計論』創成社
山本泰督［1990］「献辞」神戸大学経済経営研究所編『能勢信子教授退官記念論文集』神戸大学経済研究所
渡邉尚［1999］「献辞」『經濟論叢』163（1）
J. R. Hicks and Nobuko Nosse,［1974］*The Social Framework of the Japanese Economy an Introduction to Economics,* Oxford University Press（酒井正三郎監訳・山本有造訳［1976］『日本経済の構造：経済学入門』同文舘）
＜新聞記事＞
神戸新聞朝刊（1956年5月25日）「おしどり助教授誕生　全国で初の経済学　学生の人気者　神大の能勢信子さん」
神港新聞夕刊（1955年11月27日）「日曜訪問リレー対談」
神港新聞夕刊（1955年12月4日）「日曜訪問リレー対談」
北海道新聞夕刊（1984年10月29日）「眞野ユリ子氏」
読売新聞朝刊（1958年11月3日）「座談会　生活文化の解剖」
＜目録等＞

「会計学（北海学園大学教養部講義概要）」[1978-1984]
「経済会計の発展と経営分析への適用に関する研究」KAKEN
　　（https://kaken.nii.ac.jp/ja/grant/KAKENHI-PROJECT-61301077/　2017年7月12日アクセス）
「故眞野ユリ子教授略歴・著作目録」[1985]『北海学園大学経済論集』33（3）：131-133頁
「社会会計論：社会会計の本質および適用に関する研究」（論文内容の要旨・論文審査結果の要旨）
　　http://www.lib.kobe-u.ac.jp/handle_gakui/D2000012　2015年7月20日アクセス
「第142回国会参議院法務委員会会議録第6号」[1998]　1-17頁
「中川美佐子先生教員の個人調書」[1996]
「中川美佐子先生業績一覧」[2006]
「能勢信子教授略歴・著作目録」[1999]『経済情報学論集』13：219-230頁
「能勢信子博士略歴・著作目録」[1990]『國民經濟雜誌』162（5）：103-110頁
「山浦瑛子教授略歴および研究業績」[2006]『高崎経済大学論集』48（4）：vii-xiii頁
「山浦瑛子先生業績書」[不明]
「山浦瑛子先生業績書（その2）」[不明]
「山浦瑛子先生業績目録」[不明]
「山浦瑛子先生個人調書」[不明]

　　　　　　　　　　　　　　　　（井原　理代，兵頭　和花子，澤登　千恵，津村　怜花）

データにみる女性会計研究者の魅力

第1節　序論

(1)　はじめに

　第Ⅱ章で述べられているように，日本では内閣府に男女共同参画局がおかれ，男女共同参画社会の実現に向けての取組みが進められている。男女共同参画社会の実現においては，女性の働き方がそれを成功させるうえでの鍵の1つとなる。

　職業としてみた場合，会計研究者という職業に魅力はあるのだろうか。答えはイエスである。本章では，とくに女性に焦点を当てて，大学等で働く会計研究者の魅力を，各種データに基づいて多様な観点から明らかにする。なお，ここで研究者とは，特定の研究テーマをもって研究を行っている者に加え，大学の学部，大学院（修士課程），大学院（博士課程）と，短期大学，高等専門学校等（以下，これを大学等と記す）（第Ⅱ章，14頁）に所属し，そこで研究教育活動を行っている者をいう[1]。

---

[1]　本書第Ⅱ章で述べたように，科学技術研究調査報告によれば，研究者とは「大学（短期大学を除く。）の課程を修了した者（又はこれと同等以上の専門的知識を有する者）で，特定の研究テーマをもって研究を行っている者」をいう（総務庁統計局［2016］）。しかし，必ずしも特定の研究テーマを持たずに，専ら教育活動に従事している研究者も存在するため，本書では研究者を広義に定義している。

会社員や公務員，あるいは公認会計士や税理士に比べると，大学等で働く会計研究者になる道は，必ずしも一般に広く知られていないように思う。そこで，女性会計研究者の魅力を検討する前に，まずは会計研究者になるまでの道のりについて明らかにする。

(2) 問題の所在と本章の目的

　ここでは，なぜ大学等で働く女性会計研究者に焦点を当てるのか，その背景を説明したい。会計に焦点を絞らない場合，日本の女性研究者が所属している組織は主として大学等である。2016年現在，大学等に所属している女性会計研究者は約61.1％，企業に所属している女性研究者は33.5％であるのに対して，男性研究者が所属している組織は，大学等31.1％，企業64.1％である（第Ⅱ章，14頁）。男性研究者と女性研究者とでは所属している組織に違いがみられ，女性研究者の6割超が所属している組織は大学等である。そのため本章では，大学等に焦点を当てることにした。

　さて，女性会計研究者に話を戻すと，日本において会計関連で最も大きな学会である日本会計研究学会の会員のうち日本在住者数は2017年3月末日で1,799人であり，そのうち，名前等から推定される女性会員数は約267人（約14.8％）である（第Ⅱ章，22頁）。この数字は，研究者全体に占める女性比率15.3％（2016年3月末時点の研究者総数は約84万7,100人，うち女性研究者数は13万8,400人）（本書第Ⅱ章，13頁）に比べてやや低い。

　詳しくは第2節で説明するが，日本会計研究学会の会員（含む院生会員，以下会員と省略する）を対象としたアンケート調査によれば，有効回答のうち男性は324人（77.5％），女性は91人（21.8％）であった。アンケート調査の方が若干女性の割合は高いものの，日本会計研究学会の名簿からは男女の割合くらいしか推定できない。そこで，アンケート調査結果から，日本会計研究学会会員の属性，すなわち年代別会員数と年代別の男女会員数を推定することにしよう。なお，回答者の所属は大学等が多く，自営業と無回答は少なかった。

第Ⅴ章　データにみる女性会計研究者の魅力　145

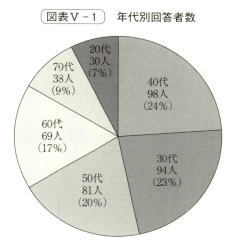

図表Ⅴ-1　年代別回答者数

　図表Ⅴ-1に示したように，回答者のうち最も多い年代は，40代，続いて30代，以下，50代，60代，70代と続き，20代が最も少ない。70代が少ないのは，定年退職をした後，学会を退会される先生が多いことが影響していると思われる。20代が少ないのは，浪人することなく大学院博士課程に進学したとしても25歳であり，院生会員は博士課程進学後に入会申請をして承認されることが影響している。

　このように考えると，日本会計研究学会会員数の年代構成の特徴として，次の2点を挙げることができる。第1に，70代から40代までは年代が若くなるにしたがって会員数が増加傾向にある。第2に，30代からそのような傾向がみられなくなる。ここで1つの疑問が浮かぶ。なぜ30代と20代にはそのような傾向が見られなくなったのか。

　同じ調査に基づいて男女比を分析すると，図表Ⅴ-2の通り，男性の場合，30代から60代までの人数は大きくは変わらない。30代が62人，40代が64人，50代が68人，60代が63人である。これに対して，女性の場合，70代以上が1人，60代が5人，50代が13人，40代が34人と，40代までは年代が若くなるにしたがって明らかに増加基調にある。ところが，30代は40代よりも若干減って32人，20代は大きく減って5人と，40代に比べて約8割5分も減少している。なお，男性は20代が25人と，40代に比べて約6割減少している。

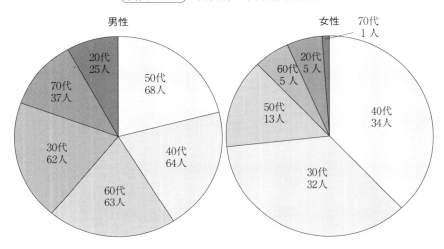

(図表Ⅴ-2) 男女別　年代別回答者数

　ここから，年代別・男女別の特徴として，次の2点が挙げられる。第1に，男性会員の年代構成について30代以上は偏りが見られないのに対して，女性会員は70代から40代までは年代が若くなるにしたがって一貫して増加傾向にある。第2に，30代と20代は，男女ともに減少傾向にある。要するに，日本会計研究学会会員数の年代構成の第1の特徴として挙げた70代から40代にかけての会員数の増加傾向は，女性会員数が増えたことに起因していることがわかる。しかし，30代と20代になると，そのような傾向はみられない。データからみると，わずかではあるが40代よりも30代の方が少なく，また，20代は男女ともに会員数が減少していることがわかる。とくに20代の女性会員数は，男性よりも減少している。前述したように，40代に比べて男性会員は約6割減に対して，女性会員は約8割5分も減少している。ここでもう1つの疑問が浮かぶ。なぜ30代それからとくに20代の女性の会員数は減少傾向にあるのか。女性の職業として女性会計研究者の魅力は低いのだろうか。

　上記の問題を検討するために海外に目を転じれば，女性会計研究者・教育者は学会の会長や役員として顕著な活躍をしている。たとえば，2005年から現在に至るまでのアメリカ会計学会の会長13人のうち女性は7人（53.8％）であり，同期間のボード・メンバー144人のうち女性は47人（32.6％）である（第Ⅲ章，

39頁)。これに対して，同期間の日本会計研究学会は，会長5人のうち女性はゼロ，理事80人のうち女性は3人（4.7％）に過ぎない（第Ⅲ章，38頁をもとに集計）。

アメリカ会計学会の会員数と会員に占める女性会員の割合は調べることができなかったが，大学に勤める会計研究者の比率は，男女共同参画が進んでいる米州のアメリカやブラジル，西欧のイギリスでは26～31％である（最終報告書，92頁）。

なぜ日本では会計研究者の女性が少ないのか。男女共同参画が緩やかなスピードでしか進まない，あるいは後退してきているのか。この状況を変えなければならない。本章の目的に，会計研究者の職業としての魅力を伝えることである。優秀な人々の職業の選択肢の1つに会計研究者を入れてほしいと，われわれは切に願っている。

以下，本章の構成は次の通りである。第2節では，本研究の研究方法を説明する。具体的に言えば，われわれが日本会計研究学会会員に向けて2回にわたって行ったアンケート調査の概要を説明する。続く第3節では，われわれのアンケート調査結果と一般に入手可能なデータに基づいて，会計研究者になるまでの道のりについて述べる。会計研究者になる道は，大きく分けると大学院を経たルートと，公認会計士・税理士・企業での実務経験を踏まえたルートの2つがあることを明らかにする。第4節では，会計研究者になったあとの道のりについて，まず一般に入手可能なデータから，就職を控えた学生と社会人にとって魅力的な働き方の構成要素を抽出している。次いで，われわれが実施したアンケート調査結果を基に，抽出した要素ごとに会計研究者という職業がその要件を満たしているのかを検討している。第5節では，大学等の研究者の活躍の実態を，われわれが行ったアンケート調査結果とインタビュー調査から得られたデータに基づいて明らかにする。インタビュー調査は，東日本大震災という甚大な自然災害後に，大きな被害を受けた地域の大学等の研究者が，会計の専門性を活かして実際にどのような研究・教育活動を行ってきたのかを明らかにしている。

第2節　アンケート調査の概要

実証的研究チームは，質問票によるアンケート調査を2回実施した。

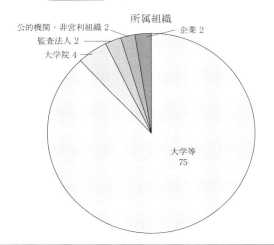

図表Ⅴ-3　女性会計研究者の所属組織

実質発送数	有効回答数	回答率
235	88	37.5%

　第1回目の調査対象は，日本会計研究学会2014年度全国大会終了時点で同学会に所属する女性研究者と思われる会員である。この調査では，主として研究・教育のバックグラウンド，研究面と社会貢献活動を中心に質問した。質問票は章末のAppendix 1を参照されたい。有効回答数などは図表Ⅴ-3の通りである。
　前述したように，多くの回答者の所属する組織は大学等である（約88％）。次いで大学院生（約4.7％），監査法人と企業に所属する女性会計研究者は各2名である（約2.4％）。

第Ⅴ章　データにみる女性会計研究者の魅力　149

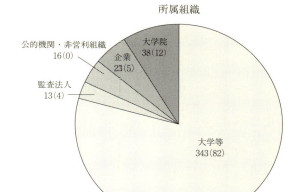

図表Ⅴ-4　会計研究者の所属組織

実質発送数	有効回答数	回答率
1,792	418	23.3%

　第2回目の調査対象は，日本会計研究学会2015年度全国大会終了時点で同学会に所属する日本在住の会員である。この調査では，主として研究面にフォーカスして，男性会計研究者と比較することによって，さらには年代，職位あるいは専門領域の違いなどを加味することによって，女性会計研究者さらには男性会計研究者の研究上の特徴と課題を検討した。質問票は章末のAppendix 2を参照されたい。有効回答数などは図表Ⅴ-4の通りである。2回目も，男女ともに多くの回答者の所属する組織は大学等である（男性約78％，女性約80％）。男性については次いで多い順に大学院生（約7.8％），企業（約6.9％），公的機関・非営利組織（約4.8％），監査法人（約2.7％）である。これに対して女性は，大学院生（約11.7％），企業（約4.9％），監査法人（約3.9％）であった。
　さて，2回にわたるアンケート調査結果についての体系的な分析は日本会計研究学会スタディ・グループ「わが国における女性会計学者の現状と課題」の最終報告ならびに最終報告書（以下，『最終報告書』と表記）の第Ⅵ章・第Ⅶ章で行ったので，そちらを参照されたい。本章では，紙幅の制約の関係上，研究目的に照らして必要なデータのみ活用する。

第3節　研究者になるまでの道のり

本節は，職業としての研究者になるまでの道のりを述べる。ここでは本スタディ・グループのアンケート調査結果を交えながら研究者という職業に就くまでのフローや動機について考察する。

(1) 研究者・教育者になるまでのフロー

① 研究職に就くための道のりの多様性

大学教員の資格は，大学設置基準に詳しい。大学設置基準とは，学校教育法に基づき文部科学省が大学を設置するために最低限必要な要件を定めた省令である。大学設置基準では，教員の資格について，教授，准教授，講師，助教，助手の順に第四章第十四条から第十七条までそれぞれ定めている。例えば，教授の資格について，第四章第十四条にて次のように定められている。

> 第十四条　教授となることのできる者は，次の各号のいずれかに該当し，かつ，大学における教育を担当するにふさわしい教育上の能力を有すると認められる者とする。
> 一　博士の学位（外国において授与されたこれに相当する学位を含む。）を有し，研究上の業績を有する者
> 二　研究上の業績が前号の者に準ずると認められる者
> 三　学位規則（昭和二十八年文部省令第九号）第五条の二[2]に規定する専門職学位（外国において授与されたこれに相当する学位を含む。）を有し，当該専門職学位の専攻分野に関する実務上の業績を有する者
> 四　大学において教授，准教授又は専任の講師の経歴（外国におけるこれらに相当する教員としての経歴を含む。）のある者
> 五　芸術，体育等については，特殊な技能に秀でていると認められる者
> 六　専攻分野について，特に優れた知識及び経験を有すると認められる者

上記の一および三によれば，教授になるための要件として，大学院に進学して研究成果を蓄積して学位を取得することが考えられる。また，三や六にある

---

[2] 第五条の二とは専門職大学院の課程を修了した者に対し授与する学位を言い，専門職大学院（修士）や法科大学院（法務博士），教職大学院（教職博士）が挙げられる。

ように，実務経験を有することも教授の職に就くための要件となっているようである。つまり，大学院に進学して研究を重ねること，あるいは実務経験を積むことが研究者・教育者となるための主たる要件と言えるだろう。

なお，大学院設置基準によれば，博士課程の目的は「専攻分野について，研究者・教育者として自立して研究活動を行い，又はその他の高度に専門的な業務に従事するに必要な高度の研究能力及びその基礎となる豊かな学識を養うこと（第一章第四条）」とされており，研究者を養成することが目的として明確に示されている[3]。その意味でも，研究者になるためには，大学院博士課程に進学することが主な道のりのひとつと言えそうである。

また，大学院博士課程に進学した後，大学教員以外の研究者・教育者となるための道のりはどのようになっているのであろうか。文部科学省の科学技術・学術審議会人材委員会による「博士号取得者等のキャリア・パスに関連した主な意見」[4]では，以下のような意見が出されている。

　日本では，博士をとっている人材があまり評価されない風潮があり，これを放置すると，アメリカ，欧米との国際的通用性のみならず，アジア諸国においても通用しなくなる。

　博士課程に魅力のない要因の一つは，修士課程等と比べて卒業後の進路に不確定要素が多すぎるということ。…

これらの意見に基づけば，博士課程進学者が，研究者として企業等に就職することは容易ではないようである[5]。博士課程進学者を募集する企業等は多くないように思われる。実際，私立大学の社会科学系学部で教鞭を執る教授（以

3　なお，同じく大学院設置基準によれば，修士課程は「広い視野に立って精深な学識を授け，専攻分野における研究能力又はこれに加えて高度の専門性が求められる職業を担うための卓越した能力を培うことを目的とする（第一章第三条）」とされており，必ずしも研究者を養成することを目的としていない。

4　本意見は，科学技術・学術審議会人材委員会（第24回）（平成16年2月16日）における発言をまとめたものであり，科学技術・学術審議会人材委員会（第26回）（平成16年4月12日）配布資料1-1に詳しい。

5　ただし，一部の企業に所属する理系のエンジニア（技術職）等では，企業への就職後に博士課程にも籍を置き，博士学位を取得する者もいるようである。

下，A先生）や，同じく社会科学系の国立大学大学院で教鞭を執る教授（以下，B先生）らにうかがったところ[6]，「（当ゼミナール出身の）博士課程進学者はおおむね全員大学教員になっている」という点で一致した。

② 女性会計研究者へのアンケート調査および追加インタビュー調査によるフロー

本項は，とくに女性会計研究者へのアンケート調査[7]とA・B両先生への追加インタビュー調査の結果に基づき，会計研究者になるまでの道のりを述べる。そこで，まずアンケート調査の回答者属性からいかなる道のりで研究者となったかを考察する。本調査によれば，回答者の属性は以下の図表V-5にまとめられる。

図表V-5　回答者の学歴

出身大学の学部	経営・商 55 62.5%	経済 26 29.5%	法 3 3.4%	理学・工学 0 0.0%	人文系 3 3.4%	医学・薬学系 0 0.0%	福祉系 0 0.0%	その他 2 2.3%	無回答 0 0.0%	計 89 101.1%
出身大学院の研究科	経営学・商学 62 70.5%	経済学 19 21.6%	法学 3 3.4%	理学・工学 1 1.1%	人文系 0 0.0%	医学・薬学系 0 0.0%	福祉系 0 0.0%	その他 4 4.5%	無回答 3 3.4%	計 92 104.5%
最終取得学位	博士（経営学） 23 26.1%	博士（商学） 18 20.5%	博士（経済学） 11 12.5%	博士（その他） 2 2.3%	経営学博士 1 1.1%	商学博士 0 0.0%	経済学博士 0 0.0%	その他博士 1 1.1%	博士計 56 63.6%	
	修士 29 33.0%	学士 3 3.4%	無回答 0 0.0%							

上記の図表V-5によれば，出身学部の半数以上が経営学部・商学部（55，

---

[6] 私立大学の社会科学系学部で30年にわたり教授として教鞭を執るA先生と文系の国立大学大学院で10年以上にわたり教授として教鞭を執るB先生に2017年7月にそれぞれ1時間のインタビューを行った。

[7] 第1回アンケート調査は女性会員を対象に行ったものである。そのため，本節のこれ以降の記述は女性会計研究者によるものであることに注意されたい。

62.5％）であり，出身研究科の半数以上が同じく経営学研究科・商学研究科（62，70.5％）であった[8]。経営学研究科・商学研究科の出身者率が同系学部の出身者率に比べて8％ほど高い。経営学研究科・商学研究科への進学者は，必ずしも同系学部からの出身者とは限らないからである。商学研究科で教鞭を執るB先生によれば，博士課程進学者には，経済学部のほか，理系の学部からの進学者も見られるという。会計教育が必ずしも充実していない学部から会計を博士課程で専攻する理由としては，何らかの形で会計を学習した経験を持ち，学問としての会計に魅力を感じて会計研究者を志して進学する者が多いようである[9]。

また，学位の取得に関しては，半数以上が博士号（56，63.6％）を取得しており，ほぼ3人に2人が博士号を保有していることになる。次いで修士号（29，33.0％），学士号（3，3.4％）である。博士号と修士号を合計すると96.6％となり，少なくとも女性会員を対象としたアンケート調査からは，会計研究者となることがほとんどであると言える。

他方学士の場合には，実務経験を経て会計研究者になっているものと思われる。実際，国立研究開発法人科学技術振興機構が運営するJREC-IN Portalといった研究職の求人募集情報掲載サイトを見ても，応募資格を「博士号学位取得者，またはそれと同等以上の研究業績を有する」などの表現にしているところもあり，博士号学位取得者に限定するものでない。実際，実務経験を重視する場合など，学位の有無よりも実務家としての優れた経験が採用の可否において重視されることもあるようである。しかしながら，B先生の勤務する大学における近年の常勤教員の採用実態をみると，博士号学位取得者を採用する傾向にあるという。大学教員の採用における博士号学位取得の有無は，大学によって様々であるものと思われる。

以上のことから，研究職に就くには，博士課程への進学や実務経験の蓄積など複数のフローがあること，学部での専攻が必ずしも研究の専門性に直結しな

---

8 出身学部および出身研究科の合計回答数が有効回答数より多くなっている。これは，2つ以上の選択肢を選んだ者がいたためである。

9 修士課程への進学者は　会計知識を取得後は修士を取得して企業での活躍を期待する者が多いという。

いこと,および求められる取得学位が必ずしも博士号に限定されないことなどが明らかとなった。つまり,研究職に就くためのフローは多様であるといえよう。

③ 会計研究職の需要

JREC-IN Portalに掲載された公募情報（2012年1月1日から2016年12月31日間までの5年間）を対象とした調査がある。本調査は,公募情報の見出しに特定のキーワードが含まれているかをもとにデータを収集している[10]。このデータをもとにした各研究領域の公募状況は以下のように集約される。

図表V-6　各キーワードの検索結果

見出しに含まれるキーワード	実数
戦略	123
マーケティング	267
会計 or アカウンティング	328
金融 or ファイナンス	77
史[11]	22

出所：尾田［2017］

一般的に,大学教員は専門科目を担当することが多い。いったん専門科目の担当者が決まると,当該担当者が退職しない限り,当該科目を他の常勤の大学教員が担当することはほとんどない。その意味では,大学教員職の所属の流動性は低いと言えるだろう。しかしながら,図表V-6に示す5年間の検索結果によれば,会計あるいはアカウンティングのキーワードがもっとも多く,328件となっている。少なくとも,会計領域の公募は,社会科学の研究領域の中では少なくない数の公募がなされている。会計領域における研究職への道のりは,

---

10　なお,本データについて尾田氏は「見出しには「専任教員の公募（経営学）」のように詳細な分野の記載が無い場合も多いので,以下の比較は相対的な比較にはなるものの,実数値には意味がないことに留意されたい。」としている。

11　「史」は商業史や経営史といった歴史分野の科目を示すものである。検索の際に科目名を落とすことのないように「史」のみにしたものと思われる。

他領域に比べれば比較的恵まれていると言えるかもしれない。

(2) 研究者になる動機

われわれの調査によれば，女性会計研究者が研究者を志した動機は図表Ⅴ-7の通りである。もっとも多かった回答は，学生の時分に実験や分析を行った際に「新たな事実を発見するという喜びを知った（回答者数29，33％）」であった。次いで，「指導教授からの勧め（回答者数27，30.7％）」，「学生時代に優れた書籍・研究に出会い，研究のすばらしさに感銘を受けた（回答者数24，27.3％）」が続く。上位に挙げられた動機には，研究への関心の強さがうかがえるものが多いようである。

図表Ⅴ-7　研究者・教育者を志した動機（複数回答）

選択肢	回答者数	88人に占める割合
（実験や分析をしてみて）新たな事実を発見するという喜びを知った	29	33.0%
指導教授から研究者の道を勧められた	27	30.7%
学生時代に優れた書籍・研究に出会い，研究のすばらしさに感銘を受けた	24	27.3%
指導教授に憧れた	19	21.6%
社会に何かを還元したいという気持ちが強かった	19	21.6%
（自分に研究者としての能力があるのか，不安だったが）研究室の先輩・仲間等が応援してくれた	12	13.6%
その他（勉強や執筆活動への意欲）	8	9.1%
その他（身内からの影響）	6	6.8%
一般企業等の就職先がなかった・少なかった	4	4.5%
その他（働きやすい環境と考えた）	4	4.5%
就くことが平易な職業であると考えた	3	3.4%
その他（教育への意欲）	3	3.4%
無回答	0	0.0%

また，少数ではあるが自由記述欄に「家族や身内の勧め」や「家族に研究者がいた」という回答が複数散見された。このほか，「教育に関心があった」という動機もいくらか寄せられた。この回答は，研究成果を教育に還元することに重きを置いたものであると思われる。「指導教授に憧れた（回答者数19，21.6％）」や「社会に何かを還元したいという気持ちが強かった（回答者数19，21.6％）」等の選択肢を選んだ回答者は，研究と教育のいずれか，あるいは両

面で憧れや社会貢献という魅力を感じたのかもしれない。

　上記のアンケート結果に加え，ここでは女性会計研究者が具体的にどのような動機付けで進路を選択したかを個別に考察したい。そこで，A先生，B先生に研究者となった動機をうかがった。

　A先生は，学部在籍中に，公認会計士試験に合格しながらも，会計研究者となることを志して大学院に進学されたという。会計研究者となった大きな理由は，当時会計士試験を勉強する中で，同じく試験勉強を行う仲間に教えていた経験にあるという。A先生の場合，教育への関心が，学界に進むきっかけとなった。また，授業期間外の春期や夏期には研究に没頭する時間を割くことができるなど，メリハリのある生活を送れるとも考え，会計研究者の道を選択した。加えて，B先生も会計研究者となることを志し，学部から大学院へと進学した。B先生は，当初は「ずっと働きたい」という気持ちから専門職を目指すことを視野に入れて会計の学習を始めたという。そのB先生が研究者の道を志すきっかけは，二人の教授の存在であった。B先生は，学生生活を送る中で社会学の女性研究者に出会った。彼女はB先生の指導教官ではなかったが，その生き生きとした姿に魅了され，研究者となる志を固めた。その後，修士課程に進学したB先生は，ある教授の論文に感銘を受ける。結果として，B先生はその教授の研究に関心を持ち，また彼を慕って博士課程に進学した。

　以上の考察から，女性会計研究者が研究，教育や家庭環境など様々な要因をもとに進路を決めたことがうかがえる。

第4節　会計研究者になってからの道のり

　本節では，職業としての会計研究者の魅力をより具体的に検討していこう。

(1)　魅力的な働き方とは

　会計研究者の魅力を検討するために，世間一般ではどのような働き方が人々を惹きつけているかを見てみよう。たとえば，就職活動を控えた学生や社会人はどのような働き方を魅力的だと捉えるだろうか。

　学生については，大手就職情報サイト「マイナビ」が1979年から実施してい

る「学生就職意識調査」が参考になる。最新版（マイナビ［2017］）によれば，企業選択時に重視する項目として最も多くの学生が選んだのは「自分のやりたい仕事（職種）ができる会社」である。次いで「安定している会社」，「社風が良い会社」，「給料の良い会社」，「働きがいのある会社」が続く（図表V-8）。

他方，社会人は，大手転職情報サイト「エン・ジャパン」が実施した調査「転職希望者のホンネ」が参考になる。やはり最新版（エン・ジャパン［2016］）によれば，転職者が重視する項目は「仕事内容」「年収」「労働時間・休日数」の順番に多く，「やりがい」「待遇・福利厚生」「会社の安定性」も重視されている。

厳密には2つの調査は問い方が異なるのだが，やりたい仕事ができて，働きがいがあり，できれば収入や福利厚生がよく，安定している会社というものが，学生にも社会人にも好まれる。

問題は，こうした魅力を会計研究者という職業が有しているかである。「仕事内容」「働きがい」「収入・福利厚生」「安定性」のそれぞれについて，われわれのアンケート結果を参照しながら検討してみたい。

(2) 仕事の自由度，裁量の大きさ

やりたい仕事ができるか。結論から言えば，可能である。理由を語るには，会計研究者の仕事内容を多少紹介する必要がある。

典型例として，大学に所属する場合を考えてみよう。この場合，主たる活動は研究活動と教育活動の2つである。研究活動に付随して研究費の獲得や執行に関する手続きがあり，教育活動に付随して校務と呼ばれる業務がある（詳しくは後述）。これらに加え，地方公共団体や政府の審議会等の委員や，企業の社外役員（分野の特性上，社外取締役や社外監査役が多い）を務めることもある。

すべてがやりたい仕事かと問われれば，そう言い切れる研究者もそうではない研究者もいて，それは他の多くの職業と同様である。確かなのは，研究テーマを自ら決めることができるので，研究活動を「自分のやりたいこと」に近しくできるという点だ。

われわれが実施したアンケートからは，会計研究者の研究テーマが実に多様

図表Ⅴ-8　学生と社会人が志望する働き方

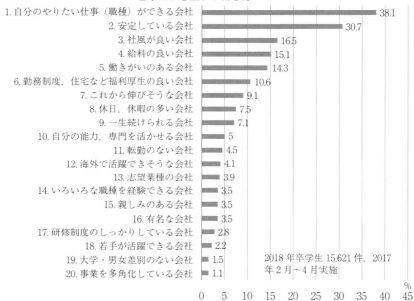

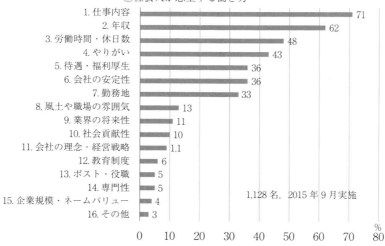

出所：マイナビ［2017］，エン・ジャパン［2016］

第Ⅴ章　データにみる女性会計研究者の魅力

であることがわかる。具体的なテーマ内容を記すと回答者が特定されてしまうため，ここには研究テーマに含まれるキーワードを抽出した結果を掲載する（図表Ⅴ-9）。

また，1人の会計研究者が複数の研究テーマを有することもでき，テーマを2つまで尋ねたところ，1つだけ回答した回答者は54.8％，2つ回答した回答者は42.8％であった。

図表Ⅴ-9　研究テーマに含まれるキーワード

財務会計

男性				女性			
順位	キーワード	回答者数	割合	順位	キーワード	回答者数	割合
1	会計	33	9.3%	1	会計	11	10.0%
2	会計基準	18	5.1%	2	簿記	4	3.6%
3	会計情報	16	4.5%	3	会計基準	3	2.7%
4	会計教育	9	2.5%	3	会計制度	3	2.7%
5	ディスクロージャー	6	1.7%	3	収益認識	3	2.7%
5	会計制度	6	1.7%	3	有用性	3	2.7%
7	金融商品	5	1.4%	3	利益概念	3	2.7%
7	有用性	5	1.4%	8	IFRS	2	1.8%
9	会計史	4	1.1%	8	のれん	2	1.8%
9	国際会計基準	4	1.1%	8	コーポレート・ガバナンス	2	1.8%
9	国際比較	4	1.1%	8	フランス	2	1.8%
9	財務会計	4	1.1%	8	移転価格	2	1.8%
				8	財務会計	2	1.8%
				8	鉄道会計	2	1.8%
				8	統合報告	2	1.8%
				8	日本	2	1.8%
				8	保険会計	2	1.8%
計		354	100%	計		110	100%

管理会計

男性				女性			
順位	キーワード	回答者数	割合	順位	キーワード	回答者数	割合
1	管理会計	27	13.8%	1	管理会計	5	12.8%
2	医療	5	2.6%	1	マネジメント・コントロール	5	12.8%
2	原価企画	5	2.6%	3	環境管理会計	3	7.7%
2	原価計算	5	2.6%	4	医療	2	5.1%
5	マネジメント・コントロール	4	2.0%	4	無形資産	2	5.1%
5	会計	4	2.0%	6			

順位	キーワード	回答者数	割合				
5	資本予算	4	2.0%	6			
5	日本企業	4	2.0%	6			
9	インタンジブルズ	3	1.5%	6			
9	海外子会社	3	1.5%	6			
9	業績管理	3	1.5%	6			
9	業績評価	3	1.5%	6			
9	導入研究	3	1.5%	6			
9	日本	3	1.5%	6			
計		196	100%	計		39	100%

監査

	男性				女性		
順位	キーワード	回答者数	割合	順位	キーワード	回答者数	割合
1	監査	3	8.8%	1	経済的機能	2	18.2%
1	品質	3	8.8%	1	監査人	2	18.2%
1	内部統制	3	8.8%	1	企業価値	2	18.2%
2	中小企業	2	5.9%				
計		34	100%	計		11	100%

税務会計

	男性				女性		
順位	キーワード	回答者数	割合	順位	キーワード	回答者数	割合
1	課税所得	3	11.5%	1	ERP	1	33.3%
1	会計基準	3	11.5%	1	会計情報システム	1	33.3%
1	税務会計	3	11.5%	1	税務会計システム	1	33.3%
2	租税回避	2	7.7%				
計		26	100%	計		3	100%

(注) 具体的な研究テーマの無回答は除く[12]。

　研究テーマの選択は自らの意思で行うことができる。なんらかの外的な理由で選択するケースもあるが，われわれが実施したアンケートで尋ねた「テーマ選択の理由」によれば，そうしたケースはごく少数であった。つまり，会計研

---

[12] キーワードの集計にあたり，まず回答いただいた研究テーマを意味のある形で抽出した。例えば，ある回答者が研究テーマとして「国際会計基準」をあげている場合，キーワードを「国際」，「会計」，「基準」と細かく分類せずに，「国際会計基準」として抽出している。また，同一の内容と思われるテーマであったとしてもそれを統一はしていない。たとえば，ある回答者が「国際会計基準」をテーマにあげ，別の回答者が「IFRS」をテーマにあげていたとしても，それらを統一することなく「国際会計基準」，「IFRS」をキーワードとして抽出している。

究者は, 仕事の大半を占める研究活動のテーマを自ら決められる。

　仕事の進め方にも裁量がある。第1に時間と場所の裁量がある。研究者は基本的に個人事業主のようなもので, 研究活動は成果で測られ, 教育活動は各教員が担当する講義の実施で測られる（現在は多くの大学で授業評価アンケートが実施されて, 学生側からの評価も受ける）。フルタイムの正規雇用であっても, 裁量労働制なので, 1日〇時間オフィス内で働くこと, といった管理の方法は通常行われない。講義の時間や, 後述する学務によって, ある程度は業務時間が決められてしまうが, それ以外の時間をどのように研究活動や教育活動に振り分けるかの判断は, 個々の研究者に委ねられる。研究成果をあげて, 講義や学務をこなせるならば, 大学外の組織に同時に所属して業務を行うことも認められているし, そうした場で専門性を活かした社会貢献を行うケースもある。時間配分の裁量の余地は, いわゆる会社員や公務員, 公認会計士, 税理士に比べ大きい。

　場所についても同様である。講義や校務, 学外の行政活動は場所が決められてしまうが, 多くの業務は場所を選ばない。共同研究者との打ち合わせで他組織に行く, インタビュー調査やフィールドワークで現地に赴く, 論文執筆やデータ処理を自宅で行うなど, 会計研究者は所属機関外の場所で研究活動をすることが多い。こうした裁量の大きさは, 前節で取り上げた「研究者になった動機」でも挙げられていた。

　第2に, 予算の確保についても裁量がある。自分のやりたい研究テーマがあったとして, 資料収集や調査出張に資金が必要だとする。研究者は, 科学研究費を始めとする学内外の競争的資金に応募することで, 資金獲得を目指すことが可能である。

　次の図表Ⅴ-10は, アンケート結果から見た, 科学研究費の獲得状況である。これまでに代表者としてのみ受給したことがある回答者は83人で, 同じく分担者としてのみ受給した58人と代表者または分担者として受給したことがある回答者106人を合算すると, 全体の59.1%が科研費を受給したことがある。

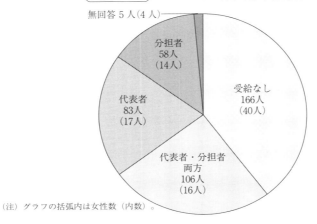

図表Ⅴ-10　これまでの科学研究費受給状況

（注）グラフの括弧内は女性数（内数）。

　科学研究費以外にも応募可能な競争的資金はある。アンケートで明らかとなった，実際に回答者が獲得したことのあるファンドについては図表Ⅴ-11を参照されたい。民間から公的機関まで，実に33種類に及ぶ。

図表Ⅴ-11　学外の競争的資金

石井記念証券研究振興財団	日本内部監査協会研究助成
稲盛財団	野村財団
医療科学研究所	はましん地域振興財団
医療経済研究所機構	村田学術振興財団
学術経済研究機構	メルコ学術振興財団
環境省　環境研究総合推進費	文部科学省　国際研究集会派遣
経済同友会	文部科学省　私立大学戦略的研究基盤支援事業
シキシマ学術・文化振興財団	文部科学省　知（地）の拠点整備事業
全国銀行学術振興財団研究活動助成	ゆうちょ財団
総合研究開発機構	重点研究
高橋産業経済研究財団	永井財団
西秋奨学会	二国間共同研究（フランス）
日東学術振興財団	公益法人化学技術融合振興財団　調査研究助成
日本学術振興会　研究拠点形成事業	山田奨学金
日本証券奨学財団	若手ステップアップ研究費研究成果発表支援費
日本税理士会連合会	
日本ディスクロージャー研究会特別プロジェクト資金	
日本電気	

やりたい仕事のために，自分で予算を獲得できる機会があるというのは，一般的な企業人の働き方を鑑みると，独特であり，また魅力的ではないだろうか。もちろん，競争的資金の選考過程では，応募された研究の社会的な意義や先行研究と比較した新規性などが審査されるので，どのような研究にでも予算がつくというわけではないが，トライできる機会は均等に与えられており，実際にさまざまな競争的資金を獲得している。

以上のように，会計研究者とは研究活動において，自らコントロールできる幅が大変広い職業だといえよう。この裁量の大きさは，次項で示すような，多くの会計研究者が抱く，知的好奇心や自己実現というモチベーションを効果的に支えていると考えられる。多くの会計研究者は教育活動においても前向きな動機を有している。また，教育活動においても裁量の幅は大きい。要するに，就職を控えた学生や社会人が志向する「やりたい仕事ができる」ように，アレンジしやすい職業だといえる。

(3) 働きがい

続いて，女性会計研究者の働きがいについて検討する。アンケート結果から研究活動と教育活動の動機づけについて見てみよう。

① 研究活動の動機づけは，知的好奇心・自己実現・社会貢献

最初に取り上げるのは，研究活動についてである。アンケートでは，「研究活動を続けることを動機づける要因」について，自由記述で回答を募った。この回答を5つに区分すると図表Ⅴ-12の通りである。最も多いのは知的好奇心（30件）であり，次に自己実現（24件），教育・社会貢献（17件）が続く[13]（図表Ⅴ-12）。上位3つについて詳しく見てみよう。

---

13 ほか，家族・外的要因・その他（3件），移籍・就職・昇進（2件）である。括弧内は観測値で，1人の回答者が複数の理由を回答しているものもある。

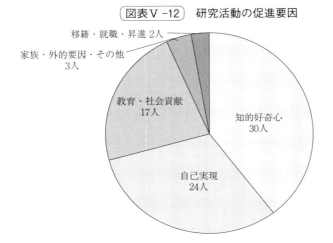

図表Ⅴ-12　研究活動の促進要因

　知的好奇心については，
- 新しいことを知り，探求することに喜びを感じることができるため
- 研究が好きである

といった，研究活動そのものの楽しさを挙げる回答が多数寄せられた。使い古されたフレーズではあるが，好きなことを仕事にしたわけである。

　自己実現を挙げる回答も多くみられた。具体的には，
- 自己研鑽
- 周囲の目を気にせずに自由に意見発信できる。業績を残せる。
- 本に名前が載るため

という回答である。研究者という職業は，研究成果が論文や書籍となって公表され，後世にも残るという重要な特徴がある。われわれは先行研究を参考に，新しい知見を求めて研究を続ける。もしかすると自分の研究を後世の研究者が参考にするかもしれないという状況は，研究活動を続ける大きなモチベーションになる。

　研究者が苦心して書き上げた論文には，学会や研究会，学術雑誌や一般誌への掲載を通じて評価が返される。意見交換をする相手は研究者に限らず，学外の組織でアドバイザーや有識者委員等を務める際に，研究成果に言及することもある。社会全体の発展に貢献できることも研究活動のモチベーションである。

社会貢献を挙げた回答には，以下のようなものがあった。
- 自分の研究成果が社会の役に立つとの信念
- 勉強し継けること，勉強したものを自分だけのものに結合して，新しいものを作り上げることに，学問の発展に貢献することに憧れと価値を感じること。

② **教育活動の動機づけは，学生の成長・教える楽しさ**

次に，教育活動から見た働きがいについて検討する。研究活動と同様に，自由記述回答結果を区分すると，9つに区分できた。

最も多い回答は「学生の成長」（30件）で，次が「教えることが好き」（10），「学生とのふれあい」（8）であった[14]（図表Ⅴ-13）。研究活動同様，教育活動が好きだから，という理由や，社会貢献に少なくない回答が集まっている。

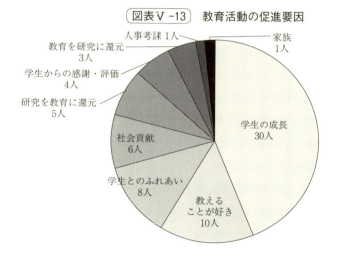

図表Ⅴ-13　教育活動の促進要因

上位3つは非常に似ているので，ここでは最も多くの回答を集めた「学生の成長」について詳しく見ることにする。「学生の成長」を挙げた回答を抜粋す

14　ほか，「社会貢献」（6件），「研究を教育に還元」（5件），「学生からの感謝・評価」（4件），「教育を研究に還元」（3件），「人事考課」（1件），「家族」（1件）。括弧内は観測値で，1人の回答者が複数の理由を回答しているものもある。

ると以下の通りである。
- 指導した学生の能力が明らかに向上した。いわゆる「伸びた」と実感する機会が重なること。
- 若い人たちに自分の知見を伝えることができるだけでなく，むしろ彼らから多くを学ぶことができ，かつ彼らの活躍の役に立てる可能性があるから。
- 会計学という垣根の高い分野で簿記が苦手だという学生が1人でも検定試験を受けたり，簿記の仕組みを理解するようになる事が授業等の仕事の上で励みになる。

1つめの回答が端的に表しているように，研究活動と教育活動は相乗効果を生むことがある。教育活動は研究活動ともリンクしていて，研究成果が教育内容に還元されたり，反対に学生とのディスカッションから研究活動へのヒントを得たりする。

しかしながら，物事は多面的に見なければならない。われわれは，会計研究者がバラ色の職業であると言うつもりはない。アンケートでは，「研究活動や教育活動を続けることを難しくさせる要因」も尋ねているので，会計研究者の職業としての困難さについては，(6)でとりあげたい。

(4) 収入面

就職を控えた学生と社会人が考える「魅力的な働き方」の3項目めは「収入・福祉厚生」である。福利厚生については国公立か私立か，あるいは大学によっても異なることが予想され，また，調査データがなく明らかではないが，収入面については厚生労働省「賃金構造基本統計調査」の職種別調査結果が参考になる。平成28年の調査結果によると，大学教授の平均年収は1,134万円，大学准教授は883万円，大学講師は734万円である。これはすべての学域を合わせて算出された平均値であり，会計研究者の給与そのものではないし，民間企業と同様に大学によってもばらつきがある。

国税庁による平成28年「民間給与実態調査」によれば，大企業の平均年収が578万円である。したがって，大学に所属する研究者の平均年収は，大企業の平均年収より多少高いといえそうである。もちろん，これ以外に学外での行政や一般企業での役員等の業務から収入が得られることもある。

第Ⅴ章 データにみる女性会計研究者の魅力 | 167

図表Ⅴ-14 大学教員の給与（単位：万円）

	月収	年間賞与等	年収
大学教授	68.27	314.90	1134.14
大学准教授	54.87	225.23	883.67
大学講師	47.81	160.82	734.54
（参考）			
弁護士	45.16	217.53	759.45
公認会計士，税理士	63.38	155.72	916.28
高等学校教員	48.26	198.08	777.2

（注）従業員1,000人以上の事業所，男女平均値。
出所：厚生労働省［2017］

　ただし，常勤職を持たない非常勤講師の場合，収入状況は大きく異なる。通常，非常勤の給与は1コマ（講義）あたり数万円程度である。通年で5コマ担当すると100万円ほどとなる[15]。すべての講義を1か所（1つの大学）で担当することは稀なため，実際には，複数の非常勤先（大学）を行き来することになる。研究活動をサポートしてくれる所属機関がないケースもあり，その場合は前述したような競争的資金への応募も困難となるため，研究を行う費用も自身で捻出しなければならなくなる。アンケートにも「生活費をかせぐための業務にほとんどの時間を奪われ，大学以外に専門学校で講師をしているが，休みがほとんどなく，時間もとれない」という回答が寄せられた[16]。

(5) 安定性からみた会計研究者

　続いて，安定性について検討してみよう。特に雇用の安定性について検討する。前節までと同様，大学に所属する場合を想定する。
　常勤職（任期なし）か，常勤職（任期あり）か，あるいは非常勤かで状況は大きく異なる。まず，常勤職の研究者はどの程度いるのだろうか。われわれのアンケート結果によると，常勤職（任期なし）の回答者は全体の67.7％である。

15　1講義を週に1回担当すると約3万円と設定し，5講義分，長期休暇期間を除いた8カ月間とし算出。
16　次項に取り上げるように，われわれの調査によると，日本会計研究学会の場合，非常勤講師の割合は6.2％である。

他方，常勤職（任期あり）の回答者は13.6%，非常勤の回答者は6.2%だった。

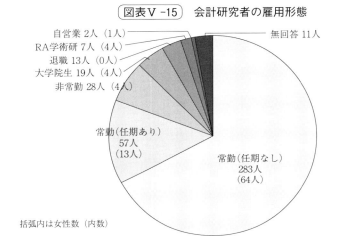

図表Ⅴ-15　会計研究者の雇用形態

括弧内は女性数（内数）

　任期ありの常勤職が任期なしの常勤職に転換する仕組みとして，テニュア・トラックを取り上げておきたい。テニュア・トラックとは，任期付きで雇用されたのち，一定の審査期間（一般的には3年か5年）内に，一定水準の研究業績を納めることで成功裡に満了すると，無期雇用に転換されるという制度である。北米の多くの大学が導入している。

　日本でも近年テニュア・トラックの導入が進められている。文部科学省が平成18年度から北米型のテニュア・トラックを日本の大学等へ導入するモデル事業を進めており，平成22年度までに40の大学等がテニュア・トラック制を導入したという。平成23年度以降は「テニュア・トラック普及・定着事業」を開始して，テニュア・トラック教員の採用や，1・2年度目の研究費を補助する事業を推進している。

　会計学の領域においても，任期ありの公募が増えつつある。第2節でも取り上げた，JREC-IN Portalによると，2017年6月末時点で「会計」関連の公募人事は40件ある[17]。多くの公募は任期なしの常勤職だが（40件中27件），任期ありは13件（32.5%）だった。このうち，無期雇用への転換がある雇用は7件，うちテニュア・トラックが明記されたものは1件である。残り6件は無期雇用

への転換がない募集（ノンテニュア）である。ほぼすべてが常勤職の公募だった時代と比べると，雇用の安定性という面は多少失われてしまったかもしれない。

テニュア・トラックの場合，研究に専念できるように研究費を与えたうえで講義や学務負担を減らすという措置を取る大学もある。就職後数年間を研究蓄積のスタートダッシュに充てたいと考える場合には魅力的な選択肢である。

(6) 校務の責任

会計研究者の日常は，大学での教育や研究活動だけではない。校務と呼ばれる，大学運営への参画も求められる。この校務には，「研究活動を続けることを難しくさせる要因」としても，「教育活動を続けることを難しくさせる要因」としても，最も多くの回答が集まった（それぞれ53件[18]，12件[19]）。

回答内容を抜粋すると以下の通りである。
- 教育方法の変化により，授業準備に時間と労力をとられる。現在，学生部長の職にあり，学務に時間と労力をとられる。
- 形式的な会議や手続き（書類）などに時間を奪われています。

また，次のような回答からは，学内の業務に加え，公的組織や民間からの依頼による仕事を引き受けている様子も伺える。
- 学外の仕事の多さ（社会的責任を果たすため，また現職の立場上引き受けざるを得ない）

ここまで見てきたように，会計研究者には，裁量の大きさ，働きがい，安定性，専門性といった多くの魅力がある反面，純粋に研究活動と教育活動にだけ

---

[17] 「経営学」または「経済学」の公募人事において，担当科目に「会計」が含まれるものを抽出。

[18] 以下，研究予算（17），育児（11），家事（6），介護（3），健康（4），教育（2），学外業務（2），非常勤（4），コマ数の負担（1），方法論の勉強をしていないこと（1），特になし（1），資金的な問題（1），不明・その他（4），無回答（17）。括弧内は観測値で，1人の回答者が複数の理由を回答しているものもある。

[19] 以下，特になし（7），学生の質の低下（5），授業評価・過度の要求（5），健康（4），育児（4），授業のコマ数（3），人間関係（3），非常勤（1），その他（1），無回答（44）。括弧内は観測値で，1人の回答者が複数の理由を回答しているものもある。

時間を投じられるわけではない。

なお，海外の大学は日本の大学と比べて校務負担が少ないというのが通説である。英国の大学に勤めるC先生[20]へのヒアリングによれば，入試に関する試験監督等の業務がないうえ，テニュア・トラックの最初の4年間を除けば，学内の委員会等の負担も少ないとのことだった。

(7) 男女共同参画

さて，ここまで会計研究者の魅力について，一般にいわれる魅力的な働き方という観点で考えてきたが，会計研究者にはほかにも魅力がある。それは，男女共同参画である。マイナビ［2017］の調査ではあまり回答を集めなかった観点だが，本書全体の目的に照らしても，検討すべき観点である。

既に述べたように，日本の女性会計研究者の比率そのものは，いまだ男女共同参画が進んでいる国々に及ばない。むしろ重要なのは，会計研究者というプロフェッションな職業において，業績や職位といった研究面に男女差があるかどうかである。この点について，われわれはアンケートの回答結果をもとにさまざまな観点（業績，職位，年代，競争的資金，留学，研究分野，研究方法，情報源）から網羅的な分析を行った。その結果，ほとんどの項目において，特筆すべき差異はなかった[21]。

職位と留学経験については性差が確認されたが（職位については男性の方が高く，留学については男性の方が最初の留学時の年齢が高い），いずれも女性会計研究者の年代構成が男性会計研究者と比較して若いためだと思われる。

(8) 専門性の高さ

いまひとつ，会計研究者の魅力を取り上げたい。それは専門性の高さである。先に挙げた学生に対する調査結果を見ても，「自分の能力・専門を活かせる会社」は魅力的な働き方のひとつとして捉えられている（20項目中第10位）[22]。

会計研究者の専門性を示すデータとしては，第2節図表V-5で取り上げた

20　社会科学系の大学で教鞭をとるC先生に，2017年7月，メールで回答を依頼した。
21　分析の詳細は『最終報告書』を参照。

第Ⅴ章　データにみる女性会計研究者の魅力　171

学位の取得がある。また，以下の図表Ⅴ-16に示すように，公認会計士や税理士といった資格を有する会計研究者も多い。

図表Ⅴ-16　会計研究者の取得資格

資格 (複数選択)	公認会計士	会計士補	税理士	日商簿記検定1級	全経簿記検定上級	証券アナリスト	教員免許	その他	計
	5	4	7	15	1	2	12	8	47

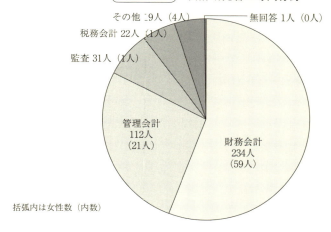

図表Ⅴ-17　会計研究者の専門分野

その他 19人（4人）　　無回答 1人（0人）
税務会計 22人（1人）
監査 31人（1人）
管理会計 112人（21人）
財務会計 234人（59人）
括弧内は女性数（内数）

(a)　専門分野

　専門性についてさらに実態を見てみよう。会計研究者の専門分野，研究方法，研究の情報源をとりあげたい。図表Ⅴ-17は，われわれのアンケートから明らかとなった，会計研究者の専門分野の分布である。回答者の専門分野は財務会計が最も多く（56.0%，234人），続いて管理会計が26.8%（112人），監査が7.4%（31人），税務会計が5.3%（22人），その他が4.5%（17人）だった。図表Ⅴ-17の括弧内は女性数であり，監査や税務会計の女性数が比較的少ないことがわかる。

22　他方，転職者を対象としたエン・ジャパンの調査では「専門性」は16項目中第14位である。

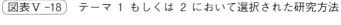

図表Ⅴ-18 テーマ1もしくは2において選択された研究方法

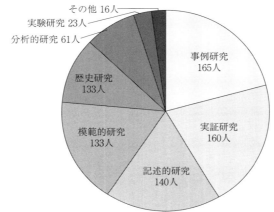

(注) テーマ1かテーマ2において選択された研究方法を集計。回答者によりテーマの選択数，各テーマの研究方法数が異なるため，全数はのべ780である。

(b) 研究方法

研究方法についても同様に見てみよう（図表Ⅴ-18）。研究方法と情報源については男女比に特徴はみられなかったので，全体数を示している。事例研究，実証研究，記述的研究，規範的研究，の順番に採用している回答者が多い。研究方法の種類数別に回答者数を数えたところ，研究方法を1種類のみ選んだ回答者は418人中161人（38.5％），2種類以上選択した回答者は224人（53.6％）であった[23]。

23　2種類117人（28.0％），3種類65人（15.6％），4種類27人（6.5％），5種類10人（2.4％），6種類4人（1.0％），7種類0人，8種類1人（0.2％），無回答33人（7.9％）。パーセンテージは418人に占める割合。

第V章 データにみる女性会計研究者の魅力 | 173

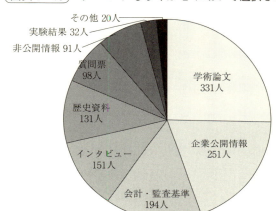

図表V-19 テーマ1もしくは2において選択された情報源

(注) テーマ1かテーマ2において選択された情報源を集計。回答者によりテーマ数，研究方法数，さらに情報源の選択数が異なるため，のべ数のデータとなり，全数は1,279となる。

(c) 研究の情報源

　最後に研究の情報源を見てみよう（図表V-19）。最も多く選択された情報源は学術論文であり（25.0％），続いて企業の公開情報が選択された（19.0％）。情報源についても採用する情報源の個数別に回答者数を数えたところ，複数の情報源を併用する回答者が多数派だった[24]。

　会計研究者は，質問票，実験，インタビューといった情報収集のために，企業や公的機関等に出向くことも多いが，特定組織の利害に縛られず，公正な立場でさまざまな人に会う機会のあることも，魅力の1つである。

(d) 在外研究

　研究のため，海外の学会や現地調査サイトに出かけることもある。なかでも，所属機関や外部奨学金制度（図表V-20），あるいは私費を投じて行われる在外研究（サバティカル）を紹介しよう。サバティカル中は，海外の大学に研究スペースを借りる形が一般的で，専門を活かして受入先の研究者と共同研究を行

---

[24] 1種類60人（14.9％），2種類88人（21.8％），3種類94人（23.3％），4種類74人（18.3％），5種類54人（13.4％），6種類25人（6.2％）7種類7人（1.7％），8種類2人（0.5％）。

う。われわれの調査によれば，サバティカルを含めて1か月以上の在外研究を経験した割合は40.2%（168人）で，このうち約3割は複数回経験している。初めて在外研究に行った年齢は20～30代が多く，2回目は40～50代が多かった。

図表Ⅴ-20　留学資金源（所属機関以外の制度として回答のあったもの）

>
> アメリカ政府
> イギリス政府
> 科研費
> 国際開発高等教育機構（現・国際開発機構）
> 国際交流基金
> 国費留学
> 財団
> JSPS 二国間学術交流
> 人事院
> 電気通信普及財団
> 日米友好基金
> 日本学術振興会
> 日本・カナダ交流基金
> フランス政府（科学）技術協力
> フルブライト
> フンボルト財団
> メルコ学術振興財団
> 文部科学省
> 文部科学省若手研究枠
> 文部省
> 文部省国費外国人留学生制度

(9) 職業としての会計研究者

　ここまで見てきたように，会計研究者という職業には，裁量の大きさ，働きがい，専門性，安定性，男女共同参画，専門性など，多くの魅力がある。こうした魅力の恩恵には，男女ともに与れる。たとえば裁量労働制の恩恵は大きい。働く時間をコントロールできるので，家事や育児，介護など，ライフステージに合わせて，仕事と家庭を両立させられるかもしれない。

　また，女性が出産等によって一時的にでも職を離れざるを得なくなるときに

も，働き方をセーブして，復職後に再び研究活動等にまい進する[25]といった，より長期的な調整も可能である。女性が能力を発揮できる職業として，会計研究者がより広く認知されれば幸いである。

　以上，検討してきたように，各々の専門分野と研究方法を深めることで，会計研究者は専門性を活かした活躍ができる。たとえば，A先生の専門分野は財務会計，研究方法は規範的研究である。企業会計基準審議会のメンバーを務めており，その知見を活かして会計基準の策定に取り組んでこられた。また，B先生の専門分野は管理会計，研究方法は事例研究である。これまで20年以上にわたりインタビュー調査に赴き，蓄積された事例を活かして，数多くの論文を公表し，単著や共著を出版している。

　こうした例は枚挙にいとまがない。第5節では，こうした事例のなかから，特に東日本大震災の被災地の会計研究者が，会計の専門性を活かして，どのような活動を行ったかを取り上げる。

第5節　女性会計研究者の活躍

　本節では，主として女性会計研究者の活躍の実態を，われわれが行った2回のアンケート調査結果と，追加的に行ったインタビュー調査に基づいて明らかにする。

(1)　アンケート調査結果に見る女性会計研究者の活躍

①　出版業績と雑誌掲載論文

　日本会計研究学会に所属する女性会計研究者のみを対象とした調査では，この10年間の出版業績と，この5年間に国内外の雑誌に掲載された研究業績数を聞いている。その結果は図表Ⅴ-21のとおりである。

---

[25] 実際，第Ⅳ章でとりあげた能勢信子先生は，妊娠・出産の間に単著を出版され，子育て中の留学を契機に優れた業績をあげておられる。

図表Ⅴ-21　近10年間の研究業績（出版物）と直近5年間の研究業績（雑誌掲載論文）

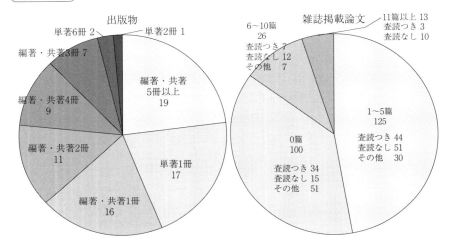

　編著・共著を5冊以上出版している女性会計研究者が19人と最も多く，単著1冊が次いで17人であった。数は少ないが直近10年で単著6冊（2人），単著2冊（1人）を出版する等数多くの研究業績をあげていることがわかる。

　雑誌掲載論文については，査読つき，査読なし，ワーキングペーパー，その他一般書等への執筆に分けて分析すると，査読つき雑誌への掲載は直近5年間で1～5篇という回答が44人と最も多かったものの，次いで多いのは0篇の34人であった。6～10編が7人で，11篇以上が3人である。この傾向は，査読なし雑誌への掲載でも同様であり，1～5篇が51人と最も多く，次いで0篇，6～10篇の順である。欧米に比べるとワーキングペーパーを制度化している大学等はそれほど多くないこともあり，ワーキングペーパーは0篇という回答者が60人と最も多かった。また，その他一般書等への執筆も0篇が51人と最も多かった。多くの女性会計研究者が様々な雑誌に年間平均1篇以上論文を執筆しているものの，直近5年間の雑誌掲載論文が0篇の回答者も一定数存在する。直近5年間に論文を執筆していないのは，専門職大学院等に所属していて特定のテーマでの研究をしていないのかもしれない。しかしながら，教育活動に力を入れているとしても，教育関連の研究業績をあげることも可能であることを指摘しておきたい[26]。

日本会計研究学会全会員を対象とした調査では，国内外で公表した研究論文について，過去の年間平均本数と直近3年間の公表論文数を尋ねた。結果は図表Ⅴ-22のとおりである。

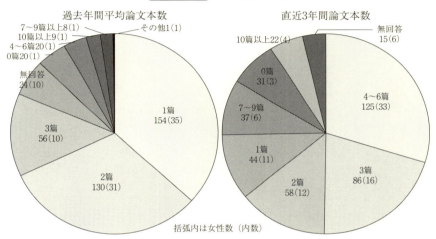

括弧内は女性数（内数）

多くの回答者は1年間に1篇か2篇の論文を公表し，直近3年間でも3篇ないし4～6篇の論文を公表している。男女に大きな傾向の差は見られない。過去そして直近3年間ともに論文を執筆していない研究者が男女ともに存在する。

② 国内外の学会報告

日本会計研究学会所属の会員全員を対象とした調査では，日本会計研究学会での統一論題と自由論題の報告経験を聞いている。統一論題報告経験のある女性会計研究者の数は少なく，また男性会計研究者と比べた場合の割合は低い（約10％）。しかしながら，自由論題については単独報告または共同報告を経験し

---

26 2017年度の日本原価計算研究学会は会計教育が統一論題の主題となっている。アメリカ会計学会には教育・学習・カリキュラムセクションが設けられており，また，雑誌 Issues in Accounting Education を発行している。

ている女性会計研究者の数は多く，その割合も高い（約20%）。報告経験のない会員は113人（うち女性は30人）である。自由論題報告は自分で大会校に報告を申し込むが，統一論題報告者は，座長が指名する。統一論題の座長には，女性会計研究者の活躍の機会をもっと与えていただけたら幸いである。

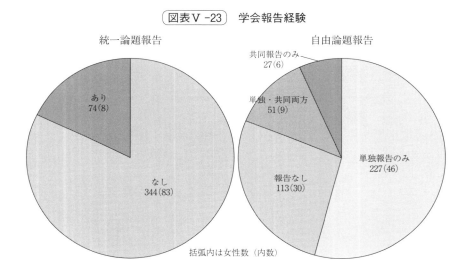

図表V-23　学会報告経験

括弧内は女性数（内数）

　会計研究者の報告の場は日本会計研究学会に限らない。国内外における報告学会について示したのが図表V-24と図表V-25である。国内外ともに，会計に限定されず，幅広い専門分野で会計研究者が活躍していることがわかる。また，活躍の場がグローバルであることがわかる。

第Ⅴ章　データにみる女性会計研究者の魅力　179

図表Ⅴ-24　報告学会（国内）一覧（50音順）

日本学術会議協力学術研究団体		
アジア経営学会	政策情報学会	日本経営診断学会
会計理論学会	税務会計研究学会	日本経営数学会
環境経営学会	日仏経営学会	日本経営分析学会
環境経済・政策学会	日本医療情報学会	日本経済政策学会
九州経済学会	日本医療・病院管理学会	日本原価計算研究学会
経営行動研究学会	日本NPO学会	日本公衆衛生学会
経営史学会	日本LCA学会	日本高等教育学会
経営情報学会	日本オペレーションズ・リサーチ学会	日本港湾経済学会
公益事業学会	日本会計研究学会	日本国際観光学会
公共選択学会	日本評価学会	日本財務管理学会
国際会計研究学会	日本ファイナンス学会	日本私法学会
国際公会計学会	日本マネジメント学会	日本社会関連会計学会
国際戦略経営研究学会	日本リスクマネジメント学会	日本情報経営学会
国際P2M学会	日本会計史学会	日本食育学会
国際ビジネス研究学会	日本看護科学学会	日本生産管理学会
システム監査学会	日本看護管理学会	日本税法学会
自治体学会	日本監査研究学会	日本租税理論学会
実践経営学会	日本管理会計学会	日本地域看護学会
社会経済史学会	日本企業経営学会	日本知財学会
証券経済学会	日本教育行政学会	日本地方財政学会
情報処理学会	日本経営学会	日本地方自治研究学会
進化経済学会	日本経営工学会	日本ディスクロージャー研究学会
人材育成学会	日本経営財務研究学会	非営利法人研究学会
信用理論研究学会	日本経営システム学会	比較経済体制学会
		北東アジア学会
		余暇ツーリズム学会
上記以外		
LCA日本フォーラム	日本公認会計士協会	
企業家経営フォーラム	日本産業科学学会	
慶應技術経営管理学会	日本商業教育学会	
行動経済学会	日本組織会計学会	
財務会計研究学会	日本知的資産経営学会	
全国ビジネス系大学教育会議	日本中小企業・ベンチャー　ビジネスコンソーシアム	
ソーシャル・リスクマネジメント学会	日本内部統制研究学会	
中小企業会計学会	日本簿記学会	
日本インベスター・リレーションズ学会	ビジネスクリエーター研究学会	
日本会計教育学会	標準化研究学会	
日本監査役協会	福祉法人経営学会	
日本経営管理学会	ゆうちょ財団	

図表Ⅴ-25　報告学会（海外）一覧（アルファベット順）

名　称	国・地域
Accounting History International Conference	
American Accounting Association	アメリカ
Asia Pacific Conference on Business and Social Sciences	アジア
Asia Pacific Interdisciplinary Research in Accounting	アジア
Asian Academic Accounting Association	アジア
Asian-Pacific Conference on International Accounting Issues	アジア
Asia-Pacific Management Accounting Association	アジア
Australian and New Zealand Academy of Management	オセアニア
British Accounting and Finance Association	イギリス
Canadian Academic Accounting Association	カナダ
Comparative International Governmental Accounting Research	
Environmental and Sustainability Management Accounting Network	
European Accounting Association	ヨーロッパ
European Financial Reporting Research Group	ヨーロッパ
European Institute for Advanced Studies in Management	ヨーロッパ
Global Accounting and Organizational Change	
Global Conference on Business Management	アジア
Greening of Industry Network	
Hawaii International Conference on Business	アメリカ
Interdisciplinary Perspectives on Accounting	ヨーロッパ
International Academy of Business and Economics	
International Association for Accounting Education and Research	
International Conference on Accounting Education	
International Conference on Business Management	
International Conference on Business, Economics, and Information Technology	
International Symposium on Auditing Research	
Korea International Accounting Association	韓国
Korea Management Association	韓国
Korean Accounting Association	韓国
Korean Association for Public Administration	韓国
Management Accounting Research Group	イギリス
New Zealand Management Accounting Conference	ニュージーランド
Northern Finanace Association	北米
Semantic Modeling of Accounting Phenomena	
System Dynamics Society	
Taiwan Accounting Association	台湾
The Japanese Modern Association of Korea	韓国
World Congress of Accounting Historians	
実践経営学会	韓国
中国会計教授会	中国

第Ⅴ章 データにみる女性会計研究者の魅力 | 181

③ 学会賞受賞

アンケート調査では，学会賞受賞経験を聞いている。学会賞受賞経験者は回答者の30.1％を占め，126人（うち女性24人）である（図表Ⅴ-26）。

④ 海外雑誌への投稿

海外雑誌への投稿経験について，国内雑誌に比べると海外雑誌への投稿経験がある回答者は少なく，投稿経験ありは91人（うち女性19人）である（図表Ⅴ-27）。

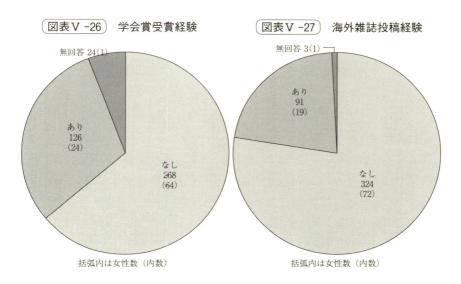

⑤ 国内外の雑誌査読者の経験

査読つきの雑誌が増えてきていることを踏まえて，査読者経験の有無を尋ねた（図表Ⅴ-28）。回答者のおよそ半数の206人（うち女性37人）が国内雑誌の査読者の経験があり，また，海外雑誌についても，査読経験者がいることが明らかとなった。査読者経験がある会計研究者のうち女性会計研究者の割合は国内雑誌について約18％（男性169人，女性37人），同様に海外雑誌については約19％である。

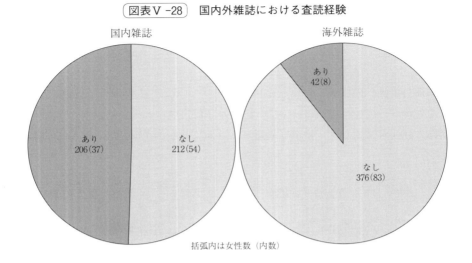

図表Ⅴ-28　国内外雑誌における査読経験

括弧内は女性数（内数）

⑥　社会貢献活動

　第4節でも述べたように，会計研究者の活躍の場は研究・教育活動を行う大学等にとどまらない。会計の専門性をいかして，女性会計研究者の活躍の場は多様であり，図表Ⅴ-29の通り，所属機関内外の国・都道府県・市区町村の審議会・委員会の委員が最も多く，次いで各種学会等の役員，企業の社外取締役や社外監査役等の順であった。学内外での職務に関わる社会活動としては，講演会・セミナーが最も多く，次いで公開講座，小中高との連携，ボランティア活動の順であった。

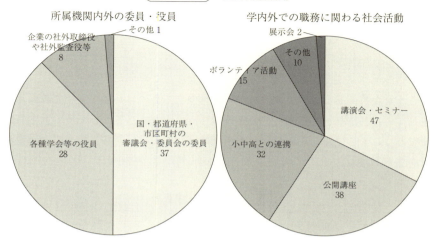

図表Ⅴ-29　社会貢献活動

(2) インタビュー：専門性を活かした会計研究者の社会貢献

　アンケート結果からは，会計教育者・研究者の活躍の全体像が見えてきた。しかしながら，専門性を活かした社会貢献には，平均的なデータだけでは捉えきれない多様な形がある。複数のキャリアが積み上がり，本人の関心も相まってさまざまな興味深い社会貢献が行われている。そこで，本項では，個別の会計研究者にフォーカスして，インタビュー調査をもとに，会計の専門性を活かした具体的な社会貢献を紹介したい。本書の目的に照らして女性会計研究者を選ぶとともに，個人による社会貢献のかたちが大きくクローズアップされた「東日本大震災」を契機に活躍を続けている３人を選んだ[27]。

① 会計を通じてNPOと社会の共創を果たす：D先生のケース

(a) 会計士から会計教育者へ

　D先生が教育者の道を選んだのは，出産を契機に，自身のキャリアについて

27　D，E，F先生に，2017年７月にそれぞれ約２時間のインタビューを行った。

考えたことがきっかけだった。大手監査法人で公認会計士として働いていたが，当時（1990年代後半）はまだ産休や育休制度が確立されておらず，出産後はパートタイムで監査法人に戻るか，自身の会計事務所を立ち上げるケースがほとんどだった。D先生の場合，監査法人に勤めて10年が経過していたこともあり，そろそろ違うフィールドで働いてもよいのでは，と思えた。

こうした折，ある専門職大学院が研究科の立ち上げに必要な実務家教員を募集していた。D先生は監査法人を退職し，新たなキャリアとしてその大学院に籍を置くことを決めた。兼業が認められていたので，同時期に自身の会計事務所も立ち上げた。

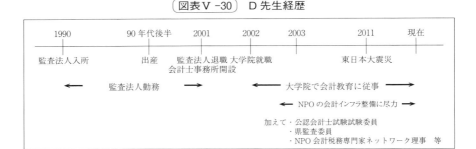

図表Ⅴ-30　D先生経歴

(b) NPO会計との出会い

独立した会計士という立場になると，県や市の外部委員の依頼が増えた。そうして出席したある会議で，NPO会計のことを知った。当時は（2000年代前半），神戸の震災を機にNPO数が増加していたにもかかわらず，NPOのための会計基準が整備されておらず，制度が現実に追い付いていない状況だった。そこでC先生は，全国90のNPO中間支援組織が発足させた「NPO法人会計基準審議会」の一員として，「NPO法人会計基準」の作成に尽力した。会計基準は2010年7月に公表された[28]。

28　並行して，2011年3月に内閣府はNPO法人会計基準に則った情報開示フォーマットの採用を提言（内閣府「新しい公共」推進会議「情報開示・発信基盤に関するワーキンググループ」［2011］5頁）した。また，同年5月に公表された改正NPO法でも，この会計基準に則った改正が行われた。

このNPO法人会計基準の普及活動が始まった矢先に，東日本大震災が起きた。震災時も偶然NPOに関する業務中だった。2時間半かけて徒歩で自宅に帰り，幸い自宅も家族も無事だったが，住んでいる県は，津波が沿岸部を襲うなど甚大な被害を受けた。

(c) ライフワークとしてのNPO支援

　震災直後はもどかしい日々が続いた。弁護士や社労士，税理士などが罹災証明や補償金の手続きで活躍する一方，「会計士」に対するニーズは少なかったからだ。しかし，復興事業が進んでいくと，NPO法人会計基準が，復興に取り組むNPOの公的支援において大いに役立つことになる。

　同時に，D先生たちは地道な支援活動を続けた。たとえば，NPO法人会計基準に対応した会計ソフト開発のため，システムベンダーを行脚し，ようやく1社に引き受けてもらえたこともあった。開発されたソフトは，国主催のセミナー等を通じてNPOに無償で提供された。

　現場の支援でも，会計は役立った。震災から約1年後，JICAの依頼で学生とともに岩手で支援にあたったときには，ボランティア団体の持つ2,000枚のTシャツを数えねばならず，会計士ならではの実査のノウハウが役に立った。また，「150万円のプレハブを4棟寄付されたがどのように税務処理をするのか」という相談を受け，会計士としてアドバイスをすることもあった。

　NPOにとって，会計は，税金申告・納税・法令順守という信頼性確保はもちろん，損益や資金繰りの把握においても重要である。復興予算としてNPOに届く数千万円規模の支援金を，どのように会計処理し，税務処理するのか。補助金の使途の適切な報告には何が必要なのか。支援金で購入した物資の管理や原価計算を改善できないか。会計士の実務経験が，現在の活動にも生きていると感じている。

(d) 「現場に身をおく」

　D先生によれば，「現場に身をおく」と，際限なく解決すべき問題が見えてくるという。大手企業の会計も重要だが，NPOや中小企業などの「草の根」の会計には，利が薄いということもあり，なかなか支援の手が届かない。実際，D先生も手弁当で支援活動を続けている。しかし，お金にはならなくても，実際にNPOの方々と話して現場をみると，皆一生懸命で，手伝わずにはいられ

ないという。根気のいる活動だが，公認会計士が役に立つのは，むしろ震災から6年が経過したこれからではないか，会計の理論と実務を両方知る立場で，引き続き支援を続けたいと考えている。

② 地域ならではの会計教育で30年先の未来をつくる：E先生のケース
(a) 会計教育者・研究者への転身

E先生も実務家出身の会計教育者・研究者である。海外で外資系銀行のトレーダーとして活躍した後，第2子の出産に合わせて帰国することになった。そこで，帰国前から税理士の勉強を始めた。なぜなら，もともと，極限の集中力を必要とするトレーダーはいつまでも続けられる仕事ではない，と考えていたことに加えて，大学生時代に簿記論と財務諸表論の試験を通過済みだったからである。日本の知人に資格学校の教材（カセットテープ）を送ってもらい勉強を進め，約1年後に合格した。

帰国後のある日，何気なくつけていたラジオから，地元の大学院が社会人向けのコースを新設するというニュースが流れてきた。「実務経験を経た今なら，昔とは違う勉強ができるかもしれない」と直感し，自宅から1時間以上かけてその大学院へ通学することにした。2人の子供たちの面倒を家族に見てもらいながら，限られた時間で集中的に勉強し，博士号を取得した。

その後は，そのまま講師として母校に就職。税理士事務所も開設し，地域の中小企業との関りを増やしていった。

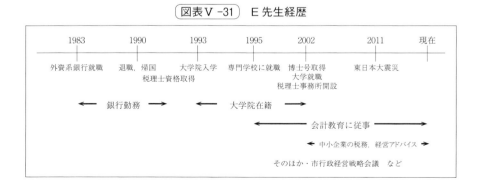

図表Ⅴ-31　E先生経歴

(b) 税理士として地元企業と次世代の人材を育てる

　税理士事務所では，案件数を追うことはせず，自身の能力アップにつながるような質の高い仕事を選んで引き受けていた。ところが，東日本大震災を契機に，取り扱い件数が増加することになる。それは，震災に起因するさまざまな理由によって，地域の企業が，もともと依頼していた税理士事務所から税務を断られる事態が多発したからである。E先生はこうした中小企業を積極的に引き受けた。

　業務では，ただ依頼をこなすだけではなく，経理担当者に，取引記録の必要性や，領収書の保管方法などの細かなノウハウを教えるようにしている。時間や手間はかかっても，結果的にその企業のためになると考えているからだ。ただの顧客としてではなく，人間そのものを教育する気持ちで続けている。

　人間そのものを教育するという信念は，大学での教育活動においても貫かれている。E先生の務める大学は，学生数は少ないが，地域とのつながりがとても深い。そこで，学生が地域に赴いて，会計を用いた社会貢献活動をする「簿記 de Restart」という活動を始めた。復興住宅で学生が住民に簿記を教える取り組みで，学生が作問から講義まですべて行う。人に教える経験によって学生自身も成長するうえ，地域の人々からは，専門学校に比べて敷居が低く参加しやすいと好評である。この講座を通じて簿記の資格を取得し，再就職に成功した住民もいる。

(c) 30年後の地域を見据えて

　E先生は，地域企業や大学での活動を通して実態を目の当たりにすると，「30年後にこの地域はどうなっているのか」という思いが湧き上がってくるという。企業再生に会計が必要だということは，震災後の支援を通じて身をもって体感した。これからも税理士として支援は続けていくつもりである。しかしながら，自分1人が会計を分かっていても，与えられる影響はわずかである。1人でも多くの住民や経営者に，会計を知ったうえで活躍してほしい。それが，30年後の地域を作ると信じている。

③　被災企業の歩みから将来への教訓を残したい：F先生のケース

(a)　平等に評価される職業として会計研究者を選択

F先生の場合は，大学卒業後すぐに大学院に進んでいる。しかし，4年生になった時点では，一般企業への就職だけを考えていたという。大きな転機になったのは，就職活動で経験した女性だからといういわれのない不平等さである。研究者なら男女の別なく実力で評価されるのではないか，と考え，内定式に出た翌週に大学院への進学を決めた。

　大学院時代は，指導教官の薦めもあって学説研究に取り組んだ。しかし，活動基準原価計算やバランススコアカードといった，実務に近いトピックにも興味があった。そこで，就職後にさまざまな研究会に参加して，研究テーマを広げていった。

　研究上の契機となったのは在外研究である。留学先のワシントン大学には，会計学のトップ・ジャーナルであるThe Accounting Reviewのシニア・エディターをはじめ多くの著名な会計研究者がいた。そのため毎月定期的に開かれる会計のワークショップでは，当時の最前線の会計研究に触れることができ，多いに刺激を受けた。ワシントン大学での経験は，自身の研究の方向性を大きく変え，実証研究や海外学会報告に挑戦するきっかけとなった。

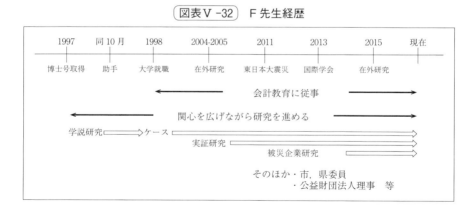

図表Ⅴ-32　F先生経歴

(b)　1冊の共著から始まった被災企業研究

　F先生もまた，被災地域の大学に勤務している。震災直後は，国際交流担当としての業務に奔走した。震災が起きた3月はちょうど春休みで，国内にいる外国人留学生は少なかったが，安否確認や，留学中の日本人学生と家族への対

応，今後の派遣業務に関する調整など，大学再開に向けた業務は膨大だった。自宅も被災したが，震災直後の2日間以外は毎日出校した。

　震災から数か月後の7月，ある共著への誘いを受けた。会計専門家による復興への提言を試みた書籍で[29]，48名の研究者および実務家が参加した。このうち，日本企業復活に向けた課題に関する節を担当した。極めて短期間の出版スケジュールだったが，1週間で一気に書き上げた。書籍は9月に出版され，売上の一部は被災地に寄付された。10月には同書籍をもとに「震災復興に向けた会計シンポジウム」（会計大学院協会と新日本監査法人の共催）[30]を開催した。

(c) 被災地企業のケーススタディ

　F先生いわく，この書籍がなければ被災地を研究対象とすることはなかったという。震災後，会計は人を救えない，と研究者としての仕事に絶望を感じていた。しかし，この書籍をきっかけに震災からの復興を記録し伝えることも会計研究者の役割である，と考えるようになり，被災企業の調査を始めた。

　こうした調査企業の1つに「南三陸ホテル観洋」がある。震災直後から避難所として稼働し続けたホテルで，地元経済の再開を早めるために震災翌月にレストランを再開したり，地元小学生に無料で学習スペースを貸与したりした，稀有な事例である。この調査は，慶應大学ビジネス・スクールのケース教材[31]として採用され，現在（2017年7月）も同ビジネス・スクールを通じて閲覧が可能である。

　2013年には，日本で開催された国際学会において招待講演を受け，津波被害後の企業再生における会計の役割を，世界の研究者に向けて発表した。現在も，2015年の在外研究で出会った研究者とリスクマネジメントに関する研究を続けている。

29　序文には次のように記されている。「大災害を前に，広く会計を専門とする者たちは，何ができるのか，あるいは，何をすることで，世界に誇れるわが国の発展の姿を示すことができるのか」（八田進二ほか編［2011］ⅱ頁）

30　東北大学「震災復興に向けた会計シンポジウム－『会計専門家からのメッセージ～大震災からの復興と発展に向けて』発刊を記念して－」
http://www.econ.tohoku.ac.jp/~tuasad/20111028sympo.html

31　慶応義塾大学大学院経営管理研究科（http://www.bookpark.ne.jp/kbs/）で閲覧できる。文献番号9307。

⑷　被災地を客観的に記録することの意義

　「震災」を扱うとき，F先生が気を付けているのは，冷静な視線を忘れない，ということだという。震災というテーマには，感情が入りやすく，また，読者も感動的なストーリーを求めがちである。しかし，感情が入った結果，事実が歪められて後世に伝わることは，将来の人々にとって良くないことだと考えている。そのため，たとえ企業や自治体が懸命に進めた施策であっても，「そんなことやっていたらうまくいかない」というものについては，ありのままに記述するようにしている。努力の事実は重要だが，「とにかく努力すればなんとかなる」という教訓は適切ではない。むしろ，努力の結果を冷静に分析する立場でありたいと考えている。研究者として被災地を客観的に記録することが，将来への貢献になると考えている。

第6節　総括

　本章の問題意識の背景のひとつは，日本会計研究学会における女性会計研究者の割合が，欧米に比べて極めて少ないというところにあった。学会のますますの活性化を考えれば，女性会計研究者が増え，結果として全体としての会計研究者数が増加することは望ましいとも思われる。そこで，われわれは，これまでに行った調査や一般に入手可能なデータをもとに，会計研究者の職業としての魅力を示すことにした。その手順として，まず男女を問わず会計研究者となる道のりを示し，その上で実際に活躍する女性会計研究者の様子を考察した。

　会計研究者の就職先を大学と考えるとき，大学教員となるためには，博士課程において研究成果を蓄積して学位を取得する，あるいは実務経験を経て専門的知識を蓄積する，のいずれかが主たる道のりとして考えられる。会計の研究や教育に貢献するだけの研究蓄積あるいは実務経験が必要である。また，会計にかかわる専門科目の募集は，他の社会科学の研究領域と比べても，比較的多いようである。会計領域における大学教員への道のりは，他領域に比べれば比較的恵まれている可能性がある。

　次に，女性会計研究者の職業としての魅力とロールモデルを考察した。われわれは，会計研究者の職業としての魅力を，「学生就職意識調査（2017）」およ

び「転職希望者のホンネ（2016）」をもとに，仕事の自由度・裁量度，働きがい，収入面，安定性，学内外行政の責任，男女共同参画，専門性に区分した。それぞれについての詳細は各項に譲るが，ここでは自由度・裁量度および働きがいについてのみ触れておきたい。職業としての会計研究者の魅力として，仕事の自由度・裁量度が大きい，すなわち研究テーマを自ら選択することができる，という点を挙げることができる。実際，われわれが行ったアンケート調査によれば，男女とも研究テーマに関するキーワードは多様であった。また，仕事の進め方においても裁量度が高いと言える。企業に代表されるような営利組織では，一般的に個人に割り当てられる予算は多くないし，費目の流動性も低いように思われる。しかしながら，大学教員の場合，通常，各大学から個々に配分される研究費のほか，科学研究費をはじめとする学内外の競争的資金に応募する機会が与えられている。自由に研究テーマを設定し，その研究計画を立て，研究資金を得る機会がある，ということは，魅力のひとつと言えるだろう。実際，働きがいと関連する項目として研究活動の動機付けを女性会計研究者に問うたところ，知的好奇心という回答がもっとも多かった。知的好奇心を挙げるような者にとって，研究の自由裁量度の高さは職業選択上の重要な要因と言えるかもしれない。

　最後に，女性会計研究者の実際の活躍を述べて本章を締めくくることとする。多くの研究者が，日々研究に取り組み，また校務を行っている。本章では，そのような平時だけでなく，有事にあっても「会計」の知識を活かして活躍されている先生方の活躍を考察した。D先生は，公認会計士として大手監査法人に10年勤務した後に，違うフィールドで働くことを求めて大学教員へと転身された。現在のD先生は，大学教員として学生への会計教育に従事するだけでなく，会計事務所を開設してNPOの支援をライフワークとしてなさっている。震災後，多くの寄付金による支援を受けたNPOにとって，専門的な会計知識が不可欠であり，D先生の貢献するところは大きいことが思料される。次いでE先生は外資系金融機関での実務経験の後，税理士資格を取得して事務所を開設し，現在は税理士事務所と大学において，実務と教育・研究に邁進されている。そして現在，E先生は，税理士としての実務だけでなく，会計教育にも大いに尽力されている。学生が地域住民に簿記教育を提供するという取り組みや，E先

生自身が震災後の復興に取り組む企業への会計教育を行われている。最後にF先生は，大学卒業後に大学院に進学し，研究成果を蓄積して大学教員になられている。近年のF先生は，管理会計の視点から被災企業のケーススタディを研究対象となさっている。研究者として被災地を客観的に記録することが，将来への貢献となると考えてのことである。

　3名の先生方は，研究・教育活動を通じて積極的に社会に貢献されている。震災以前の研究者あるいは会計の専門性を活かした実務家としての経験や研究成果が，震災後の復興に役立てられているのである。彼女らは自らも被災者でありながら，休日を返上して復興のための活動を続けている。自身の意思でやりたいことを選び，行動して真摯に実務経験や研究成果を蓄積してきたからこそ，社会に貢献する糧となっているものと思われる。これらの姿は，自然災害といった有事の際にも，女性会計研究者が積極的に貢献した事例と言えよう。研究者は，どのようなときであっても社会に貢献することのできる，意義ある仕事である。

　以上，本章では研究者となる道のりやこれまでに多くの研究者が歩んできた道のりを考察した。これらの道のりに触れた読者が，少しでも会計研究者の職業としての魅力を感じることを願いたい。

【参考文献】
エン・ジャパン［2016］「転職希望者のホンネ」
厚生労働省［2017］「賃金構造基本統計調査 平成28年版」
総務省統計局［2016］『科学技術研究調査報告』
内閣府「新しい公共」推進会議「情報開示・発信基盤に関するワーキンググループ」［2011］「情報開示・発信基盤整備の在り方について」（http://www5.cao.go.jp/npc/suisin.htnl）
日本会計研究学会スタディ・グループ（北村恵子主査）［2016］『わが国における女性会計学者の現状と課題』最終報告書
マイナビ［2017］「学生就職意識調査」
八田進二・柴健次・青木雅明編［2011］『会計専門家からのメッセージ―大震災からの復興と発展に向けて―』同文舘出版
八田進二・柴健次・青木雅明編［2012］『大震災を風化させない　会計研究者からの

提言』同文舘出版

尾田基「JREC-IN HACKS? 経営学の大学教員市場動向について」（http://odahajime.jp/2017/01/21/1926/）

科学技術・学術審議会人材委員会（第26回）（http://www.mext.go.jp/b_menu/shingi/gijyutu/gijyutu10/siryo/attach/1335720.htm）

慶応義塾大学大学院経営管理研究科「南三陸ホテル観洋―東日本大震災と共通価値の創造―」慶応義塾大学ビジネス・スクールケーススタディ（http://www.bookpark.ne.jp/kbs/）

東北大学「震災復興に向けた会計シンポジウム－『会計専門家からのメッセージ～大震災からの復興と発展に向けて』 発刊を記念して－」（http://www.econ.tohoku.ac.jp/~tuasad/20111028sympo.html）

JREC-IN Portal （https://jrecin.jst.go.jp/seek/SeekTop）

（挽文子　木村麻子　田中優希　西村三保子）

［Appendix 1］ 第 1 回質問票調査・質問票

【ご案内】アンケートのワードファイルは，ホームページ（http://www.jaa-net.jp/study2014a/jndex.html）にて配布しております。ダウンロード方法についても同ページにてご案内しております。

【セクションⅠ　ご自身のバックグラウンドについて】

このセクションでは，女性研究者の研究面と教育面の実態を明らかにするために，女性会計研究者が研究や教育に携わる際の背景（研究テーマや業績，講義そのものではなく，どのような環境で研究・教育を実施しているのか）についてお尋ねします。

Ⅰ－1　研究のバックラウンドを把握するためにお尋ねします。ご自身について，当てはまるものにチェックをつけてください。
（1）学歴
　　・出身大学の学部
　　□経営学部・商学部　□経済学部　□法学部　□理学部・工学部　□人文系学部
　　□医学・薬学　□福祉　□その他（　　　　　　　　　　　　）

　　・出身大学院の研究科（研究院）
　　□経営学研究科・商学研究科　□経済学研究科　□法学研究科　□理学研究科・工学研究科
　　□人文系研究科　□医学・薬学系研究科　□福祉系研究科　□その他（　　　　　　　　　　）

　　・最終取得学位
　　□博士（経営学）　□博士（商学）　□博士（経済学）　□博士（その他）
　　□経営学博士　　　□商学博士　　　□経済学博士　　　□その他博士
　　□修士　　　　　　□学士

（2）研究職歴を教えてください。　　　　　　　　　年

（3）年齢
　　□20代　□30代　□40代　□50代　□60代　□70代以上

（4）資格
　　□公認会計士　□会計士補（2006年以前合格者）　□税理士　□日商簿記検定1級
　　□全経簿記検定上級　□証券アナリスト　□教員免許
　　□その他（　　　　　　　　　　　　　　）

Ⅰ－2　これまでに，所属組織において以下の役職をご経験された場合は，当てはまるものにチェックをつけてください。
　　□ 大学等の学長，副学長，学部長，研究科長
　　□ 監査法人の代表社員
　　□ 公的機関・非営利組織団体の部長，課長職
　　□ 企業の取締役，非営利組織の理事長
　　□ 企業・非営利組織の監査役

Ⅰ-3　就業されている組織についてお伺いいたします。当てはまるものにチェックをつけてください。ご就業されていない場合は次の設問に進んでください。

（1）所属機関における職階
　　大学等　　　⇒　□ 教授　□ 准教授　□ 専任講師　□ 助教
　　監査法人　　⇒　□ 代表社員　□ 社員　□ 社員以外
　　公的機関・非営利組織　⇒　□ 管理職　□ 研究職　□ その他
　　企業　　　　⇒　□ 役員　□ 管理職　□ 研究職　□ その他
（2）雇用形態
　　□ 常勤　□ 非常勤　□ 任期付き

Ⅰ-4　名誉教授の方は，名誉教授となられた大学について，お答えください。
　　□ 国・公立　□ 私立

Ⅰ-5　大学院生の方は，以下にチェックをつけてください。
　　□ 大学院生である

Ⅰ-6　研究者を志した動機として　下記に該当するものがあれば，チェックをつけてください（複数回答可）。
　　□ 指導教授から研究者の道を勧められた
　　□ 指導教授に憧れた
　　□ 学生時代に優れた書籍・研究に出会い，研究のすばらしさに感銘を受けた
　　□ （自分に研究者としての能力があるのか，不安だったが）研究室の先輩・仲間等が応援してくれた
　　□ （実験や分析をしてみて）新たな事実を発見するという喜びを知った
　　□ 社会に何かを還元したいという気持ちが強かった
　　□ 一般企業等の就職先がなかった・少なかった
　　□ 就くことが平易な職業であると考えた
　　□ その他

Ⅰ-7　現在の研究上の目標として該当するものがあれば，チェックをつけてください（複数回答可）。
　　□ 博士号の学位取得　　□ パーマネント職への就職　　□ 准教授への昇進　　□ 教授への昇進
　　□ 国内の学術雑誌掲載　□ 海外の学術雑誌掲載　　□ 書籍の執筆

Ⅰ-8　研究活動を続けることを動機づける要因があれば，お書きください。

Ⅰ-9 研究活動を続けることを難しくさせる要因として下記に該当するものがあれば、チェックをつけてください（複数回答可）。
　□ 研究予算の確保に困窮している
　□ 学務によって研究活動にかける時間を奪われている
　□ その他（以下に、記述してください）

```
[                                                            ]
```

Ⅰ-10 教育活動を続けることを動機づける要因があれば、お書きください。

```
[                                                            ]
```

Ⅰ-11 教育活動を続けることを難しくさせる要因があれば、お書きください。

```
[                                                            ]
```

【セクションⅡ　研究テーマ，業績について】

このセクションでは、女性会計研究者の研究面での特徴を明らかにするために、ご自身の研究領域や研究テーマ、研究テーマ選択の動機などをお尋ねいたします。

設問Ⅱ-1（1）ならびにⅡ-2のご回答時に記入頂いた個人情報は、アンケート結果の集計および実証的研究のために使用いたします。アンケート結果は統計的に処理し、回答結果から特定の個人が識別できる情報としては取扱いませんが、特定の個人が識別できる情報を取り除いた上で、回答の一部を公表することがあります。こうした公表を希望しない場合は、各設問の最後の□にチェックをつけてください。

Ⅱ-1　（1）研究テーマ，（2）研究において用いる情報源，（3）研究方法についてお尋ねします。

（1）研究テーマをお書きください。テーマを複数お持ちの場合は複数ご記入ください。

	例）無形資産
テーマ1	
テーマ2	
テーマ3	

　　　　　　　　　　　　　　　　　　　　　　□Ⅱ-1（1）の公表を希望しない

（2）研究における情報源として用いているものをお選びください（複数選択可）。
　　□ 会計基準・監査基準　　□ 歴史資料
　　□ 学術論文　　　　　　　□ 企業の年次報告書や開示書類，会計数値など一般に公開された情報
　　□ 質問票調査結果　　　　□ インタビュー結果
　　□ 企業の内部資料など，一般に公開されていない情報
　　□ その他（　　　　　　　　　　　　　　　　　　　　　　　　　　　　　　　　　）

（3）研究方法についてお選びください。回答にあたっては，同封の「研究方法の分類について」をご参照ください（複数選択可）。テーマを複数お持ちの場合はそれぞれについてお書きください。

テーマ1	□①分析的研究	□②実証研究	□③実験研究	□④記述的研究
	□⑤規範的研究	□⑥歴史研究	□⑦事例研究	□⑧その他
テーマ2	□①分析的研究	□②実証研究	□③実験研究	□④記述的研究
	□⑤規範的研究	□⑥歴史研究	□⑦事例研究	□⑧その他
テーマ3	□①分析的研究	□②実証研究	□③実験研究	□④記述的研究
	□⑤規範的研究	□⑥歴史研究	□⑦事例研究	□⑧その他

Ⅱ-2　研究テーマ選択の動機をお書きください。Ⅱ-1でテーマを複数ご提示頂いた場合は，それぞれについてお書きください。

	テーマ選択の動機
テーマ1	
テーマ2	
テーマ3	

　　　　　　　　　　　　　　　　　　　　　　　　　　□Ⅱ-2の公表を希望しない

Ⅱ-3　直近の10年間に出版された研究に関する書籍（単著・共著）についてお書きください。
研究業績が掲載されているURLを記載頂いても結構です。

　URL:http://

（1）書籍（単著）　□□冊　　（2）書箱（編著・共著）　□□冊

Ⅱ-4 国内外の雑誌掲載論文(対象期間:2010年4月〜2015年3月掲載まで)の本数について,数字でお書きください。研究業績が掲載されているURLを記載頂いても結構です。

URL:http://

(1) 査読付き論文数　　　　　合計　　　本

内訳

日本語　　　本　　英語　　　本　　その他(　　)語　　　本

(2) 査読なし論文　　　　　　　　　　　　本

(3) ワーキングペーパー等　　　　　　　　本

(4) その他の一般書,論文集,辞書等への執筆　　　本

Ⅱ-5 ご自身の代表的書籍・論文を3本挙げてください。期間は問いません。本設問に記入頂いた個人情報は,スタディ・グループが行う理論的研究にのみ使用し,外部には公表しません。

1本目　書籍タイトル/論文タイトル		
発行年	出版社/雑誌名	キーワード(3つ)

2本目　書籍タイトル/論文タイトル		
発行年	出版社/雑誌名	キーワード(3つ)

3本目　書籍タイトル/論文タイトル		
発行年	出版社/雑誌名	キーワード(3つ)

【セクションIII　社会貢献活動について】

このセクションでは，女性会計研究行の社会貢献面での実態を明らかにするために，所属組織外の委員会等のご経験についてお尋ねします。

III－1　これまでに各種学会等の役員，所属組織内外の委員会の委員などをご経験された場合は，ご経験されたものにチェックをつけてください（複数選択可）。
☐ 各種学会等の役員
☐ 国・都道府県・市区町村の審議会・委員会の委員
☐ 企業の社外取締役や社外監査役等

III－2　これまでに学内外での職務に関わる社会活動（小中高との連携，公開講座，講演会・セミナー，展示会，ボランティア活動等）をご経験された場合は，ご経験されたものにチェックをつけてください（複数選択可）。

☐ 小中高との連携　　☐ 公開講座　　☐ 講演会・セミナー　　☐ 展示会
☐ ボランティア活動　☐ その他（　　　　）

【セクションIV　記入者について】

IV－1　記入者についてお書きください。

お名前
ご所属

ご氏名・ご所属を研究協力者として報告書等に記載することを許可されますか。
☐ 可　　☐ 不可

【個人情報の取り扱いについて】

　アンケートに記入頂いた個人情報については，文部科学省「文部科学省所管事業分野における個人情報保護に関するガイドライン」に沿って厳重に管理いたします。アンケート結果は統計的に処理し，回答結果から特定の個人が識別できる情報としては取扱いません。アンケート原票は，上記研究成果の作成に必要な期間（2年間）経過後，速やかに廃棄いたします。

　　　　　　　　　　　質問は以上です。ご協力を賜りまして，誠にありがとうございました。
　　　同封の返信用封筒に封入し（お手数ですが本票は三つ折にしてください）ご返送くださいませ。

［Appendix 2］ 第 2 回質問票調査・質問票

このたびは調査へのご協力を賜り，誠にありがとうございます。設問は【1】から【10】までです。同封の回答サンプルもご参照ください。郵送でのご回答のほか，ウェブサイトでも回答を受け付けております（http://goo.gl/forms/spZjzL 5 swg）。

【1】ご自身について伺います。
（1）職位をチェックしてください（複数選択可）。
大学等⇒ □1．名誉教授 □2．教授 □3．准教授 □4．専任講師 □5．助教 □6．その他（ 　 ）
監査法人 ⇒ □1．代表社員 □2．社員 □3．社員以外
公的機関・非営利組織 ⇒ □1．管理職 □2．研究職 □3．その他（ 　 ）
企業⇒□1．役員 □2．管理職 □3．研究職 □1．その他（ 　 ）
（2）雇用形態をチェックしてください。
　　　□1．常勤（任期なし） □2．常勤（任期あり） □3．非常勤 □4．R.A.・学術研究員 □5．その他
（3）研究職歴をご回答ください。

　　研究職歴　　　　　　　□□　年目

　　※現在大学院に在学中の方は右の□をチェックしてください。　□1．大学院に在学中
（4）ご年齢をチェックしてください。
　　　□1．20代 □2．30代 □3．40代 □4．50代 □5．60代 □6．70代以上
（5）性別をチェックしてください。
　　　□1．男性 □2．女性

【2】専門分野に最も近い選択肢1つにチェックをつけてください。
　　　□1．財務会計 □2．管理会計 □3．監査 □4．税務会計 □5．その他（ 　 ）

【3】現在の研究上の目標にチェックをつけてください（複数選択可）。
　　　□1．新しい知見の発見 □2．社会貢献 □3．国内学会での報告 □4．海外学会での報告
　　　□5．国内の学術雑誌への論文掲載 □6．海外の学術雑誌への論文掲載 □7．書籍の出版
　　　□8．博士号の学位取得 □9．常勤職への就職 □10．他大学への移籍
　　　□11．准教授・教授への昇進 □12．なし □13．その他（ 　 ）

【4】学会報告経験について伺います。
（1）日本会計研究学会でのご報告についてチェックをつけてください。
　1．統一論題報告　□1．あり　□2．なし
　2．自由論題報告　□1．あり（単独）　□2．あり（共同）　□3．なし
（2）上記以外の国内外の学会報告がおありの場合は，学会名を具体的にご回答ください（複数回答可）。
　1．統一論題のご報告（学会名：　　　　　　　　　　　　　　　　　　　　　　　　　　　）
　2．自由論題のご報告（学会名：　　　　　　　　　　　　　　　　　　　　　　　　　　　）
　3．パネルディスカッション（学会名：　　　　　　　　　　　　　　　　　　　　　　　　）
　4．ポスターセッション（学会名：　　　　　　　　　　　　　　　　　　　　　　　　　　）

【5】留学（在外研究）経験について伺います。
（1）留学の期間，資金源，目的，成果をご回答ください。複数回留学された方は個別にご回答ください。留学経験なしの方は【6】にお進みください。

1回目の留学期間と出発当時のご年齢　　　　　　　ヶ月　　　○代
資金源　□1.私費　□2.所属機関の制度　□3.所属機関外の制度（具体名：　　　　　　　）
目的　□1.学位の取得　□2.現地での調査研究　□3.現地での共同研究ほか　□4.その他（　　）
成果　□1．学位の取得（取得された学位：　　　　　）□2．現地での調査研究に基づく論文執筆 　　　□3．現地での共同報告または論文執筆　□4．その他（　　　　　　　　　　　）

2回目の留学期間と出発当時のご年齢　　　　　　　ヶ月　　　○代
資金源　□1.私費　□2.所属機関の制度　□3.所属機関外の制度（具体名：　　　　　　　）
目的　□1.学位の取得　□2.現地での調査研究　□3.現地での共同研究ほか　□4.その他（　　）
成果　□1.学位の取得（取得された学位：　　　　　）□2.現地での調査研究に基づく論文執筆 　　　□3.現地での共同報告または論文執筆　□4．その他（　　　　　　　　　　　）

【6】現在取り組まれている主たる研究テーマ，情報源，研究方法についてご回答ください。

研究テーマ1（　　　　　　　　　　　　　　　　　　　　　　　　　　　　　　　　　　）

研究方法 複数選択可	情報源 複数選択可	1.会計基準・監査基準	2.歴史資料	3.学術論文	4.質問票調査結果	5.実験結果	6.企業の開示書類や会計数値など，一般に公開された情報	7.インタビュー結果	8.企業の内部資料など，一般に公開されていない情報	9.その他（　）
1.歴史研究	⇒	□	□	□	□	□	□	□	□	□
2.実証研究	⇒	□	□	□	□	□	□	□	□	□
3.事例研究		□	□	□	□	□	□	□	□	□
4.実験研究	⇒	□	□	□	□	□	□	□	□	□
5.記述的研究	⇒	□	□	□	□	□	□	□	□	□
6.規範的研究	⇒	□	□	□	□	□	□	□	□	□
7.分析的研究	⇒	□	□	□	□	□	□	□	□	□
8.その他	⇒	□	□	□	□	□	□	□	□	□

研究テーマ2（　　　　　　　　　　　　　　　　　　　　　　　　　　　　　　　　　　）

研究方法 複数選択可	情報源 複数選択可	1.会計基準・監査基準	2.歴史資料	3.学術論文	4.質問票調査結果	5.実験結果	6.企業の開示書類や会計数値など，一般に公開された情報	7.インタビュー結果	8.企業の内部資料など，一般に公開されていない情報	9.その他（　）
1.歴史研究	⇒	□	□	□	□	□	□	□	□	□
2.実証研究	⇒	□	□	□	□	□	□	□	□	□
3.事例研究		□	□	□	□	□	□	□	□	□
4.実験研究	⇒	□	□	□	□	□	□	□	□	□
5.記述的研究	⇒	□	□	□	□	□	□	□	□	□
6.規範的研究	⇒	□	□	□	□	□	□	□	□	□
7.分析的研究	⇒	□	□	□	□	□	□	□	□	□
8.その他	⇒	□	□	□	□	□	□	□	□	□

【7】競争的資金の状況について伺います。
(1) これまでの科研費の受給状況についてチェックしてください（複数選択可）。
　　□1.受給あり(代表者)　□2.受給あり(分担者)　□3.受給なし
(2) 平成25年度から平成27年度の競争的資金の受給状況についてチェックしてください（複数選択可）。
　　科研費⇒　　　　　　　□1.受給あり（代表者）　□2.受給あり（分担者）　□3.受給なし
　　学内の競争的資金　⇒　□1.受給あり（代表者）　□2.受給あり（分担者）　□3.受給なし
(3) (1)と(2)以外の研究資金を取得された方は資金名をご回答ください（分担者でも可）。
　　(　　　　)
(4) 競争的資金をもらったことのない方は資金面での問題についてチェックしてください。
　　□1.個人研究費で十分　□2．所属機関の設備等で十分　□3．その他（　　）

【8】国内で公表した（公表予定を含む）研究論文について伺います。
(1) 学会賞などの受賞歴をお答えください。
　　□1.あり（表彰制度名：　　　　　　　　　　）　□2．なし
(2) 研究職に就かれてからの、年間の平均公表論文数をチェックしてください。
　　□1．10本以上　□2．7～9本　□3．4～6本　□4．3本　□5．2本　□6．1本　□5．0本
(3) 平成25年度から平成27年度に公表した（公表予定を含む）論文数をチェックしてください。
　　□1．10本以上　□2．7～9本　□3．4～6本　□4．3本　□5．2本　□6．1本　□5．0本

【9】海外の学術雑誌への投稿の有無をチェックしてください。
(1) □1.あり（□レフリードジャーナル　□レフリードジャーナル以外）　□2.なし

(2) 「あり」を選択された方に伺います。雑誌名，レフリー期間，掲載についてご回答ください。

論文1	雑誌名			
	レフリー期間	ラウンド　約	年　約	ヶ月
	掲載　□1.レフリー中　□2.された			

論文1	雑誌名			
	レフリー期間	ラウンド　約	年　約	ヶ月
	掲載　□1.レフリー中　□2.された			

【10】国内外のレフリー（した側の）経験と編集委員の経験についてチェックしてください。
(1) 国内雑誌　□1.あり　□2．なし　　海外雑誌　□1.あり　□2．なし
(2) 海外雑誌の編集委員のご経験がある方は，その雑誌名をすべてご回答ください。
　　雑誌名：

質問は以上です。ご協力を賜りまして，誠にありがとうございました。
今後インタビュー調査を行う場合などにご協力いただける方は，以下をご記入ください。

お名前	
ご所属	
メールアドレス	＠

第Ⅵ章 代表論文からみた女性会計研究者の特色

第1節 序　論

(1) はじめに

　前章では，データから女性会計研究者の魅力を分析した。本章では，わが国における女性会計研究者の研究面を，代表論文[1]を素材にしてその特色[2]を捉えていく。

　本書では，日本の女性会計研究者（以下，女性会計研究者と略す）の現状と課題に関して，先駆者の功績，アンケート調査から収集したデータ分析を軸に，さらに多彩な側面を加えることによってアプローチしている。第Ⅳ章では，スタディ・グループ「わが国における女性会計学者の現状と課題」発足時（平成26年9月）において70歳以上であった女性会計研究者の足跡を通して，対象となった4先生がご活躍された時代背景を中心とした考察を行った。本章では，女性会計研究者の代表論文を実際に読み，対象論文の研究方法と研究領域・研究テーマの特色を抽出し，集約するという手続きを通じて，日本会計研究学会

---

[1] 第1回アンケート調査における設問Ⅱ-5（第Ⅵ章掲載の第1回アンケート調査参照）の回答結果に基づく。回答によっては，学術雑誌等に掲載される論文と書籍の両方を含む。
[2] 本章において，特色とは，他のものと違って優れている点，特徴とは他のものと比べて特に目立つ点という意味で使用している。

の会員である女性会計研究者の研究面を描き,課題を明らかにするという研究スタイルを用いる。本章では歴史研究で幾分限定された研究対象を,本章における研究スタイルによって調査対象を広げたい。

本章で行った研究プロセスと検証の方法を述べる。本節の構成は次のとおりである。(2)では,調査対象について概観する。(3)では,代表論文の研究領域と研究方法についての区分の考え方と手続きについて説明する。第2節から第4節では,領域別に検討する。財務会計領域,管理会計領域と,監査領域,環境会計領域,公会計領域,税務会計領域,会計史領域に大きく分けている。全体としては7領域それぞれについて,女性会計研究者の研究論文の特色を詳しくとりあげる。第5節では,総括として女性会計研究者の課題を述べる。

(2) 調査対象

① 調査対象と対象期間

最初に,調査対象について述べる。本章では女性会計研究者の代表論文を対象としている。アンケート調査に協力してくださった女性会計研究者が自ら回答した代表論文を対象とした。つまり,基礎資料は,2015年度中に実施した第1回アンケート調査において,女性会計研究者が自ら質問票に挙げた代表論文である。よって,会計学の全分野が対象となっている。

対象期間は長い。回答を得た代表論文の発表期間である1984年から2015年までである[3]。

先行研究である日本会計研究学会課題研究委員会(2008年設置)では,雑誌『會計』(以下,『會計』と略す)が調査対象として選ばれている。課題研究委員会で『會計』が選ばれたのは,『會計』が日本会計研究学会の研究動向の全体を反映していると考えられたからであり,客観的な代表性が担保されている。一方,本章では『會計』を選んだとしても,女性会計研究者の研究内容と特徴や特色を調査するには適切な対象とは言えないと考えた。第Ⅱ章第3節(1)において明らかにしたように,女性会計研究者の日本会計研究学会における自由論

---

3 日本会計研究学会の女性会員は,第Ⅱ章で明らかにしているように,1984年以前にもおられる。にもかかわらず,本章の調査対象が1984年以降になったのは,あくまでも女性会計研究者が自ら質問票に書き込んだ代表論文を対象としているためである。

題報告は徐々に増え，これに対応するように『會計』に掲載された論文数は，図表Ⅵ-1のような傾向を示している。図表Ⅵ-1は1961年から2016年までの56年間に女性会計研究者が『會計』に掲載した論文数の変化である。掲載論文総数は254篇であり，年々の掲載論文数は棒グラフで表している[4]ように増加傾向である。しかし，一部の研究者が『會計』に年度をまたいで複数篇掲載しているのではないかと思われた。そこで，実質の著者人数を調査すると，56年間で110名の女性会計研究者であることが判明した[5]。つまり，1961年から2016年までに女性会計研究者が『會計』に掲載した論文数は，共同執筆をダブルカウントすると，実質110名の掲載論文に限られ，調査対象は小さくなる。

それでも，『會計』を選ぶと調査対象が限定的になってしまう。なぜなら，女性会計研究者は，必ずしも『會計』で発表できたわけではなかった。かつて『會計』は依頼論文であったし，日本会計研究学会で報告をしなければ，『會計』に掲載できなかった[6]のである。こうした背景を考慮して，たとえ『會計』を調査対象としたとしても，特定の女性会計研究者の公表論文に偏るという傾向が残ってしまうため，『會計』を調査対象とするという選択肢を消去した。

代表論文を調査対象とした積極的な理由もある。わが国では学会誌の数が多く，大学の研究紀要が研究成果の公表媒体として存在してきたこと，さらには書籍の出版事情に鑑みると[7]，欧米に比して日本は研究成果を公表する場が多い。そうした多様な媒体に掲載された研究成果を分析することこそが女性会計研究者の研究活動を捉えることになると考えた。

---

4 ひとりの研究者が同じ年度に2篇以上掲載している場合があるので，実質の著者人数としてカウントし直したものを折れ線グラフで表している。
5 たとえば，能勢信子先生は1961年，1963年，1968年などに論文を掲載されているので，実質の著者人数は1名と数えた。同じ例は他の女性会計研究者にもみられ，その傾向は，2008年まで続いている。
6 たとえば，最初の女性会員である能勢信子先生は1953年に日本会計研究学会に入会されたが，『會計』に最初に研究成果が掲載されたのは1961年である。
7 日本は出版社の数が多いこと，所属機関や研究財団の出版助成制度が比較的充実しているという事情がある。

図表Ⅵ-1 『會計』掲載論文数の変化

(注) 2017年は3月号までしか把握できなかったので除外した。

　こうした考察を経て，女性会計研究者自らが代表作と称する著書，論文などを3篇以内で選んだ業績を調査対象とした。したがって，本章が対象とした女性会計研究者の代表論文は，女性会計研究者が自己認識として自らの研究が一定水準に到達したと判断して挙げた論文を対象としている[8]。

② 調査対象の発表媒体

　女性会計研究者の代表論文はどのような媒体で公表されているのか。第1回アンケート調査で回答があった228篇の発行元を調査した結果は，図表Ⅵ-2のようになった。学術論文（70.6％）が最も多い。詳しくみると，所属機関（大学・短期大学）等の研究紀要で研究成果を発表する割合が最も高く（26.3％），これに学会誌・研究紀要以外の発表媒体，すなわち出版社が発行する学術雑誌が続いている（22.4％）。他方，著書（単著）は14.5％である。著書（単著）と共著（11.8％）と合わせると26.3％となり，単著・共著（章担当）を問わなければ，著書による研究発表は，研究紀要等の論文公表とならんで女性会計研究者にとって重要

8　この意味では，調査対象を選択した段階で完全に価値判断を排除できているわけではない。

な公表ツールとなっている[9]。

図表VI-2　代表論文の発表媒体

	研究論文数	比率
著書（単著）	33	14.5%
著書（共著）	27	11.8%
論文（学会誌）	50	21.9%
論文（所属機関等の研究紀要）	60	26.3%
論文（学会誌・研究紀要以外）	51	22.4%
その他（博士論文）	4	1.8%
不明	3	1.3%
計	228	100%

（注）著書（共著）とは，章を担当した場合である。論文（学会誌）には，『会計プログレス』，『財務会計研究』，『原価計算研究』，『現代監査』，『監査研究』，『日本簿記学会年報』，『会計史学会年報』，『国際会計研究学会年報』，『会計理論学会年報』，『年報経営分析研究』，『社会関連会計研究』，『非営利法人研究学会誌（継前誌：公益法人研究学会誌）』が含まれる。論文（学会誌・研究紀要以外）とは，出版社が編纂，発行している学術雑誌であり，森山書店『會計』，中央経済社『企業会計』，産業経理協会『産業経理』，税務経理協会『税経通信』である。不明とは，質問票に論文のタイトルが書かれていたが，未公刊であったものである。第2節で詳しく述べている。

　図表VI-3は，代表論文の公表言語を集計したものである。大多数（94.3%）が日本語で研究成果を発表されているが，外国語で公表された代表論文もある。

図表VI-3　代表論文の公表言語

	研究論文数	比率
日本語	215	94.3%
外国語（日本語以外）	13	5.7%
計	228	100%

　このように，女性会計研究者は代表論文の公表を，地道で着実な方法で行っているのは明らかである。しかしながら，論文が研究者コミュニティの目にとまる頻度，すなわち学術論文のサーキュレーションという視点からは，一般に，所属機関の研究紀要よりも学会誌や出版社が編纂する学術雑誌の方が高いとい

9　なお，第1回調査時点において，インターネット・ジャーナルで公表したという回答はなかった。

う見方もある[10]。労作である代表論文から生み出された知見を一層広く研究者コミュニティへ，さらには社会へと還元するためには，女性会計研究者ひとりひとりが公表手段を一層増やしていかねばならないだろう。

(3) 研究領域と研究方法

① 研究領域

　女性会計研究者の代表論文は全部で，228篇であった[11]。この228篇は会計学の全領域にまたがっている。(1)で述べたように，本章の目的は，女性会計研究者の代表論文の特色を析出することにあるので，会計学の領域ごとに分類し，特徴を捉えることにした。

　そこで以下では，各領域の分類方法・分類基準を明確にする。最初に，会計を，会計情報の利用目的によって，財務会計と管理会計に分けた。財務会計は，経済主体の外部の利害関係者に対して会計情報を報告することを目的とした会計であり，管理会計は，経済主体の内部の利害関係者に経営管理に関する意思決定に役立つ会計情報を報告することを目的とする会計である。このような会計の内容は会計目的によって変わりうる。経済主体の要求によって変化するだろうし，時代や環境によって変化するだろう。経済主体の要求という観点からは，企業会計の他に公会計などがある。また，開示される情報は財務情報のみではない。環境会計情報開示ではCSR報告，統合報告のように社会的に要請され確立しつつある領域がある。監査や税務会計は，法律の規制に従って実施される財務会計とともに発展してきた。そして，監査は環境会計や公会計領域の会計情報の信頼性を保証する行為やリスク情報も含んで，研究対象に拡大がみられる。このように，会計情報の報告目的と，経済主体が行う経済活動に役立つ会計情報に着目して，会計を6つの領域に分類した。さらに会計学の歴史領域は，会計史が確立しているという観点から[12]，独立させた。その結果，財務

10　研究紀要であってもオープンソースになっており，アクセス件数が多いという指摘もあろう。ここでは，女性会計研究者に，特定の発行媒体に偏ることなく成果を公表するツールを幅広く確保してほしいという意味で述べている。

11　ただし，財務会計領域で入手できなかった論文があったため，実質は224篇である。詳細は第2節で説明している。

会計，管理会計，監査，環境会計，公会計，税務会計，会計史の7領域になった。

　領域を決めたのちに，統一的な視点で代表論文を割り振った（第一段階の割り振り）。その後，実際に論文を読み，第一段階の割り振りを弾力的に修正した（第二段階の割り振り）[13]。たとえば，学際領域を扱っている研究テーマや，7領域のいずれか2つの領域にまたがりそうな論文は，最も特徴を表す主題を把握するため，内容を読み直し，より近い領域に再分類した[14]。その結果，女性会計研究者の代表論文は次のように割り振られた。

図表Ⅵ-4　領域と論文数

領域	財務会計	管理会計	監査	環境会計	公会計	税務会計	会計史
論文数	120	41	18	16	6	7	20

（注）合計228篇である。研究対象は，代表論文であるため，研究者数は省略している。なお，財務会計120篇は，最終的に入手可能な論文は116篇となった。この経緯については，本章第2節注28で説明している。

② 研究方法

　①で述べたように，会計学の領域別分類は7領域になった。これらにどのようにアプローチすれば，研究内容の特徴が抽出できるのか。いかなる論文も執筆者である研究者が採用した研究方法があるはずである。また時代や社会経済的な要請や，自ら取り組んできた研究テーマや先行研究，企業（経済主体）の実践，実態を観察して着想した研究アイディアや仮説があるはずである。

　そこで，代表論文が依拠している方法論的な基盤から特徴を捉え，次に研究テーマに着目して，代表論文を分類することにした。そして，分類の軸を，大分類・中分類・小分類と呼ぶことにした。図表Ⅵ-5のとおりである。

12　詳しくは，本節②-(a) ならびに第4節(5)の説明を参照されたい。
13　第二段階の割り振りが終わるまでに，全体打ち合わせ会を15回，メール回議と少人数での打ち合わせを都合448回行った。2015年度中に開催した会議のほぼ半分を割り振りの見直し作業に当てた。
14　事例研究などを扱った環境管理会計に属する論文と非営利組織に関する論文は，管理会計領域に再分類した。

| 図表Ⅵ-5 | 大分類・中分類・小分類の関係 |

代表論文が採用した研究方法	大分類
代表論文の研究テーマ	中分類
代表論文の研究テーマを最もよく説明している キーワード（概念/用語など）	小分類

(a) 研究方法の定義

　最初に，研究方法から説明する。研究方法については，既存の研究成果をベンチマークとした。先行研究のなかから，課題研究委員会の研究成果である，徳賀・大日方編著［2013］および平松監訳［2015］（第4章，第7章～第10章）を参照して7領域を網羅できる定義を探った。7領域のなかで財務会計と管理会計が代表論文の大部分を占めることは事前に予想されていた。財務会計と管理会計が大多数であるとして，それらに加えて7領域全体に適用できる唯一の研究方法の定義はどのようなものかが議論になった。先行研究，すなわち，財務会計だけを対象にした課題研究委員会の定義を，会計学の全領域を対象としている本書の研究対象に当てはめられるのか再検討した。

　具体的に論点としたのは次の3点である。第一は，管理会計を含んだ場合でも整合的になる定義を模索するという論点である。先行研究（上總［2010］）が，グローバル規模で管理会計は記述的研究[15]が増えつつあると指摘していること，また規範論の重要性は決して低くないと指摘していることに留意した。

　第二は，財務会計の視点からの論点である。つまり財務会計論文の中には，記述的研究に大きく依拠するものと，研究者の価値判断を色濃く出すことを目指している規範的研究とがあり，両者を一括りにすることはできないというものである[16]。特に，日本の財務会計研究については，規範的研究を目指してい

15　上總［2010］は「記述研究」としている。上總［2010］60頁を参照されたい。

16　他方，記述的研究と規範的研究を分けたところで，「論文の書き手が総じて規範理論と記述理論の違いを明確には意識していない以上，両者を厳密に区分したところで，日本の財務会計研究が有している強みや弱みを見出すのは難しい」とした課題研究委員会の判断は確認している。本章では，会計学全領域の女性会計研究者の代表論文の特色を捉えることにあるので，記述的研究と規範的研究を切り分け，採用した研究方法が複数あるならば，採用された研究方法をひとつひとつ識別する方が目的に合致すると考えた。

ることこそが特色ではないかという指摘があった[17]。その結果，研究方法に関して，記述的研究と規範的研究を区分する必要性を認識した[18]。

第三に，実証研究と事例研究の関係について検討を重ねた。管理会計領域では，事例研究の多くは特定の企業を対象にインタビュー調査や内部資料の閲覧など一般には入手不可能な情報を収集する研究方法に依拠する傾向があり，少数サンプルを使用する事例研究が主要な研究方法として採用されていることを確認した。他方，財務会計のように大量のデータを解析することで，一定数の事実を示す研究方法がある。よって，事例研究と実証研究を区分する方が，管理会計であっても財務会計であっても等しく研究方法の位置づけが可能になると考えた。

こうした検討を経て，研究方法の分類は図表Ⅵ-6のようになった。記述的研究と規範的研究をそれぞれ単独で研究方法とみなす，つまり，記述的研究と規範的研究を分けた。さらに，実証研究と事例研究を切り分けた点が先行研究と異なる。

図表Ⅵ-6　研究方法の分類

記述的研究	非数量的な分析で，観察される現象間にみられる因果関係の解明を重視した研究
規範的研究	価値判断が色濃く反映された研究
実証研究	ある命題について一定数以上の事実を示すことで知見を得ようとする研究
歴史研究	歴史的事実を描写することによって知見を得ようとする研究
事例研究	主として比較的少数の事例から知見を得ようとする研究
分析的研究	既存のアナリティカルな手法による分析を行っている研究ならびに方法論に関する研究
実験研究	実験によって知見を得ようとする研究
その他	上記に該当しない手法によって知見を得ようとする研究

(注) 研究方法の説明は，日本会計研究学会課題研究委員会［2008-2010］「日本の財務会計研究の棚卸し：国際的な研究動向の変化の中で」中間報告書および最終報告書に依拠している。ただし，分析的研究についてはタイトルの表現を変更した。

17　同様の指摘は，第1回アンケート調査をパイロットテストしたときにもあった。「研究方法について，日本で最も多く採用されていると言われている規範的研究が入っていない」という意見が出されたことに応える結果となった。

18　課題研究委員会に依拠しながら，これを修正する分類に帰着したという意味である。

(b) 研究方法(大分類)の検討

①での検討を踏まえて，まず代表論文全体を研究方法の観点から特徴付けた（研究方法を大分類と名付けたのは，図表Ⅵ-5に示したとおりである）。このときに，代表論文が，複数の研究方法を使っている場合がある[19]。研究方法（大分類）を構成しているのは，記述的研究，規範的研究，実証研究，歴史研究，事例研究，分析的研究，実験研究である。代表論文は，これら方法論のいずれか一つ以上を採用しているはずである。このいずれも使っていない著作がある場合には，その他，に分類した。つまり，女性会計研究者が提出した代表論文が，啓蒙的な目的や社会貢献につながる目的で執筆された著作であっても，それが女性会計研究者によって「代表」的な著作であると挙げられた論稿であれば，広義のアカデミック・ワークとみなし，学術論文と同等の価値をおいた[20]。

さて，研究方法に関して検討を要したのは，歴史研究であった。本章では，実際に，女性会計研究者から回答があった代表論文（著書を含む）を通読し，論稿で使われている研究方法を識別し，研究内容を短い文章にまとめていくという作業を繰り返した[21]。その結果，浮上したのは，代表論文が論文構成や検証の仕方において歴史的な経緯を踏まえた論証方法をとっている場合，その代表論文は研究方法にどのような特徴があると言えるのか，言い換えると，その代表論文は財務会計なのか，あるいは会計史の論文なのか，いずれに分類されるべきなのかという点である。

つまり，「歴史研究とは何であるのか」，「研究方法としての歴史研究に隣接する会計史とはどのような領域であるのか」が議論になった。そこで，先行研究である日本会計研究学会課題研究委員会『日本の財務会計研究の棚卸し』での議論を紐解き，参照した。その結果，代表論文が財務会計なのか，果たして歴史研究なのかという区分を明確にしなければならないという結論に至った。このことは，財務会計以外の領域にも当てはまる。そして，下記2．「論文の

---

19 たとえば財務会計で，記述的研究を主な研究方法としながら規範的研究を目指しているものである。
20 なぜならば，ここでは日本会計研究学会の女性会員の活動を顕彰し，その特色を捉えることを目的としているからである。
21 通読した結果を持ち寄り，意見交換するという作業を繰り返した。

結論部分に対して,歴史研究への強いコミットメントがあるかどうか」が重要である[22]という考えに至った。そこで,歴史研究に該当する論文かどうか,グレーゾーンにあるものを取り上げて,再度検討した[23]。具体的な作業のステップとしては,

1.論文全体を通じて,歴史研究となっているかどうかを確認する。
2.論文の結論部分に対して,歴史研究への強いコミットメントがあるかどうかに注意して,確認作業をする。

この2つが満たされるならば,「研究方法(大分類)」を「歴史研究」とした。その結果として,論文執筆者(精査の対象となった女性会計研究者)が採用した研究方法のなかに歴史研究が含まれる場合は,財務会計領域では,後述する本章第2項,図表Ⅵ-8に掲載しているように,論文数はのべ8篇となった[24]。

実際に,代表論文を精読する作業をする中で浮上したもうひとつの論点は,「教育」目的で執筆された論文と「簿記」に関するものであった。代表論文に述べられている論文の目的や開題部分に書かれている問題意識や,所収されている編著の構成を確認して,「教育」目的で公表されたことが明確であり,設例の量や論述形式からもそれが判断され,研究者や会計人以外にも幅広い読者を想定して発表された総説である場合には「その他(教育)」のカテゴリーに分類した[25]。また,「簿記」に関する代表論文は4篇あったが,同様の判断過

---

[22] 清水[2013]178頁が言及しているように,会計史は,史料を所与としながら史料に裏付けられる範囲で会計学上の問題設定をし,史料収集に加え史料批判を行い,さらに固有性と特殊性という側面から特定の事象についての歴史を再構築する必要がある。また,「歴史学一般の方法によれば,歴史研究の範囲は,主として研究者の歴史的関心の有無によって決定される(清水[2013]179頁)」という考え方が,歴史研究に該当するか否かのベンチマークとなった。

[23] 財務会計分野のみならず,管理会計,監査,公会計,環境会計,税務会計,会計史,さらに実証研究に詳しい研究者が加わり,複眼的に精査した。

[24] 歴史研究を研究方法として採用していると分類した場合の具体的理由は次の通りである。①ドイツの会計国際化に向けた制度改革の過程の考察に基づくものであったから,②フランスの会計基準設定主体の戦後史であったから,③論文において明確に歴史的変遷を辿るものである事が示されていたから,である。

[25] これに該当したのは,研究テーマでは,企業分析(1篇),計算構造(1篇),企業結合(1篇)であり,加えて教育目的で執筆されたのが明白であったもの(2篇),合計5篇であった。

程を経て分類した[26]。上級簿記教育に関する代表論文の解釈には細心の注意を払い，それらが直ちに，「その他（教育）」に分類されたわけではない。発生史的，発展的な考察がされている論稿は，「会計史」に分類された。要するに，簿記に関する代表論文は，多くが会計史領域の論文であったし，教育目的の論文は「その他（教育）」に含まれることになった。

以上，本節では，研究領域の区分と研究方法の考え方について述べた。7領域と研究方法の一覧は図表Ⅵ-7に示している。

図表Ⅵ-7　研究領域と研究方法

上段：のべ論文数
下段：割合

	財務会計	管理会計	監査	環境会計	公会計	税務会計	会計史
記述的研究	84 46.2%	32 40.0%	6 24.0%	0 0.0%	3 25.0%	7 63.6%	20 37.0%
規範的研究	53 29.1%	8 10.0%	6 24.0%	5 31.3%	6 50.0%	2 18.2%	0 0.0%
実証研究	20 11.0%	10 12.5%	8 32.0%	9 56.3%	0 0.0%	1 9.1%	0 0.0%
歴史研究	8 4.4%	6 7.5%	1 4.0%	0 0.0%	0 0.0%	1 9.1%	20 37.0%
事例研究	7 3.8%	24 30.0%	4 16.0%	2 12.5%	3 25.0%	0 0.0%	14 25.9%
分析的研究	2 1.1%	0 0.0%	0 0.0%	0 0.0%	0 0.0%	0 0.0%	0 0.0%
実験研究	0 0.0%	0 0.0%	0 0.0%	0 0.0%	0 0.0%	0 0.0%	0 0.0%
その他	8 4.4%	0 0.0%	0 0.0%	0 0.0%	0 0.0%	0 0.0%	0 0.0%
計	182 100.0%	80 100.0%	25 100.0%	16 100.0%	12 100.0%	11 100.0%	54 100.0%

（注）小数点第2位を四捨五入したため，合計は100%になっていない。

本節に続いて第2節以降では，7領域ごとに代表論文の特色を考察する。領域ごとに研究テーマについて説明しているし，研究テーマと研究方法との関係についても検討している。

26　詳しくは，日本会計研究学会スタディ・グループ［2014-2016］「わが国における女性会計学者の現状と課題」最終報告書（以下，『最終報告書』）第Ⅵ章第8節(1)および(2)を参照されたい。

第2節　財務会計領域

　第2節と第3節では，女性会計研究者が多い領域をとりあげる。最初に，財務会計領域に係わる女性会計研究者の研究の特色を明らかにする。この目的のために，本節は以下のような構成で進める。(1)では，財務会計領域の研究テーマの分類方法について述べる。(2)では，研究テーマを研究方法と組み合わせた結果を概観する。(3)では，研究内容を具体的に紹介しながら(2)で明らかになった特徴を補完しながら議論している。考察の結果，財務会計領域の女性会計研究者の研究の特色は，全体の傾向を捉えるべく集計した結果から3点，さらに実際に代表論文を手に取り読んだ結果から1点の特色が把握できた。以下に示す。

- 財務会計領域に係わる女性会計研究者の代表論文の多くは会計基準，基礎概念，財務報告に関連がある研究テーマであった（合計73篇）。つまり，多くの女性会計研究者が，会計基準と基礎研究に注力してきた/している傾向にある。
- 財務会計領域に係わる女性会計研究者の代表論文で採用された研究方法は，2つの組み合わせを採る場合が多い（75篇）。
- 一方，財務会計領域に係わる女性会計研究者の代表論文で採用された研究方法が，1つである場合，最も多いのは記述的研究である（25篇）。次に，実証研究である（14篇）。
- 通時的にみれば会計の主題が変遷する中で，トピックに広がりがあるものの，代表論文は財務会計のコア領域につながる研究をとりあげてきた。

　本章では，女性会計研究者が第1回アンケート調査において代表論文と回答記入した著作を7領域[27]に分類した。女性会計研究者が携わっている研究領域のうち，財務会計領域は最も多く，実数は116篇となった。全領域（224篇）に占める財務会計領域の論文は51.8%である。

27　本章第1節(3)の①および②(b)に詳しい。

最終的な回答者数と論文本数は，回答者数54名，論文本数120篇（52.6％，名目数）となっていたが，実数は116篇となった[28]。

　対象となった116篇について，以下では，研究テーマ，研究方法それぞれに焦点を当てる。次に，研究方法と研究テーマをクロスさせて，女性会計研究者の研究の特色を浮き彫りにしていく。

(1) **研究テーマについて**

　本章第1節で述べたように，代表論文の特色を捉えるために，研究方法，研究テーマ，そして論文の中身を最も細部まで表すキーワードに留意した。そして，研究方法を大分類，研究テーマを中分類，キーワードを小分類と便宜的に名付けたのは本章第1節で述べたとおりである。このうち研究テーマは，時代ごとに，研究者が関心を持って取り組んできた財務会計の主題や研究領域である。

　ここで研究テーマをどのように整理したか説明する。研究テーマは，注意深く議論し，次のような手順を踏んで検討した。

　女性会計研究者の代表論文を所属研究機関の附属図書館，国会図書館から取り寄せ，通読したのちに，財務会計の研究テーマを構築するためにポイントとなる領域を挙げた。

　確定した研究テーマは，次のとおりである[29]。すなわち，会計基準，基礎概念，財務報告，概念フレームワーク，企業分析，中小企業会計，会計基準設定，会計制度，計算構造，その他（教育）である。

28　対象論文の実数が116篇になった経緯について説明しておく。財務会計領域の著作と特定されたものの，以下の理由によって対象から外さざるを得なかった著作が4篇あった。削除した理由は次のとおりである。①第1回質問票欄には掲載予定と記載されていたものの，未刊行であった。すなわち原本を入手することができなかった（2篇）。②国会図書館等を通じて検索をかけたが，原本を入手できなかった（1篇）。③共著だが，分担の明記がないため担当部分が不明であり，分析対象から外した（1篇）。なお，主な研究に近い方の章が不明であった場合，たとえば2章と4章を代表論文として申請している場合であれば2章というように先の章を代表論文1篇として機械的にカウント・分類することにした。

29　この段階では税務会計が含まれていたが，検討の結果，独立した会計領域として考察することになった。

研究テーマとは，女性会計研究者が関心を持って取り組んできた財務会計の主題や領域を表わす会計用語の集合であることは，既に述べた。代表論文の趣旨に沿って忠実にキーワードを取り出した最初の段階では，48項目となった。そもそも論文の執筆者が拠り所とする資料や学術論文が異なる場合，表現が異なっていても，極めて類似性の高い用語，概念を使って論文が書かれている場合がある。論文の構成や用語は，研究者が馴染んだ慣行や先達が確立した表現や外国語文献の定訳に依拠している場合もある。論文で使用される用語や概念の間に大きな差異・相違がないときには，集約したほうが研究テーマとして選択された会計領域を明確に表すことができると判断したものを統合し，10項目に確定した。

　このように，10項目に集約された研究領域（中分類）ごとに研究方法（大分類）[30]やキーワード（小分類）に留意して読んでいけば，女性会計研究者の代表論文の特色を捉えることができるようになるはずである。このことは，(3)で後述する。

(2) 研究方法と研究テーマの組み合わせ

　本章では「研究方法」[31]を通して女性会計研究者の代表論文を識別することを出発点としている。とくに研究方法と研究テーマを組み合わせて代表論文の特徴を描き出そうと試みた。そこで本項では，最初に財務会計領域における代表論文の研究方法（大分類）と研究テーマ（中分類）の集計結果を示し，続いて研究方法と研究テーマをクロスさせて代表論文の特徴を抽出していく。研究方法の全体像は図表Ⅵ-8が示すとおりである[32]。

30　『最終報告書』を参照されたい。
31　研究方法の分類は，『最終報告書』で詳しく述べた。
32　研究方法を複数使っている論文は，ダブルカウントしている。

図表Ⅵ-8　研究方法

研究方法 (大分類)	論文数 (のべ)
記述的研究	84
規範的研究	53
実証研究	20
歴史研究	8
事例研究	7
分析的研究	0
実験研究	2
その他	8
計	182

さらに研究テーマからみえる特徴についても考えてみたい。(1)で述べた経緯を経て，研究テーマ（中分類）は10項目となり，論文数，割合，研究者数は，図表Ⅵ-9のようになった。

図表Ⅵ-9　研究テーマと論文数

研究テーマ	論文数	論文割合
会計基準	45	38.8%
基礎概念	17	14.7%
財務報告	11	9.5%
中小企業会計	9	7.8%
会計制度	8	6.9%
概念フレームワーク	7	6.0%
企業分析	7	6.0%
その他（教育）	5	4.3%
会計基準設定	5	4.3%
計算構造	2	1.7%
計	116	100%

（注）小数点第2位を四捨五入した。

全般的な特徴としては次のことを指摘できる。まず，女性会計研究者は，会計基準を選択した割合が圧倒的に多く（45篇：38.8%），次いで，基礎概念（17篇：14.7%），その次に財務報告（11篇：9.5%）となっている。その数の差は大きい。会計基準をとりあげ検討している著作のほとんどが記述的研究，規範的研究である（研究方法との関係についての詳細は，図表Ⅵ-10および図表Ⅵ-11）。なお，この特徴はおそらく，日本会計研究学会全体の傾向であり，女性

会計研究者に限らないかもしれない[33]。また近年，財務会計のトピックを対象とした実証研究も多く行われているが，調査時点では，記述的研究や規範的研究と比較するとそれほど多くはない。

これら主要テーマに続いて，中小企業会計（9篇：7.6%），会計制度（8篇：6.9%）が挙げられる。概念フレームワーク，企業分析は同順位（各7篇：6.0%）である。代表論文とは，女性会計研究者自らが自身の研究を代表すると回答した論文であり，アカデミック・ワークを結実させたと自己認識している論文という意味である。このように考えると，5割以上の女性会計研究者が自らの研究活動を表現する洗練された論文を，財務会計のコア領域である会計基準，基礎研究領域で発表してきた，という意味では女性会計研究者の意欲の高さが窺える結果といえよう。

① 研究テーマと研究方法の組み合わせからみえる特徴－研究方法を1つだけ採用している論文の場合－

最初に，研究方法[34]を1つだけ採用している論文をとりあげる（図表Ⅵ-10）。研究方法を2つ以上採用している論文については後述する。

図表Ⅵ-10　研究テーマと研究方法を1つだけ採用している論文

	記述的	規範的	実証	歴史	事例	実験	分析的	その他（教育）	計
会計基準	10	1	5	0	2	0	1	0	19
基礎概念	3	3	2	0	0	0	0	0	8
財務報告	3	1	4	0	1	0	0	0	9
中小企業会計	4	0	0	0	0	0	0	1	5
会計制度	4	0	0	0	0	0	0	0	4
概念フレームワーク	0	0	0	0	0	0	0	0	0
企業分析	0	0	3	0	0	0	0	2	5
その他（教育）	0	0	0	0	0	0	0	5	5
会計基準設定	1	0	0	0	0	0	0	0	1
計算構造	0	0	0	0	0	0	0	0	0
計	25	5	14	0	3	0	1	8	56

33　これに関連して『最終報告書』第Ⅵ章および第Ⅶ章で，アンケート調査に基づく分析がされている。

図表Ⅵ-10から次のことを指摘できる。まず，会計基準（総数19篇）では記述的研究が最も多く（10篇），次いで，実証研究（5篇），事例研究（2篇），規範的研究，分析的研究（いずれも1篇）の順である。会計基準は，さまざまな研究方法に基づいてアプローチできる研究テーマであることがわかる。同様の傾向は基礎概念と財務報告にも当てはまるようである。財務報告（総数9篇）は実証研究（4篇）と記述的研究（3篇）のほかに規範的研究，事例研究（各1篇）がある。基礎概念（総数8篇）は，記述的研究，規範的研究，（各3篇）に次いで，実証研究（2篇）がある。

　反対に，特定の研究方法と強く結びついている研究テーマもある。企業分析（総数5篇）は3篇が実証研究を[35]，中小企業会計（総数5篇）は記述的研究（4篇）を採用するという特徴があった。

② 研究テーマと研究方法の組み合わせからみえる特徴－研究方法を2つ採用している論文の場合－

　図表Ⅵ-11は，研究テーマと研究方法を2つ採用している論文の組み合わせである。

図表Ⅵ-11　研究テーマと2つの研究方法を採用している論文

研究テーマ	記述的+規範的	記述的+実証	記述的+事例	記述的+歴史	記述的+分析的	規範的+事例	規範的+歴史	歴史+分析的	計
会計基準	24	1	0	4	1	0	3	1	34
基礎概念	8	0	0	0	10	0	0	0	8
財務報告	0	1	1	0	0	0	0	0	2
中小企業会計	3	0	1	0	0	0	0	0	4
会計制度	3	1	0	2	0	0	2	0	8
概念フレームワーク	5	1	1	0	0	0	0	0	7
企業分析	0	2	0	0	0	0	0	0	2
その他（教育）	0	0	0	0	0	0	0	0	0
会計基準設定	3	0	1	2	0	1	1	0	8
計算構造	2	0	0	0	0	0	0	0	2
計	48	6	4	8	11	1	6	1	75

34　研究方法の特定がしにくい代表論文（5篇）は，その他（教育）のカテゴリーに分類した。
35　残り2篇は企業分析手法の入門書である。

論文を通読した結果,財務会計領域の代表論文の大多数（75篇：64.7%）は,2つの研究方法を選択している。そこで,代表論文が採用した研究方法と研究テーマを組み合わせて分散をみてみた。組み合わせは8通りあり,①記述的研究＋規範的研究,②記述的研究＋実証研究,③記述的研究＋事例研究,④記述的研究＋歴史研究,⑤記述的研究＋分析的研究,⑥規範的研究＋事例研究,⑦規範的研究＋歴史研究,⑧歴史研究＋分析的研究である。この8通りのうち,5通り（①②③④および⑤）が記述的研究を含んでいる。3つの研究方法を採用している場合（8篇）,会計基準と会計基準設定の2つの研究テーマに集中している。会計基準の成立過程や改変,設定の経緯を記述するために歴史研究や事例研究を含んでいる結果と考えられる。

　こうしたことから全般的な傾向は次のようになる。

- 記述的研究・規範的研究の組み合わせが圧倒的に多い（研究方法が2つである場合には48篇,3つである場合には7篇）。
- 歴史研究は,記述的研究・規範的研究との組み合わせで行われることが多い（研究方法が2つである場合,記述的研究との組み合わせ8篇；規範的研究との組み合わせ6篇；研究方法が3つである場合,記述的・規範的研究との組み合わせ6篇）。
- 分析的研究が研究方法の組み合わせに含まれるのは,すべて合計しても,わずか3篇であった。

　総合すると,どのような示唆が得られるのか。まず,研究方法はその個数にかかわらず,記述的研究を含む研究が多い（100篇：86.2%）。本章序論で述べたように,記述的研究とは「非数量的な分析で,観察される現象間にみられる因果関係の解明を重視した研究」である。現在の研究の傾向が一変しない限り,上記のように定義される記述的研究は女性会計研究者にとって身に付けておかねばならない必須のスキル,といえそうである。同様に,図表Ⅵ-11をみると,次のような傾向がみえた。基礎概念と概念フレームワークは記述的研究のみならず,規範的研究の修得が必要条件である。一方,実証研究は,記述的研究や規範的研究と比べると現在は少なく,今後伸びると期待される。女性会計研究者には新たな研究方法を修得するに留まらず,新しい研究方法を使って新たな

知見を発見し，代表論文と称することができるような研究成果を結実させていくことが望まれる。

(3) 研究内容と論文発表年度

では女性会計研究者はどのような内容を執筆したのか[36]。以下では，論文の発行年から特徴を眺め，つづいて研究テーマ（中分類）にしたがって，116篇のなかからいくつかの論稿をとりあげつつ，研究テーマやキーワード（小分類）に基づいて紹介する。

代表論文の発行年を軸に，研究テーマを並べ直してみたものが図表VI-12である。研究テーマのうち，会計基準に関する著作数が多いのは既に確認したとおりである。代表論文の発行年との関係では，2007年頃から「会計基準」を主題とする代表論文が増加傾向にある。近年に近づくにつれて，総論から個別の会計基準へとテーマが変化する傾向がある。「基礎概念」を論じる研究は，最初の著作は1988年であり，その後2013年まで断続的であるものの公表され続けている[37]。「概念フレームワーク」は「基礎概念」の後に登場した比較的新しい研究テーマであり[38]，2015年まで継続しているとはいえ，代表論文総数は少なく7篇に留まっている。

まず「会計基準」を主題とする論文のなかでは，「のれん会計」が最も多く，負ののれんや負ののれんの償却期間，のれんの減損が実証分析ないしは事例研究されている。のれんは，会計基準の統合化において償却・非償却処理と日本の会計観が論点となった主題であり，女性会計研究者が自らの代表論文の中にのれん会計を挙げたのは興味深い。「のれん」は記述的研究，規範的研究，さらには歴史研究を用いたアプローチもあり，多様な研究方法が併存している。会計基準は，「偶発事象会計」や「退職給付」，「リース会計」のほか，「無形資

---

36 本項を執筆するための基礎資料の作成は山内暁先生（早稲田大学）にご協力いただいた。記して感謝申し上げる。
37 その後，1991年，1995年，1996年，1998年（2篇），2000年，2002年，2003年，2006年，2007年，2008年，2009年，2010年（2篇），2011年，2013年（各1篇）である。合計17篇である。
38 2009年および2011年に各1篇，2010年，2015年に各2篇である。

産（知的財産）」や「ヘッジ」が研究されている。会計ビッグ・バン以降の会計基準開発の増加を捉えたものと推察される。「企業結合」の場合，フェアネス・オピニオンの取得や開示効果を実証するアプローチ，「収益認識」は討議資料や公開草案を題材にした研究から生物資産への応用研究まである。「IFRS対応」もこのカテゴリーに含められるが，日本企業のIFRS導入のコスト・ベネフィット感に関する調査研究，カナダ，台湾等各国におけるアドプションの課題や非公開企業の財務諸表利用者のニーズを論じた研究がある。

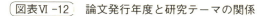

図表Ⅵ-12　論文発行年度と研究テーマの関係

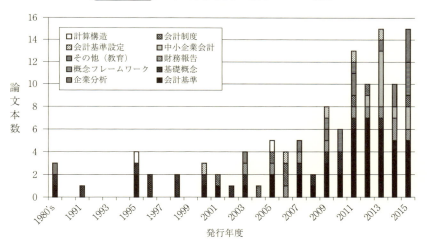

「基礎概念」を主題とする代表論文は，規範的研究と強く結びついている。代表論文を読む前は，実は研究方法にもとづいて分類をするときに，記述的研究のみなのか，記述的研究と規範的研究との組み合わせなのか，判断に迷う論稿が多く出るのではないかと予想したが，実際に作業してみるとこのカテゴリーへの分類は躊躇なくできた。なぜか考えてみると，「基礎概念」を主題とする論稿は先行研究や既存の会計原則，会計基準や会計概念への再構築という研究目標があり，しかも自らの研究成果によってどの部分にどのように影響を与えようとしているのかが明解であったからである。規範的研究を組み合わせている代表論文が扱う研究主題は，利益概念，会計制度や計算構造を支える基

礎概念に通底する研究が多いというのが特徴である。「包括利益」,「所得と会計測定」,「資本と利益」をキーワードとする研究と,「原価配分」や「割引現在価値測定」の意義と限界,発生主義会計における利益概念のなかにキャッシュフロー情報の「会計計算構造の構築」の必要性を論じるもの,また視点を「学説研究」に得ながら企業会計原則における「真実性」概念を構成的真実性と特徴づけた研究がある。さらに,「真実（フェア）」概念をめぐる英米アプローチの異同性を論証した論文がある。

　発行年の経過からみると,「概念フレームワーク」は基礎概念に関する論稿の後に登場している。FASBやIASBのプロジェクトを直接観察するものが多いので,主たる研究情報源も会計基準設定主体が公表する討議資料や公開草案である。概念フレームワークによって展開された計算体系の特質を深く解明しようとする研究や,意思決定有用性とならび「スチュワードシップ」の必要性を論究する。基礎概念の研究者と概念フレームワークを主題として選択した研究者は同じではなく,この2つの主題に関して研究者の連続性はない。

　「財務報告」は,研究方法に関して記述的研究,規範的研究,実証研究,事例研究が混在する領域となっており,なかでも記述的研究と実証研究に大きく二分されている。記述的研究を用いた代表論文は,「経営者業績予想」に関する先行研究や開示制度を概観したもの,情報技術の発展や電子システム開示と財務報告,資本市場に与えた影響を論じている。「四半期財務情報」が株価形成に与える影響を検証した研究や,「ブランド資産」やその評価を日本企業に対するアンケート調査と組み合わせて研究したものがある。さらに,IFRSに基づく財務情報の「価値関連性」,「減損会計」,「銀行業の会計」における認識と開示に関する研究があり,ディスクロージャーの可能性を開拓しようとする意欲的な研究が含まれている。

　「企業分析」領域の代表論文は,実証研究と記述的研究の組み合わせに特徴がある。上場を控えた巨大グループの「企業価値」推計をするもの,テキスト・マイニングの手法を企業の存続性に適用しているものがある。このカテゴリーには,幅広い読者を想定した代表論文が含まれているのも特徴である。「企業分析」は,財務会計のなかでも研究成果が広く社会に還元されることが求められている領域であるという傍証であり,女性会計研究者のなかには自身の研究

活動としてそのような志をもって取り組んできた研究者がいるということになる。

「会計制度」の主題は「商法計算規定」,「資本維持思考」,「基準性原則」の展開であり，トライアングル体制の見直しや会計制度の国際化を背景として，均衡的な会計制度が変容する時点を，払込資本と留保利益の区分および基礎にある考え方に踏み込んで丁寧に論じた研究がある。因果関係の解明が困難な課題を制度会計との関係性を大所高所から説明，解釈している。すべて研究方法として記述的研究を使用しているのが特徴であり，商法や会社法規定に通底する思考を丁寧に考え，緻密に追跡している論稿である。

計算構造には，学説に基づく「会計構造観」，そしてわが国の会計が長く学び依拠した「動態論」をも含んでいる。また「発生主義会計」の特質を探求する研究もこのカテゴリーに入っている。

「会計基準設定」は，規範的研究，事例研究との組み合わせで研究されているが，特に長い時間軸での考察がされている場合には歴史研究との組み合わせになっている点が特徴である。この主題全体に共通しているのは会計基準のグローバル化との関連で会計基準設定をとりあげるという視点であり，この意味では比較的新しい主題をとりあげているといえよう。とはいえ，時流に流された主題を扱っているわけでになく，「原則主義」,「会計基準設定主体」の改革，「IFRS導入」をめぐるコンフリクトに関する研究である。

「中小企業会計」は，日本に焦点を当てる場合には「中小会計要領」を論じるもの，海外の動向に注目するものは「中小企業版IFRS」をとりあげている。日本における「中小企業向け会計基準」の策定を背景として認識・測定から監査効果にまで踏み込んだ研究となっているが，記述的研究が主たる研究手法であるのも特徴である。

(4) 小　括

以上のように，財務会計領域の女性会計研究者の代表論文を実際に手にとって読むことを通じて，論文の特徴を明らかにしてきた。女性会計研究者が研究に従事した時代やテーマにかかわらず，代表論文が包摂している横断的な特徴を抽出することを目的とした[39]。

そして,「(…) 叙述の巧拙は別として,学問的に何人も採らざるを得ない方法がなければならない (…)」[40]と考え,研究方法による識別を最初に行った。

無論,質問票の回答者が「代表論文」をどう捉えているかは様々であろう。「新たな知見がある論文」,「最新の会計現象や会計問題を追跡していること」,「自分の主要なテーマと合致していること」,「啓蒙的な出版物を通して社会に意見発信すること」といった動機が想像できるが,これは今回検証することはできない[41]。

このように女性会計研究者が自ら選んだ代表論文という考察対象[42]から指摘できる事実としては次のことがある。会計基準は財務会計領域の女性会計研究者の関心を集めている研究主題である。会計基準という性格上,時代の変遷によってトピックに広がりがあるものの,会計基準の国際的なコンバージェンス以降は日本の会計観を意識して執筆された論稿が多い。基礎概念,概念フレームワークのような財務会計のコア領域に注力している研究者も決して少なくないことも確認できた。他方,課題もあった。著者の問題意識や研究テーマ設定が十分に伝わっていないと思わせる論稿もあった。精緻な調査や推論を重ねて導出された研究結果なのだから,先行研究や会計制度や会計基準設定のどの部分にどのように影響を与える知見であるのかを学術論文の作法にしたがって公表することが望まれる[43]。さらに筆者の主観ではあるが,前出の基礎概念に分類された代表論文は規範的研究として優れた論稿なので,記述的研究からさらに規範的研究へと志している女性会計研究者は,熟練の女性会計研究者の論稿

---

39 女性会計研究者の論稿や著作の評価を目的としていないことを強調しておきたい。

40 木村・小島［1966］序。本書は簿記教授法に関する著書である。木村・小島教授が序で著された言説である「叙述の巧拙は問わない」,「学問的に何人も採らざるを得ない方法がある」というのは,著作を公刊する目的が高度教育,研究問わず普遍的な言葉と理解できる。また本スタディ・グループ委員が女性会計研究者の代表論文を精読し,分類するに当たり常に留意したことにも通じると考えられたので,ここに引用した。

41 研究動機の解明にまで及ぶため,回答者が代表論文として選ばなかった研究業績や文献まで調査しなければならないからである。

42 ここで制約されたとは,篇数が116篇であるという意味である。

43 前述した(2)①,②の考察から,記述的研究は女性会計研究者にとって修得すべきスキルであることが導かれたことを再度指摘しておく。

を読んで学ぶことを推奨したい[44]。

　総括として，女性会計研究者が取り組んだ研究主題は，規範研究を意識して執筆された論稿が多い。これは特色である。つまり，代表論文と自認された論稿は，その一篇一篇が丁寧に思考され，切り口に工夫があり，また時流に流されることなくしっかりした論稿である。

第3節　管理会計領域

　本節では，管理会計領域における女性会計研究者の特色を明らかにする。本節の構成は基本的に財務会計領域の構成にしたがい，以下のような構成で進める。(1)では，管理会計領域の研究テーマについて概観し，女性会計研究者がどのような研究テーマに関心を寄せているのかについて分析する。(2)では，研究テーマを研究方法と組み合わせた結果を概観し，それらの間に関連性やどのような特色がみられるかについて分析する。(3)では，研究内容と論文発表年度について概観し，管理会計領域の研究対象の変化について述べる。なお，管理会計領域の特色を明らかにするため，比較資料として，加登豊・松尾貴巳・梶原武久編著［2010］『管理会計研究のフロンティア』[45]を適宜使用している。考察の結果，管理会計領域の女性会計研究者の研究には，以下のような特色がみられた。

- 主たる研究テーマとして，マネジメント・コントロール（15篇）および管理会計実務（12篇）が半数以上を占めた。
- 研究方法の特徴として，複数の研究手法を用いる傾向がみられた。とくに，マネジメント・コントロールを主テーマとする論文は，記述的研究と事例研

44　規範的研究は研究者が長い時間をかけて思考し達成されるものであり，また大学院のコースワークでの短い期間に伝授しにくい研究方法であるから，優れた研究論文から直接学ぶ価値は大きい。

45　加登ほか［2010］は，調査対象年を1980年～2007年とし，『會計』（1980-2007年），『原価計算研究』（1993-2007年），『管理会計学』（1992-2007年），『会計プログレス』（2000-2007年）に掲載された管理会計論文（770本）を対象としている。したがって，数も対象年も異なるので，本節では，一般的な研究傾向と女性会計研究者の研究傾向との比較のための参考としてのみ用いる。

究の組み合わせが最も多かった。一方で,分析的研究および実験研究を用いた代表論文はなかった。
- 代表論文は1996年から2015年に出版されたものであり,とくに2011年以降に出版されたものを代表論文とする割合は約半数の20篇(48.8%)にのぼった。

本節で分析の対象とした論文は41篇で,全領域(224篇)に占める割合は18.3%,研究者数は18名である。

これらの対象となった41篇について,以下では,研究テーマ,研究方法等について分析し,管理会計領域における女性会計研究者の特色を明らかにしていく。

(1) 研究テーマについて

管理会計領域における代表論文の研究テーマの確定は,財務会計領域の分析と同様の方法をとった。代表論文を通読し,論文の趣旨に沿ってキーワードを抽出した。加登ほか[2010]は,管理会計研究トピックスを「マネジメント・コントロール」「原価計算」「原価管理」「その他の研究トピックス」の4つに大別し,その中でさらに小さな研究トピックスごとに分けているが,この大分類にしたがうとき,女性会計研究者の代表論文の焦点がぼやけてしまうことがあった。そのため,あえてこの分類にはしたがわず,分析メンバーが代表論文をそれぞれ読み込むことにより,何を主たるテーマとしているのかについて議論を重ね,図表Ⅵ-13に示す7つの研究テーマに分類した。

図表Ⅵ-13 研究テーマと論文数

研究テーマ	論文数	割合
マネジメント・コントロール	15	36.6%
管理会計実務	12	29.3%
戦略的管理会計	4	9.3%
ライフサイクル・コスティング	4	9.3%
環境管理会計	2	4.9%
原価計算	3	7.3%
財務的業績	1	2.4%
計	41	100%

(注)小数点少数第2位を四捨五入したため,論文数の合計割合は100%になっていない。また,複数の研究テーマを選択した回答者がいるため,調査対象の研究者数と一致しない。

調査の結果，マネジメント・コントロールを研究テーマとする論文が最も多く，続いて管理会計実務に関する論文が多いという傾向がみられた。他方，原価計算やライフサイクル・コスティングなどの原価計算領域を主たる研究テーマとする論文は少なかったが，主たるテーマの下で原価計算に関連するトピックスが取り扱われていることがキーワード分析から明らかになった。例えば，管理会計実務をテーマとしてあげた論文は12篇あったが，原価計算に関するトピックスを扱っている論文は次のとおりであった。：「原価企画」（3篇），「戦略的コストマネジメント」（3篇），「原価改善」（1篇），「直接原価計算」（1篇）。

(2) 研究方法と研究テーマの組み合わせ

次に，研究テーマと研究方法の関係を分析した。後述するように，管理会計領域の特徴として，複数の研究方法を採用している場合が顕著にみられた。

① 研究テーマと研究方法の組み合わせからみえる特徴—研究方法を一つだけ採用している論文の場合—

まず，研究方法を1つだけ採用している論文をとりあげる（図表Ⅵ-14）。図表Ⅵ-14に示すように，研究テーマと研究方法との顕著な違いはみられなかったが，1つだけの研究方法を採用する場合には，記述的方法をとっているものが最も多かった（5篇）。続いて，実証研究が3篇，事例研究が2篇，規範的研究が1篇の順であった。

図表Ⅵ-14　研究テーマと研究方法1つの場合

研究テーマ	記述的	規範的	実証	歴史	事例	分析的	実験	その他	計
マネジメント・コントロール	2	0	1	0	0	0	0	0	3
管理会計実務	0	1	0	0	1	0	0	0	2
戦略的管理会計	1	0	1	0	0	0	0	0	2
ライフサイクル・コスティング	1	0	0	0	1	0	0	0	2
環境管理会計	0	0	0	0	0	0	0	0	0
原価計算	0	0	1	0	0	0	0	0	1
財務的業績	1	0	0	0	0	0	0	0	1
計	5	1	3	0	2	0	0	0	11

② 研究テーマと研究の組み合わせからみえる特徴―研究方法を2つ以上採用している論文の場合―

図表Ⅵ-15は，研究テーマと研究方法を2つ採用している論文の組み合わせであり，図表Ⅵ-16は，研究テーマと研究方法を3つ採用している論文の組み合わせを示している。

図表Ⅵ-15　研究テーマと研究方法2つの場合

研究テーマ	記述的＋規範的	記述的＋実証	記述的＋事例	規範的＋実証	計
マネジメント・コントロール	0	1	10	0	11
管理会計実務	1	0	3	0	4
戦略的管理会計	0	1	0	0	1
ライフサイクル・コスティング	0	0	1	0	1
環境管理会計	0	0	1	1	2
原価計算	2	0	0	0	2
財務的業績	0	0	0	0	0
計	3	2	15	1	21

図表Ⅵ-16　3つの研究方法を使用している場合の研究テーマとの関連性

研究テーマ	記述的＋規範的＋事例	記述的＋実証＋歴史	記述的＋事例＋歴史	実証＋事例＋歴史	計
マネジメント・コントロール	0	0	1	0	1
管理会計実務	2	1	1	2	6
戦略的管理会計	0	1	0	0	1
ライフサイクル・コスティング	1	0	0	0	1
環境管理会計	0	0	0	0	0
原価計算	0	0	0	0	0
財務的業績	0	0	0	0	0
計	3	2	2	2	9

図表Ⅵ-15で示されるように，マネジメント・コントロールのテーマを扱う論文は2つの研究方法を使用している傾向が他の研究テーマと比べて顕著にみられ，管理会計実務のテーマでは3つの研究方法を使用する傾向が強くみられた。なかでもマネジメント・コントロールおよび管理会計実務については，記

述的研究と事例研究の併用をはじめとする複数の研究方法を使用する傾向が強くみられた。

マネジメント・コントロールや管理会計実務ではなぜ2つ以上の研究方法が使用されているのだろうか。複数の研究方法を使用している場合について発表媒体を調査したところ、3つの方法論を使用する場合の著書の占める割合が44.4%（11篇中4篇）[46]であった。著書は論文に比べると紙幅の制限がなく、多様な研究方法によって分析が可能であることから、発表媒体による違いも複数の研究方法を用いるかどうかに影響があるといえよう。

なお、加登ほか［2010］に、トピックスごとの研究方法の動向を1980年から2007年の全体的な傾向を分析している。この中でトピックスと複数の研究方法との関連については述べていないが、トピックスと研究方法については次のように分析している。まず、マネジメント・コントロールの研究方法は、規範的研究が全体の62.2%と最も高く、ケース／フィールドが13.4%、と続いている（加登ほか［2010］17頁、表1－7）。加えて、研究トピックスごとの研究方法の違いについて、「……顕著ではないが、MC研究（引用者注：マネジメント・コントロール研究）では「分析的」、原価計算研究では「規範的」、MC研究と原価管理研究では「経験的」研究（ケース／フィールド、サーベイ）の割合が、他の研究トピックス群に比べて多い印象を受ける」（加登ほか［2010］17頁）と述べている。一方、女性会計研究者の研究トピックスと研究方法との関係については、マネジメント・コントロールで規範的研究は使用されていないなどの違いはあるが、加登ほか［2010］らが指摘した以上にマネジメント・コントロールのテーマでは、記述的研究と事例研究の使用が顕著にみられた。

(3) 研究内容と論文発行年度

研究テーマと論文発行年度の関係について分析する。図表Ⅵ－17にみられるように、マネジメント・コントロールと管理会計実務のテーマは2006年以降コンスタントに研究テーマとしてとりあげられている。また、2014年には環境管

46　1つの方法論のみ使用している場合の著書の割合は、9.1%（11篇中1篇）、2つの方法論を使用している場合の著書の割合は、14.3%（21篇中3篇、うち1篇は博士論文）であった。

理会計が研究テーマとして出現しており，管理会計の研究領域が拡大している傾向がみられる[47]。

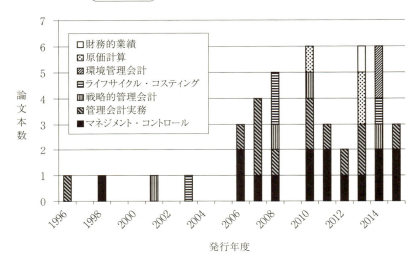

図表Ⅵ-17　研究テーマと論文発行年度の関係

研究テーマについて，加登ほか［2010］によると，2000年以降，マネジメント・コントロールの「業績管理」研究と「動機づけ」研究が増加傾向にある一方で，「原価計算研究全般」「原価配賦」「製品原価計算」「意思決定のための原価利用」「標準原価管理」「コストドライバー」「情報システム」研究などが減少傾向にある（加登ほか［2010］11頁）。本節の対象論文の多くは2000年以降に出版されているが，加登ほか［2010］の調査結果と同じような傾向がみとめられた。このことについて，管理会計研究は実務と切っても切れない関係にあり，活動基準原価計算（ABC），原価企画，バランスト・スコアカード（BSC），アメーバ経営など，1980年以降，管理会計研究の対象となったものは，実務での成功が起点となっているものが多い。したがって，研究対象や研究領域は実

47　加登ほか［2010］表1-3「管理会計研究トピックス」では，2000-2007年に環境管理会計が急増していることを示している。同じく，表1-4「管理会計研究サイト」では，2000-2007年に「政府，非営利，病院」が急増していることを示している。

務とともに進化を遂げていることを示していると考えられる。

　さらに，女性会計研究者が代表論文として挙げた対象論文の出版年が1996年から2015年の約20年間であることに注目したい。とくに2006年以降の論文数が多いことは，管理会計研究領域での女性会計研究者人口が2000年代以降，増加したと解釈することもできる。加えて，これらの論文の約半数（20篇）は2011年以降に出版されており，実務における管理会計の発展と研究方法の変化という視点からみると，女性会計研究者の多くは，最新の管理会計実務を分析することに対して関心が高いと考えることができる。

　ただし，女性会計研究者が単純に新しいテーマやトピックスを追っているということではないことに注意したい。例えば，代表論文として2篇または3篇を挙げた研究者の論文を分析すると，あるトピックスについて複数の企業を個別に事例研究しているものや，対象とする産業や企業を絞ったうえで，管理会計実務の異なるトピックスに焦点を変えて研究しているものが多い[48]。このことは，実務の変化に対応しながらも，テーマ（トピックス）や，その対象とする産業または企業に何らかの共通性を維持しつつ，研究を発展させていることの表れと思われる。

(4) 小　　括

　以上，管理会計領域における女性会計研究者の研究方法および研究テーマの傾向について分析した。今回の分析対象論文数は少ないため，一般化することは難しいが，特徴を述べて小括とする。

　第1に，主たるテーマとして，マネジメント・コントロールおよび管理会計実務を扱っていることが特徴としてみられた。また，その主たるテーマの下で，原価企画や戦略的コストマネジメント，BSCなど多様なトピックスが展開されていることがキーワードから明らかになった。加えて，環境管理会計，非営利組織など研究領域や研究対象は実務での展開とともに拡大していることが明らかになった。

48　トピックスや対象産業・企業，研究者の傾向についての分析結果を示すと個人が特定される可能性が極めて高いため，残念ながらここで示すことはできない。

第 2 に，管理会計領域で採用されている研究方法として記述的方法と事例研究を主として使用していることが明らかになった。さらに，複数の研究方法を用いていることが特徴として示された。とくに，マネジメント・コントロールを主テーマとする論文のほとんどが，記述的研究と事例研究との組み合わせを用いていた。また，管理会計実務を主テーマとする研究も複数の研究方法を使用している割合が多かった。なお，発表媒体が著書の場合には 3 つの研究方法を使用して多角的にアプローチしていることも特徴としてみられた。

　第 3 に，代表論文の約半数は2011年以降に出版された比較的新しいものであった。

　ここで，これらの特徴の理由について検討したい。

　まず，管理会計研究は実務とともに発展しており，かつ日本においてはヒアリング調査等を通して企業内部のデータや実務に比較的アクセスしやすい環境にある。このことから，実務に関連したテーマについて記述的研究と事例研究を組み合わせて行うという分析結果につながったのではないかと考えられる。

　次に，代表論文はアンケート回答者からの主体的な指示によるものであるが，管理会計が実務と関係の深い研究であること，またそれらの回答者が研究上の目標として「新しい知見の発見」「社会貢献」を掲げる割合が他の研究領域に比べて高いという結果と合わせて考えると（『最終報告書』330頁），新しい知見の発見や実務へフィードバックをしたいという姿勢が，代表論文のテーマ選択や出版年にも現れているのではないかと考えられる。

第 4 節　監査領域，環境会計領域，公会計領域，税務会計領域，会計史領域

　本節では，監査，環境会計，公会計，税務会計，会計史における女性会計研究者の代表論文の特色を述べる。この 5 領域は，図表Ⅵ-4 に示しているように，アンケート調査への回答数が少なく対象論文数が少なかった。よって現状では，女性会計研究者が少ない領域と判断した。限られた論文数ながら，財務会計領域と管理会計領域のように，研究テーマや研究方法の組み合わせを分析したものの明確な傾向を抽出することができなかった。したがって，以下では，各領

域の一般的な傾向を分析している先行調査を参照枠として加え,代表論文の特色を研究テーマと研究方法に絞って述べる。各項の構成は,監査領域,環境会計領域は,研究テーマ,研究方法,小括である。公会計領域,税務会計領域,会計史領域の項では領域の背景を視野に入れて言及しているため,同じ構成をとっていない。

(1) 監査領域[49]

本項では,監査領域における女性会計研究者の研究の特色を明らかにする。監査領域に分類された論文は18篇である。全領域(224篇)に占める監査領域の論文の割合は8.0%である。まず,監査研究の一般的傾向を考察するために,日本監査研究学会刊の学会誌である『現代監査』を参考として研究動向および研究テーマを概観する。そのうえで,以下では,①さまざまな保証業務のうち監査研究者が何を研究対象としているのかによって監査領域の研究テーマの分類を試み,②同分類にしたがって研究方法の特徴を抽出し,および③分析から得られた知見を述べ,小括とする。

① 研究テーマについて

ここでは,回答者の論文について研究テーマを分類することを目的としているが,その前提として,監査領域全体でみた場合にどのような研究傾向があるのか,動向を概観したい。そこで,日本監査研究学会が毎年発行している『現代監査』が重要な参考資料となる[50]。

『現代監査』で整理された監査研究の動向を考察すると,直近10年間の分類結果は17分類となる。多様なテーマにおいて男性会計研究者・女性会計研究者ともに毎年研究の蓄積を行っていることが窺える。本項で対象としている代表論文においても,研究テーマは『現代監査』の分類に照らしてみた場合でも,多岐にわたることを確認している。ただし,調査対象の論文が18本と少ないため,上記分類の広範囲にまで及んではいない。

---

49 本項は,宮本[2016]に全面的に依拠している。記して感謝申し上げる。
50 たとえば,『現代監査』第26号「2014年度 監査研究の動向」,97-108頁を参照されたい。分類の数は,公表論文のテーマによって毎年増減する。

『現代監査』の分類は研究動向を捉える目的では非常に有用であるが，研究対象と個別テーマ等が混在しているため，ここでは研究対象に焦点を絞りたい。監査研究では，財務諸表監査を起点としてその対象が拡張されてきており，拡張された対象の性質に応じて対象の信頼性を担保する方法が監査を含む「保証業務」へと広がっており[51]，財務諸表監査以外の保証業務にも研究対象の広がりがみられる。国際監査・保証業務審議会（IAASB）の「保証業務の国際的枠組み」によれば，保証業務とは，「業務実施者が基礎にある主題を規準に照らして測定または評価した結果（主題情報）について，責任当事者以外の想定利用者の信頼の程度を高めることを意図して結論を表明するために十分かつ適切な証拠を入手することを目的とする業務である。」と定義されている[52]。

財務諸表監査以外の保証業務の例としては，内部統制監査，四半期レビュー，非財務情報に対する保証業務（CSR情報，リスク情報等に対する保証業務）などがあり，基礎にある主題と主題情報によってさまざまな保証業務が想定され，監査研究の研究対象は多様化している。

そこで，女性会計研究者の代表論文がどの保証業務を対象として研究テーマを設定しているのかを切り口として，18本の論文を分類した。監査領域では，18本のうち14本が「財務諸表監査」を研究対象としており，高い割合を占めている。ただしこの傾向は，調査対象の女性会計研究者にのみ特徴的なものではなく，監査研究全体でみても同様であることは『現代監査』の動向からも確認できる[53]。

51　内藤［2012］1頁。
52　IAASB［2013］10項参照。
53　なお，本項で対象としている女性会計研究者の代表論文において，「財務諸表監査」以外の研究対象は「内部統制監査」のみであり，「財務諸表監査」と「内部統制監査」の両方を研究対象とする回答者はいない。また，回答者のなかには，たとえば「非財務情報の保証業務」を研究対象として公表論文を有する研究者がいるが，調査対象期間および論文数について回答上の制約があったためであろうか，対象外となっている。繰り返しになるが，監査研究全体でみた場合には，「財務諸表監査，内部統制監査以外の保証業務」は，研究対象として広く取り扱われている。

② 研究方法について

監査領域の研究方法は，記述的研究，規範的研究，実証研究，および事例研究が多い。回答結果からは実証研究の数が最も多いが，監査研究全体から考えると，実証研究の割合は高いとはいえない。これは，回答した女性会計研究者の1つの特徴である。また，全体としては，多様な手法が用いられているようにみえる[54]。

なお，回答した女性会計研究者のなかには，自ら代表論文として選択しなかった論文により広い手法を用いている研究者が存在する。したがって，本項で示すことができる結果は回答者が自身の代表論文とみなした論文にのみ観察できる傾向であり，監査領域の公表論文のすべてを反映した結果ではないことに留意が必要である。

次に，代表論文に限れば，同一手法を採用する傾向が高く，研究手法が比較的固定されている傾向がみられた。なお，3つ以上の研究方法を組み合わせた論文はない。

取り上げられているキーワードを考察すると，研究対象の選択は多様であり，調査対象の研究者の関心は多岐にわたる。さらに，類似のテーマを複数の論文で継続して扱う傾向も特徴の1つである。

③ 小　括

以上，監査領域における女性会計研究者の代表論文の研究傾向を考察した。本項で得られた知見は，以下のように整理できる。

監査領域の研究テーマは全体として広がりがみられ，財務諸表監査から財務諸表監査以外の保証業務に研究対象の拡張がみられる。ただし，今回の監査領域の回答数は少ないこともあり，回答した女性会計研究者の研究対象は，財務諸表監査と内部統制監査に限定された。

研究テーマについては，多様なトピックが扱われている。キーワードのみあげると，諸外国の制度を扱う研究，不正・粉飾を扱う研究，監査リスク・アプ

54　ただし，回答者別にみると，複数論文をあげた5名は，異なる論文に対してほぼ同じ研究方法を採用していることが特徴的であった。

ローチや監査判断など監査実施を扱う研究，監査報酬を扱う研究などである。なお，回答者のテーマの選択は，女性会計研究者に特徴的なものとはいえない。

また，回答者の論文のうち半数は，単独研究であり，女性会計研究者の代表論文では，複数の手法を組み合わせる傾向が低い。回答者の論文にかかる手法は多岐にわたり，実証研究の数が比較的多いことも特徴である。ただし，現状において，わが国では，監査領域では実証研究はあまり行われておらず，さらに監査人の判断形成にかかる研究に限定するとその数は極めて少ない[55]からである。

監査制度の改善に資する研究は，これまで規範的な観点から行われてきているが，それに加えて，その規範研究の理論を客観的な証拠に基づいて検証するために，現実の監査実務の内実を分析し，監査の質を計測する研究には意義がある。わが国では監査領域で実証研究は少ないが，本項での分析結果に鑑み，監査研究の方法論の発展という意味で女性会計研究者は今後寄与していく可能性があるかもしれない。

(2) 環境会計領域

本項では，環境会計領域における女性会計研究者の研究の特色を明らかにする。環境会計は，1960年代後半から研究が進展してきた社会関連会計の流れを汲み，環境と経済の両立のために会計がいかに貢献できるかを探求しようとする領域である。既存の会計システムの限界に挑戦し，新たな会計・ディスクロージャーの仕組みをどのように構築するか等を研究するものである。最近では，環境にとどまらず，社会・CSR等も研究範囲に含まれる。

環境会計領域の回答者数は8名，対象論文は16篇であり，全領域（224篇）に占める環境会計領域の論文の割合は7％である。なお，環境会計領域の研究テーマの分類にあたっては，日本会計研究学会特別委員会「環境経営意思決定と会計システムに関する研究」（2008～2010年，主査：國部克彦）における文献研究を参考にし，その後の進展も勘案して決定した。

---

[55] 福川［2012］5-7頁および227頁に詳しい。たとえば，2006年から2011年までの6年間に『會計』（森山書店），『産業経理』（産業経理協会），『会計プログレス』（日本会計研究学会），『現代監査』（日本監査研究学会）の4誌に掲載された監査研究論文のうち実証的監査研究論文の占める割合は16.3％とされている。

① 研究テーマについて

　環境会計領域における女性会計研究者の代表論文の主たる研究テーマは，環境・CSR情報開示（統合報告を含む）が5篇（31.3％）と最も多い。次いで，環境財務会計が4篇（25.0％），温暖化ガス算定・情報開示が3篇（18.8％），環境省ガイドライン型環境会計が2篇（12.5％），アカウンタビリティ，CSR報告書の保証が各1篇（6.3％）である。2篇以上論文のあるテーマについて，次のようなことがいえる。

　環境・CSR情報開示（統合報告を含む）論文が扱う具体的内容は，定性的・金額的なKPIs（Key Performance Indicators）の内容やその開示状況，情報開示企業の企業特性，環境報告書開示と資本コストとの関係，CSR方針とWeb情報開示の関係などである。

　環境財務会計とは，財務会計の枠内で，環境コストや環境負債の会計処理を論じるものであり，環境財務会計論文が扱う具体的内容は，土壌汚染にかかる環境修復債務，資産除去債務，その他の環境コスト・負債の会計処理，開示，財務会計の基礎概念などである。

　温暖化ガス算定・情報開示論文が扱う具体的内容は，温暖化ガス排出やその温暖化対策情報開示と企業価値との関連性，温暖化ガス情報開示と資本コストの関係，温暖化ガス算定の範囲（スコープ3）などである。

　他に，環境省ガイドライン型環境会計論文では，環境省ガイドライン型環境会計の開示と資本コストとの関係，環境投資の開示と企業特性が扱われている。

　このように，環境会計領域における女性会計研究者の代表論文では，当該領域の重要なテーマが網羅的に扱われており，また，それぞれのテーマが扱う具体的な内容も多様であることから，独自性のある研究が，広がりをもって行われていることがわかる。

② 研究方法について

　環境会計領域における女性会計研究者の代表論文16篇が採用している主たる研究方法は，実証研究，規範的研究，事例研究，記述的研究，分析的研究である。

　環境会計領域の女性会計研究者の代表論文の主たる研究方法は，実証研究が

9篇（56.3%）で最も多い。次いで，規範的研究が5篇（31.3%），事例研究が2篇（12.5%）である。なお，実証研究9篇の内訳は，統計的分析を実施した研究が7篇，50社超の実態調査が2篇である。

統計的分析を用いた研究では，環境・CSR情報と，企業特性，企業価値，資本コストなどとの関係が扱われている。規範的研究は，環境財務会計やアカウンタビリティに関する論文に多い。事例研究では，海外の環境報告の事例や，わが国における先駆的取り組みを行う企業の事例などがとりあげられている。このように，研究方法の選択は，研究テーマの選択とも関連している[56]。

環境会計領域の女性会計研究者の代表論文の主たる研究テーマと研究方法の組み合わせについては，環境・CSR情報開示のテーマに関する実証・記述的研究が4篇と最も多い。他は，環境財務会計のテーマに関する規範的・記述的研究と規範的・事例研究，温暖化ガス算定・情報開示のテーマに関する実証・記述的研究，環境省ガイドライン型環境会計のテーマに関する実証・記述的研究が2篇ずつである。

③ 小　括

環境会計領域の女性会計研究者の代表論文の主たるテーマは，環境・CSR情報開示（統合報告を含む）が最も多く，次いで，環境財務会計，温暖化ガス算定・情報開示，環境省ガイドライン型環境会計，アカウンタビリティ，CSR報告書の保証となっている。これらの代表論文では，各テーマの重要な項目が網羅的に扱われ，内容も多様であることから，独自性のある研究が広がりをもって着実に行われていることがわかる。

研究方法については，実証研究が多く，次いで，規範的研究，事例研究である。また，すべての研究論文で複数の研究方法の組み合わせが用いられており，実証研究・記述的研究の組み合わせが最も多く，次いで，規範的研究・記述的研究の組み合わせ，規範的研究・事例研究の組み合わせ，事例研究・記述的研究の組み合わせである。研究方法の選択は，研究テーマの選択とも関連してい

56　環境会計領域の論文の主たる研究方法について，記述的研究や分析的研究はみられなかった。

る。

　環境会計領域の女性会計研究者の代表論文の公表時期については，1999年から2015年にかけて分散している。研究テーマとの関連をみてみると，最近では，環境財務会計や環境省ガイドライン型環境会計を扱う論文数の出版が減少している一方で，温暖化ガス算定・カーボン情報開示を扱う論文などが出版されている。また，CSR報告書の保証といったテーマの多様化もみられ，今後ますますの展開が期待される領域である。

(3) 公会計領域

　本項では，公会計領域における女性会計研究者の研究の特色を明らかにする。公会計領域の代表論文が，全領域（224篇）に占める割合は6篇（2.7%）であり，この領域の論文数は他の領域と比べると，極めて少ない。これは，公会計領域に携わる研究者が，そもそも少ないことによると推測される。すなわち，日本会計研究学会における公会計研究者の占める割合が小さいこと，そして女性会計研究者が少ないことによる。

　対象論文数が少ないながら，以下の4つの特色がみられた。研究テーマは公会計と公監査であること，規範的研究，記述的研究，事例研究である。ただし，規範的研究には，一般に認められた会計基準（以下，GAAPと略す）ならびに一般に認められた監査基準（以下，GAASと略す）に係わるものが少ないこと，財務会計論，監査論を基礎として，周辺学問領域からの知見が反映された研究であること，である。

　このような特色を捉えることになった背景について述べる。まず，当該研究に携わる研究者が少ない理由は，公会計の研究テーマは新規性が高く，未開拓な領域であること，公会計は「会計」という呼称を付してはいるものの，財務会計領域とは異なる特徴を有するためと推測される。

　そもそも公的部門における会計ならびに監査は，「会計」あるいは「監査」という名称が付されてはいるものの，民間企業の会計あるいは監査とは異なる特徴がある。経済取引に係わる活動について，民間企業と公的部門では相違があることに由来している[57]。たとえば，民間企業における活動の目的は，利益の最大化であるのに対し，公的部門における活動の目的は，福祉の増進にある。

また，異なる活動目的のもとで測定される利益についても違いがみられる。すなわち，民間企業の利益は貨幣によって測定されるが，公的部門では，必ずしも貨幣による測定ができない場合がある。そして，最も異なる特色は，ゴーイング・コンサーン問題についての考え方である。すなわち，民間企業では，経営が破たんすることは，事業を継続することができないことを意味するのに対し，公的部門では，財政破たんが見込まれると，提供するサービスの水準を落として，事業を継続しなければならないことを意味する。このことが，GAAPならびにGAASに係わる規範的研究が少ないこと[58]，ならびに財務会計との異質性の一側面として説明することができる。さらに，わが国における中央政府と地方自治体におけるGAAPの設定状況も研究者が少ないことに関係している。

このように公会計の研究領域は，民間企業の財務会計あるいは監査とは異なる属性をもっている。このため，公会計領域の研究者には，財務会計，管理会計[59]，あるいは監査を基礎的なディシプリンとしたうえで，他の学問領域についての知識として，財政学，財政法，行政学，行政法が求められる。

こうした検討を踏まえた上で，2つの観点から，公会計領域に携わる女性会計研究者のために展望と課題をまとめたい。

第一に，現在は規範的研究，記述的研究，事例研究が多く，GAAPならびにGAASに係わる規範的研究は少ないことを示した。これはGAAPおよびGAASがわが国の公的機関に，存在していないことによる。もっとも，近年，新地方公会計システムが導入されたことにより，これに係わるGAAPについての規範的な研究も必要になることが推測される[60]。

第二に，公会計は，財務会計，監査論，そして管理会計論（財務管理論）を

---

57 山本［2005］，211-265頁。
58 民間企業の財務会計では，確立されたGAAPが存在していることから，当該基準が主たる研究対象となりうる。また，財務諸表監査は，財務諸表がGAAPに準拠していたか否かを検証するものであり，監査人は行為規範であるGAASに準拠して，監査を実施することになる。これに対して，わが国の公的部門の一部の機関においては，GAAPならびにGAASが存在していないからである。
59 加えて，今回の対象論文には入っていないが，現状では，管理会計のアプローチに基づく公会計の研究も進められている。

基礎的な学問として，他の学問領域からの学際的な知見が反映される研究領域である。諸外国においては，GAAPあるいはGAASが存在しており，関連法令のあり方や制度上の枠組みが相違していることに留意しなければならない。それゆえ，わが国の公的部門との比較研究するにあたっては，それぞれの制度上の枠組みを理解したうえで学際的に検討することが求められる。

(4) 税務会計領域[61]

本項では，税務会計領域における女性会計研究者の研究の特色を明らかにする。代表論文の著作数は7篇であった。全領域（224篇）に占める割合は，2.7%である。

調査対象になった7篇の論文が扱った研究テーマは，組織再編，タックス・マネジメント，租税制度に大別することができる。組織再編は2篇，タックス・マネジメントは1篇，租税制度は4篇だった。税務会計領域では，諸外国の税制を取り扱う国際課税も比較的取り扱われることが多いテーマであるが，今回の対象論文には含まれていなかった。

研究方法については，すべての論文が研究方法として記述的研究を用いており（7篇），他の研究方法は記述的研究との組み合わせで用いられている。単独で採用された研究方法は記述的研究だけ（2篇）である。事例研究の採用はなかった。

税務会計領域には，法令の評釈研究や，新法が実務へ与える影響，税務署や国税庁通達の整理など，記述的研究と親和性の高いテーマが存在する[62]。

60　本節では，GAASの議論を省略したが，地方自治体のGAASについては，現在のところ存在していない。地方自治体の監査（監査委員監査・外部監査）については，地方自治法を根拠に実施されている。

61　本項は，大沼宏先生（東京理科大学）と岡野知子先生（東北学院大学）に監修していただいた。記して感謝申し上げる。

62　他の領域，たとえば管理会計領域に多いインタビューないしアンケート調査を用いた事例研究や，財務会計領域でみられるようなアーカイバル・データを用いた実証研究といった手法は主流ではない。事例研究については，たとえ研究者が税理士資格を持ち個別事例を把握していたとしても，守秘義務の観点からそれの公表が困難だという事情もあると予測される。

たとえば企業の税務データについては日経Financial QUESTで収集可能であり，また租税訴訟の判例を国税庁ホームページの「税務訴訟資料」[63]から取得することができるので，研究方法から考えればいまだフロンティアの多い領域と言えるかもしれない。

　女性会計研究者の代表論文からみた傾向を小括する。研究テーマとしては，租税制度，組織再編，タックス・マネジメントが扱われていた。研究方法としては記述的研究が多く，他の研究方法の採用は記述的研究との組み合わせである。これは女性会計研究者だけではなく税務会計領域全体の傾向とも整合的だと考えられる。

(5) 会計史領域

　本項では，会計史領域における女性会計研究者の研究の特色を明らかにする。ただし，会計史領域については分類上若干の注意を要することを銘記しておかねばならない。財務会計史や管理会計史等，上述してきた他の6領域よりも大きな枠組みで研究テーマの分類を行ったからである。このため，研究テーマという用語よりも研究領域という用語のほうが内実をよく捉えている。

　清水［2013］[64]は，チポッラの経済史の定義を参考にして，「会計史とは，変更不可能な過去の事象に目を向け，史料を所与としながらも史料に裏付けられる範囲で会計学上の問題設定を行わなければならない（…後略…）」「史料収集に加え史料批判を行い，さらに固有性と特殊性という側面から特定の事象についての歴史を再構築する必要がある」と述べる。このような会計史のあり方を参考にして，歴史の（再）構築を目的としている代表論文を会計史領域の論文として分析した[65]。その結果，会計史領域に分類された論文は，論文数で述べると20篇となった。全領域（224篇）に占める割合は8.9%である。なお，いずれの論文も2004年以降に発行されたものであった[66]。

63　国税庁ホームページ「税務訴訟資料 | 税務大学校 | 国税庁」http://www.nta.go.jp/ntc/soshoshiryo/
64　清水［2013］177-178頁，徳橋訳［2001］7-130頁。
65　さらに，わが国では，1982年に日本会計史学会が設立され，1983年に同学会の学術誌『会計史学会年報』が発刊され，会計史が会計学の一領域として確立している。

会計史領域における女性会計研究者の研究の特徴は以下の3点に要約される。
- 会計史領域の女性会計研究者の代表論文は，簿記を研究領域とするものが多い。
- 会計史領域の女性会計研究者の代表論文では，研究方法として，歴史研究および記述的研究を採用しており，さらにその多くが事例研究も採用している。
- 会計史領域の女性会計研究者の代表論文は，会計記録や財務（諸）表を史料として利用する実務史に分類されるものが多い。

① 研究領域について

中野ほか［2013］[67]は，会計学を構成する主要な研究領域を，総説，基礎理論，簿記，財務会計，原価計算，管理会計，監査，国際会計，税務会計，公会計・非営利組織会計（以下，「公会計」と略す），情報会計，会計教育，会計専門職業，会計関連法規等，伝記・人物評等，評・資料・翻訳その他，に分類している。

この分類にしたがい，会計史領域における女性会計研究者の代表論文を分類したところ，論文数では，簿記を研究領域とする論文が10篇（43.5%），財務会計を研究領域とする論文が6篇（26.1%），原価計算を領域とする論文が3篇（13.0%），公会計を領域とする論文が2篇（8.7%），管理会計および会計教育を研究領域とする論文がそれぞれ1篇ずつ（4.3%）であり，簿記を研究領域とする論文が最も多かった。なお，複数の研究領域を扱う論文が3篇あり，具体的には，財務会計と原価計算を研究領域とする論文が1篇，管理会計と原価計算を研究領域とする論文が1篇，簿記と公会計を研究領域とする論文が1篇ある。

以上のことから，女性会計研究者の特徴として，簿記を研究領域とする論文が多いことが指摘できる。『会計史学会年報』に掲載された論文等の分析結果を示した中野［2013］によると，簿記を研究領域とする論文の割合（22%）は，

---

66 このうち発行年が2010年以降の論文は15篇であった。
67 中野ほか［2013］20-21頁。

財務会計（26%），書評・資料・翻訳その他（24%）に続いて高くなっている[68]。つまり女性会計研究者の代表論文からみても，わが国の会計史研究における簿記に対する関心の高さを際立たせる結果となっている。中野［2012］によると，「『會計』の創刊以来，掲載件数でみれば，「簿記」の歴史研究が，全期間を通じて，特にわが国の会計史研究の「萌芽期［1917-1943年］」と「離陸期［1949-1980年］」において圧倒的多数を占める」とされ，また「わが国における［簿記を含む］「会計」の歴史研究は，その起点を複式簿記に代表される洋式簿記の導入期に措定するとしても，会計の他の研究領域と比べて劣らない歴史を有しており，研究成果も相当に蓄積されている」とも述べられており（［　］筆者加筆），このような研究環境は簿記に関心を持つ研究者の育成や彼らの簿記を研究領域とした論文執筆を促してきたと考えられる。

② 研究方法について

会計史領域における女性会計研究者の代表論文全てにおいて，記述的研究と歴史研究が採用されているのは，前述したように，会計史という研究領域が，歴史の（再）構築を目的として，歴史的な事象・事実を扱い，固有性と特殊性という側面から特定の事象について歴史を叙述する領域であるためであると考えられる。また，記述的研究および歴史研究に加えて，事例研究を採用している論文が多いのは，後述するように，企業等の会計記録や財務（諸）表を研究対象とした論文が多いためで，これらは「特定の企業ないし産業を対象として特定の会計現象の背景を析出[69]」しようとしているからであると考えられる。なお，会計史領域における女性会計研究者の代表論文には，研究方法として，実証研究や規範的研究を採用している論文はなかった。

---

68 中野ほか［2013］における分析結果は，財務会計26%，書評・資料・翻訳その他24%，簿記22%，総説8%，管理会計6%となっている（32頁）。なお，中野ほか［2015］は，The Accounting Historians Journal, Accounting Historyに掲載された研究論文の分析から，海外の簿記に対する関心が，日本と比較して，低いことに触れている（8頁）。

69 日本会計研究学会スタディ・グループ「わが国女性会計学者の現状と課題」『中間報告書』35頁。

③ 小　括

　清水［2013］は，「経済史の概念をそのまま適用すれば，史料は一次史料が重要視されなければならない。会計に起こった事実を反映する一次史料として，会計記録などの文書資料が想定されるだろう。すなわち経済史の定義を敷衍して論ずれば，会計における歴史研究とは，会計実務史が措定されることになる。(…) しかしながら，会計実務史は会計史の一部にすぎない。(…) 本質的に記録を伴う会計的行為には一定の知識が必要となる。多くの場合には組織的な記録が行われるため，そこに規則が発生し，説明のための理論や学説が生じた。会計学史，あるいは会計学説史は会計史の一領域をなし，その学説研究との境界線は明確ではない。また，規則が単一の企業体を超えて規範性をもつとそこに制度が生まれ，制度史も会計史研究の一領域となる。さらに，会計知識が高度化すると専門職（プロフェッション）が会計実務の担い手として現れ，その歴史もプロフェッション史として会計史に含まれる」と述べ，会計史研究は，利用される史料の種類に従って，会計記録や財務（諸）表等を利用する実務史，簿記教授本や財務会計教科書・論文を利用する理論史，法律・判例や会計基準を利用する制度史，議事録等を利用（して専門職の史的展開を研究）する実務家史（プロフェッション史），に分類することができると述べる[70]。

　そこで，清水［2013］の分類を参考にして，研究された史料の種類による分類も試みた。論文数でみれば，実務史を研究していると分類された論文が12篇あり，最も多かった。これに続いて，理論史と分類された論文が8篇であり，制度史と分類された論文が1篇であった[71]。

　歴史研究では，起こった事実を反映する一次史料が重要視され，会計史研究では会計記録等が想定される[72]。したがって，会計史研究では実務史を取り扱うものが多くなるため，今回の結果はこれを反映したものとなっている。さら

70　清水［2013］によると　当該分類は「日本で行われている研究をある程度前提として，研究の対象をそれぞれの領域で利用されるであろう史料と関連させながら」（183頁）行われたものである。

71　また，研究者数でみれば，実務史を研究していると分類された研究者が5人おり，最も多かった。これに続いて，理論史を研究していると分類された研究者が3人おり，制度史を研究していると分類された研究者が1人いた。

72　清水［2013］178頁。

に述べるならば，実務史を研究している論文については，その全てが，主な研究対象として，一次史料を研究していた[73]。インターネットの普及等に伴い資料検索や資料収集が容易となってきたことに加え，会計史研究の先駆者達が実際の会計記録を確認するという事実認識の重要性を意識しこれを発信してきたこと等が[74]，このような一次史料を用いた研究を定着させることにつながったと考えられる。

　最後に，たとえ研究者が固有性と特殊性という側面から特定の事象について歴史を叙述するという立場に立ち，たとえば実務史を主に検討していたとしても，その検討結果を理論史，制度史，実務家史の検討結果と照らし合わせて，つまり複数の視点から議論して，当該論文の結論の一般化を図る，あるいはその事象の特殊性を明示することは重要である[75]。このことは理論史，制度史，実務家史を主に研究する場合にも当てはまる[76]。今回，代表論文を分析した限り，当時の経済状況の検討を行った上で会計（の役割）を議論しているものは含まれていたが，実務史，理論史，制度史，実務家史の複数にわたって研究し（そしてそれらをあわせて検討し）ていると分類された論文はなく，さらに研究者もいなかった。分析対象とした論文数が少なく，さらに女性会計研究者の論文のみを分析したため，これを女性会計研究者の傾向と結論づけるのではないが，今回の結果から多様な史料を検討しているという明らかな傾向をみいだすことはできなかった。本項では，会計史領域における女性会計研究者の研究

73　清水［2013］では，『会計史学会年報』に掲載された研究論文での一次史料を用いた研究割合が，*Accounting Historians Journal*に掲載された研究論文におけるその割合よりも高いことを示している（185頁）。

74　中村［1973］は，「［原価計算発達史において，］第2の接近法［一次資料を用いた実務史研究］による業績は，1970年を境にして増大した。これは従来にみられなかった新しい傾向であるが，むしろこの接近法こそ［出版された過去の簿記書を出発点として，その技術内容の変遷過程を追尾しようと意図するものよりも］正道なのである（［　］は筆者加筆）」（17頁）と主張する。

75　保城［2015］は，「分析の対象とする歴史現象をほかの時代や地域と比較し，相対化することで，当該対象のユニークさやほかの現象との同質性，あるいはいままで見過ごされてきた重要な条件が明らかになる可能性が高い。……［そのためには，］自分の研究対象をほかの対象と比較したり，何らかの仮説や理論的見地を持ってそれら対象に接したりする柔軟性が必要とされる（［　］は筆者加筆）」（20頁）と述べている。

の特徴を考察してきた。分析対象となった論文数が少なかったため一般化は難しいかもしれないが，特色をまとめる。

会計史領域の女性会計研究者の代表論文は簿記の研究領域に分類されるものが多く，その多くが和式帳簿について研究していた。このことは，女性会計研究者がわが国における複式簿記導入の特殊な背景について発信することに貢献している（将来，貢献する可能性がある）ことを示唆している。

次に，会計史領域の女性会計研究者の代表論文は，研究方法として，歴史研究および記述的研究に加えて，事例研究を採用していた。要因として，会計記録や財務（諸）表等の史料を研究する実務史に分類される論文が多いことがあげられる。さらに，実務史に分類された論文全てが一次史料を利用していた。

一方で，今回の代表論文の分析では，実務史，理論史，制度史，実務家史の複数にわたって研究しそれらをあわせて検討しているという明らかな傾向をみいだせなかった。会計史研究では，多様な史料の検討結果を用いて複数の視点から議論し，結論の一般性あるいは特殊性を検討することは重要であり[77]，これは今後一層望まれると考えられる。

---

76 桑原［2008］は，理論史とともに実務史を研究する意義について「本書は文献史的アプローチを中心としているが，従来の文献史研究と異なるのは第一次世界大戦期以降充実している経済統計数値や企業データ，数社の実際の企業のアニュアル・レポートを利用している点にある。このことによって当時の会計論者の主張や企業の会計処理の妥当性や一般性を裏付けることが部分的にできたと思われる」（ii頁）と述べ，さらに，桑原［2011］は，会計文献を対象とした文献史的アプローチであっても，企業の帳簿や決算書を対象とした資料史的アプローチであっても「文献や資料だけでは会計史研究とはいえず，そこで明らかになった特徴や変化の要因を理論面・制度面・実務面や社会経済的背景を踏まえて考察しなければ，本当に意味での会計史研究にはならない。……会計史研究というのは，単なる一つの側面だけでなく，複数の側面や因果関係を明らかにすることだといえる」（18-19頁）と述べている。

77 岡野［1995］によれば，多様な史料を研究する意義について「個別企業の実務資料だけでなく，様々な史料の探索を通じて得られた新たな「分析視角」などをオープンにし，他の論者による批判的考察と対決することによって，その客観性を獲得する努力を続けることが歴史家に課せられた使命であるといえる」（37頁）。さらに，管理会計の実務史について，史料を新しい視点からみることは重要であるが，「その場合においても，古い皮袋，つまり当時の社会経済的背景の中から当該史料の『含意』を探ることがその前提となる」（49頁）と述べている。

第5節 総　括

　以上，本章では女性会計研究者の代表論文を，財務会計領域，管理会計領域，監査領域，環境会計領域，公会計領域，税務会計領域，会計史領域に分類し[78]，特色を検討した。財務会計領域と管理会計領域は，研究方法，研究テーマ，研究方法と研究テーマの組み合わせ，研究主題を表していると考えられるキーワードにもとづいて研究の傾向を抽出した。監査領域，環境会計領域，公会計領域，税務会計領域，会計史領域については，参照枠組みを加えるなどして代表論文の特徴を浮き彫りにした。対象論文数に多寡はあるものの，すべての領域において，すべての代表論文を実際に手に取り読んだということに変わりはない。

　全体をまとめると，財務会計領域の女性会計研究者は規範研究を志向している傾向があり，管理会計領域はマネジメント・コントロールや管理会計実務に直結した研究が行われ，事例研究に強みがあることが確認できた。監査領域は，内部統制よりも財務諸表監査を選択した論稿が多いが実証研究はまだ少ない。環境会計領域は，社会的ニーズに要請された研究主題となっており，実証研究が増加傾向にある。税務会計領域は実務と密接に絡んだ主題が含まれていた。会計史領域は，会計記録や財務（諸）表を資料とした実務史と制度史が多く，簿記に関する研究である場合は日本固有の簿記を主題として扱っているのが特徴である。公会計領域は需要が高い分野であるが，現状，女性会計研究者が少なく，将来，研究者数が増えていくことが望まれている。

　1篇1篇の論稿は，執筆された時代背景，女性会計研究者個人の問題意識，あるいは活動している研究者コミュニティのなかで醸成された研究課題，先行研究から受けた知的刺激，研究者が掲げる研究目標など様々な要素や環境が相乗していると考えられる。そうした複合的な要素の関係性や，それらが代表論文に与えた影響は研究に携わる者すべてが受けているものである。つまり，本

　78　第Ⅴ章では，財務会計，管理会計，監査，税務会計，その他，の分類になっているため，環境会計，公会計，会計史の特徴は扱っていない。これらについては，本章において言及している。

章では研究環境を規定する要因にジェンダー差が存在しないことを前提として，実際に代表論文を読み，執筆された論稿の「質的な側面」を可能な限り客観的に抽出し，描き直すという作業をした。この意味で，本章における検討事項は，データに基づいて女性会計研究者の魅力を抽出した第Ⅴ章が扱いにくい側面に焦点を当てたものとなっている。よって，領域別に，研究テーマや研究方法から女性会計研究者の横顔を描いている本章と，第Ⅴ章における発見事項とを並行して読むことによって，会計学という学問領域でアカデミック・プロフェッションとして歩んできた，わが国女性会計研究者の足跡と功績，さらには後継の女性会計研究者が乗り越えねばならない課題が鮮明になると考える。

本章での考察によって，女性会計研究者の研究面での課題も明らかになった。以下で総括する。

第一に，発表媒体について，女性会計研究者の代表論文の発表媒体は，一定数が所属機関等の研究紀要に依存している[79]。先行理論や制度の再構築に貢献していくという研究本来の目標に照らせば，研究成果を広く研究者コミュニティと共有していくために，より学術論文のサーキュレーション（流動性）が高い学会誌や伝統ある学術誌などの発表媒体で研究成果を公表する準備ができていること，複数の発表媒体を視野に入れることが課題である。

第二に，研究方法[80]について，女性会計研究者の研究方法は，領域に係わらず，記述的研究単独であるか，記述的研究と他の研究方法との組み合わせが多い[81]。そのようななか財務会計領域では規範的研究志向の代表論文の存在感が大きかった。管理会計領域は，事例研究との組み合わせが多く，女性会計研究者は

---

79 詳しくは，図表Ⅵ-2を参照されたい。
80 ただし，環境会計領域と監査領域にはこの傾向は当てはまらなかった。
81 研究方法について客観性，主観性の観点からも付言しておく。本章の研究においては，その代表論文が用いた研究方法が何であるかを，読み手である委員が第三者的に判断した。他方，第Ⅴ章では，第1回および第2回アンケート調査に回答者自らが自身の著作や論稿に用いた研究方法を書き込んだものを集計した。つまり，用いた研究方法の判断の視点に違いがある。違いが表れたのは，分析的研究と実証研究においてであった。例えば財務会計領域では客観的に論稿を読んだ結果，分析的研究を採用した論稿はわずか3篇に留まったが，代表論文の執筆者であるアンケート調査の主観的な回答では13篇となっていた。この違いが生じた原因は，アンケート調査で定義した分析的研究の意味が回答者に浸透していなかったことが考えられる 。

先進的な研究サイトやフィールドをもっている証左と解釈できる。規範的研究を含む研究は，問題提起と解明プロセスが明解であったことと，企業実務とともに発展する管理会計領域では，領域固有の属性にマッチした研究方法を習熟し成果を結実できていることが窺われた。一方で，財務会計領域においては，実証分析を使った代表論文の割合が環境会計領域，監査領域の女性会計研究者と比べるとあまり多くなかったし，分析的研究も少なかった。管理会計領域については，事例研究に強みをもつことは現在は特色であろうが[82]，時代の変化とともに課題に転じる可能性を含んでいる。よって，女性会計研究者には自らが慣れ親しんだ研究方法を深めるとともに，新しい研究方法をも修得し進化し続ける研究姿勢をもつべきであろう。

　第三に，研究目標について，代表論文は，どの論稿も女性会計研究者の労作であり，アカデミック・ワークに広がりがあることが確認された。財務会計領域を例にとって述べると，の代表論文のなかには研究成果を導出することによって，先行研究や先行する理論や会計原則，会計基準，会計制度，会計実務にどのように影響を与え，再構築しようとしているのかに濃淡があったのは事実である。女性会計研究者自身が研究主題や論証・検証方法のみならず，研究成果の波及効果まで視野に入れた研究目標にさまざまな価値観を反映させているのであろう[83]。

　最後に，女性会計研究者には，研究者となった動機を忘れないためにも研究目標を持ち続けていただきたい。研究を継続していこうとすると様々な困難があるかもしれない[84]。しかし，蓄積した研究成果を研究者コミュニティで共有し，新しい主題や研究方法を修得して，一層知的好奇心を開花させていく，こ

82　『最終報告書』第Ⅶ章6節に，専門分野別に採用する研究方法に関する分析結果が掲載されている。

83　補足すると，女性会計研究者の研究目標に着目すると，国内の学術雑誌への論文掲載を目標としている研究者は国内学会での報告も目標としている研究者が多いという結果が確認された。詳しくは，『最終報告書』pp. 323-325で述べている。この結果は，本章で分かったことと整合的である。女性会計研究者の多くは国内での研究成果の発表がメインとなっており，その場合の目標の達成度は高い，ということが代表論文を通読した結果でも確認できた。

84　第Ⅱ章では，会計分野に限らずわが国女性会計研究者の現状が紹介されている。

れこそがわが国女性会計研究者に求められる姿だからである。

【参考文献】

合崎堅二著［1970］「会計学はどれだけ進歩したか」『社会科学としての会計学』中央大学出版部，第Ⅴ章所収．

岡野浩［1995］『日本的管理会計の展開―「原価企画」への歴史的視座』中央経済社．

上總康行［2010］「アメーバ経営の仕組みと全体最適化の研究」アメーバ経営学術研究会編『アメーバ経営学―理論と実証―』丸善，第2章所収．

加登豊・松尾貴巳・梶原武久編著［2010］『管理会計研究のフロンティア』中央経済社．

亀井孝文［2011］『公会計制度の改革　第2版』中央経済社．

木村和三郎・小島男佐夫共著［1966］『新版　簿記学入門』森山書店．

金田一京助，柴田武，山田明雄，山田忠雄［1989］『新明解　国語辞典』第四版，三省堂．

桑原正行［2008］『アメリカ会計理論発達史』中央経済社．

桑原正行［2011］「会計史研究の意義―アプローチと役割―」『会計史学会年報』30：17-21頁．

斎藤静樹［2003］「会計研究のパラダイム」『企業会計とディスクロージャー［第2版］』，東京大学出版会，第12章所収．

清水泰洋［2013］「歴史研究の細分類」徳賀芳弘・大日方隆編著『財務会計研究の回顧と展望』中央経済社：177-188頁．

清水泰洋［2015］「会計史研究における視点―伝統的方法の役割―」『会計史学会年報』33：1-11頁．

高寺貞夫［1988］「まえがき」『可能性の会計学』三嶺書房．

徳賀芳弘・大日方隆編著［2013］『財務会計研究の回顧と展望』中央経済社．

徳橋曜訳［2001］『カルロ・マリア・チポッラ　経済史への招待―歴史学と経済学のはざまへ』国文社．

内藤文雄［2012］『財務情報等の監査・保証業務』中央経済社．

中野常男［2012］「「会計」の起源とわが国における会計史研究の展開と課題」千葉準一・中野常男編著『体系現代会計学　第8巻　会計と会計学の歴史』中央経済社：1-29頁．

中野常男・橋本武久・清水泰洋・桑原正行［2009］「わが国における会計史研究の軌跡―『會計』に見る会計史文献の史的分析：1917から2008年―」『経営研究』（神戸大学経営学研究科）No.55（http://www.kobe-u.ac.jp/resource/br/No.55.pdf/）

中野常男・橋本武久・清水泰洋・澤登千恵・三光寺由実子［2013］「『会計史学会年報』に見るわが国の会計史研究の特質：1983～2012年」国民経済雑誌208（2）：17-38

頁

中野常男・橋本武久・清水泰洋・澤登千恵・三光寺由実子［2015］「会計史研究の国際比較」KOBE UNIVERSITY Discussion Paper Series，2015（19）：1-38頁

中村萬次［1973］「原価計算発達史論」中村萬次編著『原価計算発達史論』国元書房：1-20頁

日本会計研究学会課題研究委員会［2008-2010］『日本の財務会計研究の棚卸し―国際的な研究動向の変化の中で』中間報告書・最終報告書

日本会計研究学会特別究委員会［2009，2010］『環境経営意思決定と会計システムに関する研究』中間報告書・最終報告書

日本会計研究学会特別委員会（山浦久司主査）［2017］『新しい地方公会計の理論，制度，及び活用実践』中間報告書

日本監査研究学会［2006-2016］『現代監査』第16号-26号

東信男［2006］「省庁別財務書類の課題と展望」『会計検査研究』（3）：289-301頁

平松一夫監訳［2015］『会計学の研究方法』中央経済社

福川裕徳［2012］『監査判断の実証分析』国元書房

保城広至［2015］『歴史から理論を創造する方法』勁草書房

宮本京子［2016］「監査領域における女性会計研究者の研究の特色」『我が国における女性会計学者の現状と課題』日本会計研究学会スタディ・グループ最終報告書

山本清［2005］『「政府会計」改革のビジョンと戦略』中央経済社

IAASB［2013］*International Framework for Assurance Engagements*, Final Pronouncement, December.

（1序論：小津稚加子，挽文子）
（2財務会計領域：小津稚加子，田中優希）
（3管理会計領域：佐々木郁子）
（4(1)：小津稚加子，4(2)：阪智香，4(3)：石川恵子，4(4)：田中優希，4(5)：澤登千恵）
（5総括：小津稚加子，挽文子）

女性会計研究者の輝ける未来に向けて

第1節 序 論

　この3年間，本書の出版にあたり，アンケート調査，インタビュー調査，文献研究等，多様な研究スタイルに基づき，精緻な研究を行った。この間，全体にわたる研究会はもちろんのこと，グループ別にも多くの研究会が開催されるとともに，メールによる意見交換を行うことにより，やっと出版にこぎつけることができた。2度の質問票によるアンケート調査を実施し，歴史研究や実証研究において多くの関係者にインタビュー調査を行った。これらアンケート調査やインタビュー調査にご協力いただいた先生方には，執筆者一同心より厚く御礼を申し上げたい。この結果本書は，それぞれの専門性を有したメンバーの英知の結集として，また自画自賛であるが，これまでに類を見ない特質をもった研究成果として，世に問うことができたと嬉しく思っている。

　3年間の研究のうち，最初の半年ぐらいは，研究方針や研究方法の確定に戸惑い，喧々がくがくの議論を行ったが，ある程度の方針が明確になってからは，それぞれのグループに分かれて，研究が始まった。その研究内容は，歴史研究，実証的研究，理論的研究という3つの研究スタイルを縦軸として，それに文献研究，インタビュー調査，質問票によるアンケート調査という3つの研究調査手法を横断的に用いる壮大なものとなった。

　ここに集まった女性会計研究者は，専任校もあり学会の中では恵まれた環境にある研究者である。学会には，なかなか専任校を見つけられないで苦労して

いる研究者もいれば，地方にいて相談する人もなく，研究活動の方向性を見失っている研究者もおられるかもしれない。また，大学院を修了し，研究者の仲間入りをしたばかりで，自分自身の将来の道を描く手がかりを欲している方がいるかもしれない。同じ会計学研究を志す先達として，後輩達のために何か残しておかなければならないという動機から，少なくとも女性会計研究者の足跡，業績，特色等を洗い出し，これらを分析して，公表できるものはできるだけ本書に収録したつもりである。それによってこれからこの分野に進もうとしている若手の一助となれば，われわれ一同この上ない幸せである。これが本研究の1つの目的でもある。年齢も別々なら，研究領域も別々のメンバーが，それぞれの得意とする専門性である研究スタイルを用いて，日本会計研究学会の女性会計研究者の研究の特質を洗い出し，その中に潜む長所や短所を明らかにすることとした。

　しかしながら書物にする場合には紙面の制約があり，研究結果をすべて収容することはできなかった。アンケート結果の単純集計やクロス分析さらにはインタビュー調査の詳しい内容等，本書に掲載できなかった部分については，昨年夏に公表したスタディ・グループの『最終報告書』を参照してもらいたい。

第2節　女性会計研究者が置かれている状況

(1)　女性研究者の人数

　第Ⅱ章において分析したように，女性研究者比率が最も高い国はアイスランド45.6％であり，4割以上の国がポルトガル，エストニア，スロバキアと続き，イギリスやアメリカが35％前後，ドイツやフランスが25％超，お隣の韓国が18.9％である。これに対して日本は，15.3％でありかなり低い。この数字を会計領域に属する女性研究者に限定すると，14.84％となる。数値としては低いが，わが国では1953年に初めて1人の女性研究者が生まれたというところからみれば，格段の進歩である。しかも1999年以降，この数が急速に増加することとなった。その後，女性会計研究者の研究も著しく増大し，例えば2001年以降，学会の統一論題報告にも女性会計研究者が報告することとなった。自由論題報告に

至っては，2012年には，女性会計研究者の報告が22.01％となり，女性会員比率と比較すると，はるかに高い比率を示しており，その活躍の増加が覗われる。

　本研究の実証的研究からは　年代別の男女比のうち，20代の女性比率が他の世代に比べて小さいことが指摘された（『最終報告書』図表Ⅶ-3-3）。第Ⅱ章で見たように，わが国においても自然科学系の学部・大学院を中心にtenure truck制が導入され，自然科学系の若手研究者を中心に，大学と公的研究機関において任期付き任用が増加している。この流れは会計研究者も無関係ではなく，実証的研究（第Ⅴ章）でも418人中57人（女性13人）の回答者が任期つき任用である。tenure truckの存在を明示する回答も存在した。さらに，われわれの第2回目のアンケート調査によると，『最終報告書』図表Ⅶ-3-3にあるように，女性の年代構成が男性よりも若いことが分かる。どちらも30代（男性62人，女性32人）と40代（男性64人，女性34人）である。男性の場合，年代別構成比は50代付近を頂点とした正規分布に近い。これに対し，女性は30代と40代で女性回答者全体の7割近くを占め，50代はそれほど大きくない。50代以上の世代の女性比率が小さいことは，女性の社会進出の歴史を反映していると解釈できるが，20代の女性比率が小さいのは，女性特有の問題ではなく，男性も女性もともに研究者になるために少なくとも5年間の大学院生活を経なければならないためであると考えることができる。

(2)　わが国女性研究者の足跡から学ぶこと

　歴史研究として，故能勢先生，故眞野先生，故山浦先生，中川先生の4人の先達を取り上げ，それぞれの先生方の足跡を辿り，その業績を明らかにした。4人の先生方の業績を文献によって把握するとともに，それらの先生をよくご存知の先生方に直接インタビュー調査を実施した。お忙しい中，インタビューに応じてくださった先生方には，心から感謝申し上げる。この4人の方々の業績には際だった特徴があることを強調しておきたい。日本会計研究学会における女性研究者の割合が極端に少ない時代において，会計学研究の先駆者として大きな苦難があったと思われるのに，それをものともせずに乗り越え，確たる地位を築かれたその足跡を明らかにした。この4人の先生方がここまで大きな存在になられた背景には，研究を指導した恩師とも言うべき大先生がおられた

こと，さらにお互いに支え合い，相互研鑽し合う良き理解者がおられたこと，その中で生涯揺るぎなく追求することのできる研究テーマを自分のものとされたことである。特にこのうちの2番目にあげた環境については，その研究者の置かれた状況によっては手にすることができる方もおられれば，そうでない方もおられる。しかし，最初にあげた恩師の存在については，消極的に待っていても駄目である。積極的に自ら求めていかなければ指導はしていただけない。国内のみならず国外の先生に対しても，三顧の礼を尽くして門をたたかなければならないと考える。そして最後の研究テーマの追求という点については，われわれ研究者が常に心しておかなければならないことである。能勢先生は社会会計，眞野先生はペイトン研究，山浦先生はフランス会計学，中川先生は比較会計制度論というように，生涯一貫して心血を注ぐことのできる研究テーマをもっておられ，その分野の先駆者としての名声も得ておられる。会計学を志す者として，これらの先輩達の研究態度を是非見習っていきたい。

(3) 実証的研究の成果

　欧米においては，1994年以降，会計研究分野における男女差に関連する研究が行われてきた。それに比して，日本においてそのような研究はみられない。

　われわれの研究においても，日本会計研究学会の会員全員を対象としたアンケート調査によって，研究面に焦点を当てて，女性研究者の特質を男性研究者のそれと比較し，業績や職位，年代，研究上の目標や留学経験，研究方法と情報源，競争的資金の受給などに関して，網羅的・体系的な分析を行った。これらについては，『最終報告書』に詳しく分析されている。女性研究者に関するこのような包括的な調査は，社会科学系の学会では，おそらく初めての試みであると自負している。

　本書では，『最終報告書』の分析結果をもとにして，その切り口を多少変えて，女性会計研究者になるまでの道のりとなってからの道のりとに分けて，職業としての会計専門職のすばらしさや働きがいについて女性会計研究者がどのように考えているかについて分析した。さらに，5人の女性会計研究者とのインタビューを通じて，それぞれの働き方に関して，研究面のみではなく，その社会貢献をも含めての活躍の実態を明らかにした。

(4) 理論的研究にみる特色

　理論的研究では，第1回目のアンケート調査において回答者が各人の代表論文として指定した228篇の論文の研究方法を調査し，さらに財務会計や管理会計等の領域毎にわれわれメンバーが実際にこれらの論文を読んだ上で，その研究の特質を明らかにした。

　先ず，研究方法については，記述的研究，規範的研究，実証研究，歴史研究，事例研究，分析的研究，実験研究，その他の8つに分類した。しかも公平を期すために，回答者の研究方法についての分類を再度われわれメンバーが分類し直した。その結果，財務会計領域においては，記述的研究と規範的研究の組み合わせが多く，管理会計領域では，記述的研究と事例研究の多いことが判明した。この2つの領域における研究方法の違いは，それぞれの領域における研究テーマと密接に関係しており，男性と女性との間で大きな違いは見られない。

　理論的研究での検討の結果，女性研究者の代表論文の発行媒体として，所属機関等の研究紀要への依存度が高いことがわかった。もちろん，研究紀要は量的に長い論文が書けること等決して悪いわけではないのであるが，研究成果を広く多くの研究者に読んでもらうためには，学会の機関誌等に掲載することも必要である。さらに今後は，海外で公表することも検討しなければならない。

第3節　将来に向けての課題

(1) 個人情報保護とアンケート調査

　われわれの最終的な研究目的の1つに，女性会計研究者のデータベースの構築があった。そのためにもアンケート調査において，データベース化に必要な項目を問うたつもりであるが，個人情報保護の壁に阻まれ，最終的には思ったように質問することもまとめることもできなかった。

　何をもって個人情報とするかについては，個人情報保護に関して研究している研究者によっていろいろな解釈があり，一概にあれはダメ，これはダメと決めつけることはできない。われわれも，専門の先生をお呼びして講演をしてい

ただいたが，わが国における女性会計研究者のお名前と各人が書いた論文をデータベース化することさえも個人情報保護法に反する可能性があるというご指導を受け，結局研究者と論文名についてはその公表を断念することとした。今後データベースの確立に向けて作業を実施するが，個人情報の保護に注意を払いながら，少しでも意味のあるものを構築していきたい。なお，構築したデータベースについては，日本会計研究学会のホームページをお借りして，公表するつもりである。

(2) 2回にわたるアンケート調査からわかったこと

われわれは，併せて2回のアンケート調査を行った。1回目は，日本会計研究学会の女性研究者に対するもの，2回目は，日本会計研究学会の会員全員に対するものであった。1回目は，女性会計研究者の研究面を中心として，理論的研究を行うための情報を収集するための設問を設計した。2回目は，男性研究者と女性研究者の比較検討ができるように，研究方法と研究環境，さらには研究に対する意識に関する設問を設計した。その結果，実証的研究の成果として充分な回答を得ることができた。しかし，それぞれの回の中での分析や評価はできたのであるが，同じ女性会計研究者の回答であっても，第1回と第2回の間での比較はできなかった。なぜならば，同じ研究者を対象としていても，第1回目のアンケートに回答した研究者と第2回目に回答した研究者とが必ずしも同一の研究者ではなかったからである。女性研究者に代表論文を回答してもらって，理論的研究につなげようとする意図があったため，やむを得ないことではあった。

今回の出版に際し，これらアンケート調査の分析から，女性会計研究者になるまでの道のりと，女性会計研究者になってからの道のりに区分して，女性会計研究者の意識を明確にした。その結果，当初われわれが予測したように，会計研究者という仕事の素晴らしさが実証された。

(3) 研究職のすばらしさ

われわれが予想していた以上に，研究上における女性研究者と男性研究者の違いは少なかった。一般的に女性には，出産と育児という2つの大きな仕事が

ある。もっとも最近では，「イクメン」という言葉があるように，積極的に育児を分担する男性も増えてきているが，出産は代わってもらうことのできない女性の仕事である。研究面を中心とするということで，アンケート調査におけるわれわれの質問も，直接的にこの件に関することを訊くことはなかったのであるが，研究活動を続けることを難しくさせる要因を訊いた回答を見た場合にも，学務をあげた回答が60.2％と過半数を占め，一番大きかったのは驚きである。確かに育児も回答されていたが，12.5％であり，学務ほどではなかった。この結果は，われわれの想像したことと大いに異なる。

　このような回答は，一般に会社と呼ばれる組織に属している女性の意識とはかけ離れた回答であると思われる。アンケート調査の結果にも出ているように，研究職のすばらしさには，研究テーマを自由に選択でき，その研究を突き止めることのできる専門性の深化と，研究を行う場所や時間を束縛されることなく自由に決められる自由度・裁量度がある（第Ⅴ章参照）。もともと研究者になりたいと思っていた動機のトップに知的好奇心の探求があった上に，研究職という仕事には自由度・裁量度がある以上，出産や育児も大変であることには違いないが，研究の阻害要因としてトップに挙げなければならないほどのものではないのかもしれない。このようにみてくると，大学の先生になる女性がもっと増えてきてよいのではなかろうか。

(4) 女性研究者の活躍を望む

　全体を通して，最後に1点だけ述べておきたい。いままだ世間においては，男性と女性の区別が取り上げられることがあり，大学においても女性の専任教員の採用が難しい場合もある。逆に，クオータ制の導入により，あえて女性を採用する大学もある。国等の審議会委員や大学・会社等においても，一定数の女性の採用を割り当てている場合もある。いずれの場合も，女性を意識しているという点においては，変りがない。現在は，女性活用社会への過渡期であるため，仕方のないことなのであるが，こういう時期であるからこそ，その渦中にあるわれわれは，後輩達への影響度にも配慮して行動しなければならない。こと研究という視点から見るならば，会計学研究には男性も女性もない。われわれは，日本会計研究学会という研究の場を大いに利用して，積極的に研究報

告をし，その成果を広く世間に公表することができる。能力から見れば，語学力にしても論理力にしても，男性に劣るということはない。もし，女性会計研究者が男性に比べて劣っている点があるとするなら，積極性に裏付けられた意識の欠如である。これは決して研究心や専門性における積極性が欠けているということを意味しているわけではない。例えば，学会における報告や学会誌等における研究成果の公表をもっと積極的に行わなければならず，さらには社会貢献に代表される審議会の委員等へ積極的に参加するようにしなければならない。女性研究者の割合から見て，これらについては積極的に行っているという主張で満足していてはならない。各人の持っている高い専門性を公表することによってこそ，今後における女性研究者の活躍の道が拓けるのである。

（北村　敬子）

■編著者紹介

北村　敬子（きたむら　けいこ）

昭和43年中央大学商学部卒業，昭和48年中央大学大学院商学研究科博士課程単位取得退学。昭和45年中央大学助手，その後専任講師，助教授を経て，昭和56年教授，平成28年名誉教授，現在に至る。主な業績に共著書『財務報告のためのキャッシュフロー割引計算』，『テキスト初級簿記〔第2版〕』，『テキスト上級簿記〔第5版〕』，『資本会計の課題』，『財務報告における公正価値測定』（以上，中央経済社）などがある。

会計研究者として活躍する女性たち
　輝ける未来へ向けて

2018年2月10日　第1版第1刷発行

編著者	北村　敬子
発行者	山　本　　継
発行所	㈱中央経済社
発売元	㈱中央経済グループパブリッシング

〒101-0051　東京都千代田区神田神保町1-31-2
電　話　03(3293)3371(編集代表)
　　　　03(3293)3381(営業代表)
http://www.chuokeizai.co.jp/

印　刷／文唱堂印刷㈱
製　本／誠製本㈱

© 2018
Printed in Japan

＊頁の「欠落」や「順序違い」などがありましたらお取り替えいたしますので発売元までご送付ください。(送料小社負担)

ISBN978-4-502-25061-3　C3034

JCOPY〈出版者著作権管理機構委託出版物〉本書を無断で複写複製（コピー）することは，著作権法上の例外を除き，禁じられています。本書をコピーされる場合は事前に出版者著作権管理機構（JCOPY）の許諾を受けてください。
JCOPY〈http://www.jcopy.or.jp　eメール：info@jcopy.or.jp　電話：03-3513-6969〉